广州市现代服务业重点研究基地丛书

国际视野下
商贸业升级转型研究

A Study on the Transformation and
Upgrading of Commerce and
Trade Industry from the International Perspective

阮晓波 著

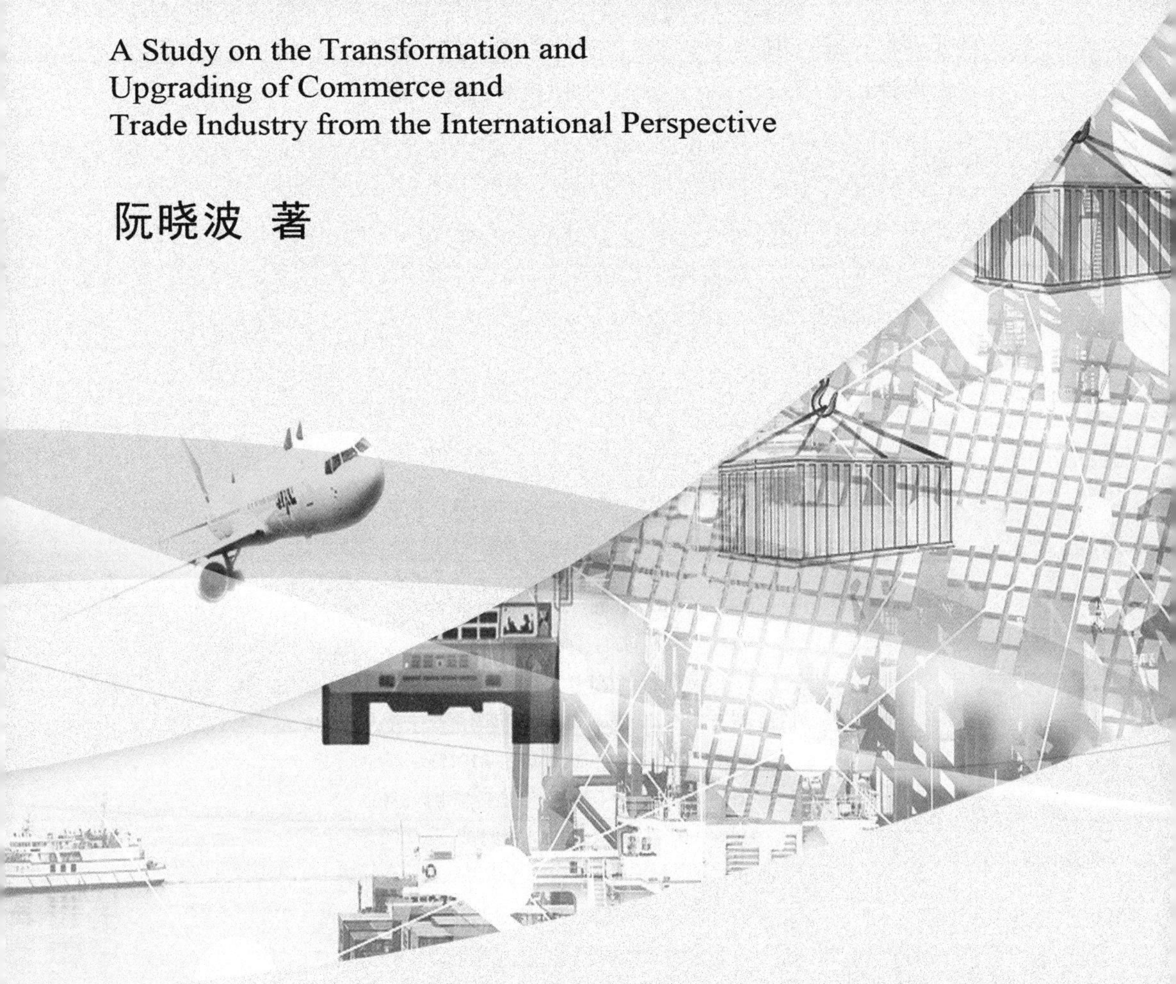

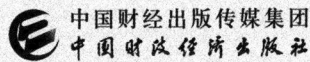

中国财经出版传媒集团
中国财政经济出版社

图书在版编目（CIP）数据

国际视野下商贸业升级转型研究／阮晓波著.—北京：中国财政经济出版社，2019.8

ISBN 978-7-5095-9029-4

Ⅰ.①国… Ⅱ.①阮… Ⅲ.①国际贸易-研究 Ⅳ.①F74

中国版本图书馆 CIP 数据核字（2019）第 102212 号

责任编辑：段　钢　　　　　责任印制：党　辉
封面设计：卜建辰　　　　　责任校对：李　丽

中国财政经济出版社 出版

URL：http://www.cfeph.cn
E-mail：cfeph@cfeph.cn
（版权所有　翻印必究）

社址：北京市海淀区阜成路甲 28 号　邮政编码：100142
营销中心电话：010-88191537
北京财经印刷厂印装　各地新华书店经销
710×1000 毫米　16 开　16 印张　270 000 字
2019 年 8 月第 1 版　2019 年 8 月北京第 1 次印刷
定价：68.00 元
ISBN 978-7-5095-9029-4
（图书出现印装问题，本社负责调换）
本社质量投诉电话：010-88190744
打击盗版举报热线：010-88191661　QQ：2242791300

前　言

服务业是指农业、工业和建筑业以外的其他各行业，即国际通行的产业划分标准的第三产业，其发展水平是衡量生产社会化和经济市场化程度的重要标志。服务业按服务对象一般可分类为：一是生产性服务业，指交通运输、批发、信息传输、金融、租赁和商务服务、科研等，具有较高的人力资本和技术知识含量；二是生活（消费）性服务业，指零售、住餐、房地产、文体娱乐、居民服务等，属劳动密集型与居民生活相关；三是公益性服务业，主要是卫生、教育、水利和公共管理组织等。

商贸业是服务业的支柱。商贸流通业是指商品流通和为商品流通提供服务的产业，主要包括物资贸易、商业批发和零售业以及相关的仓储物流等行业，是国民经济的重要组成部分，它不仅反映国家和地区的综合实力和人民生活水平，而且能提供广阔的就业机会。随着改革开放的持续深入，我国国力的增长是和商贸业的发展同步展开的。2009年以来，我国成为全球第一大贸易出口国，2013年首次超越美国，跃居世界第一大货物贸易国。但是在2016年我国的进出口贸易额被美国反超，2017年进出口总额增长14.2%，增幅创6年新高，再次成为世界第一贸易大国。

商贸业在广州有着悠久传统、占有战略性地位、有着重大影响力，是广州服务业的重要组成部分。中央制定的《粤港澳大湾区发展规划纲要》对广州的定位之一就是国际商贸中心："充分发挥国家中心城市和综合性门户城市引领作用，全面增强国际商贸中心、综合交通枢纽功能，培育提升科技教育文化中心功能，着力建设国际大都市。"做强做大商贸业，是中央赋予广州的重要使命。广州商贸业门类齐全、高低通吃、产业集聚、辐射广远，起到活跃市场、便利流通、创造税收、解决就业、吸引商家游客、带动城市各行各业发展的作用，是广州竞争力、吸引力、影响力、辐射力之所在。2017年广州商贸总体规模稳步提升，实现社会消费品零售总额9402.59亿元，连续30年稳居全国各大城市第三位，同比增长8.0%，在京津沪渝穗深苏杭八大城市中增速居第6位；批发零售业商品销售总额62164.66亿元，同比增长12.0%，增速在京津沪穗深五大城市中与上海并列第一。营商环境不断优化，电子商务、跨境电商、市场采购、融资租赁等贸易新业态快速发展，跨境电商总体规模连续四年居全国首位，市场采购规模居全国第二，服务贸易发展居试点城市前列，会展业展览面积位居全国第二。广州的商贸流通业经历了由小到大、由弱到强的发展过程，规模不断扩大，市场竞争力逐步提升，特别是改革开放以来，广州商贸流通企业以市场为导向，以繁荣市场、保证供给为目标，有力地促进了本地经济社会的迅速发展，带动了制造业的蓬勃发展，引领全国消费潮流，使广州成为影响全国、辐射世界的商贸中心城市。大量商贸业务在广州的集聚，成就了广州中央商务区高屋建瓴的引领地位，奠定了广州区别于沪深证券业为主导的具有特色的金融服务业的发展。广州商贸业在全球商贸版图中有着重要而特殊的地位，研究国际视野下的商贸业升级转型，分析国内外商贸业的先进经验和教训，研究广州市商贸业发展的问题和对策，对于商贸业的健康、协调、科学发展有典型的意义。

在中国经济步入新常态的背景下，在国际政治、经济风云变幻的动荡形势下，商贸业的市场经营和企业发展生态环境发生了深刻变革，电商的崛起给传统的批发零售体系带来了极大的冲击，跨境电商改变了外贸进出口的商业流程，消费升级要求供给侧结构性调整全面推进，外卖改变了餐饮业的经营模式，各种新的商业模式和新技术的加持给广州商贸企业带来了很多外在挑战，很多传统商贸流通企业经营形势不容乐观，一些企业甚至已经逐渐被市场所淘汰，传统商贸企业实现全面的升级转型已经成为迫在眉睫的问题。从国际视野上观察广州的商贸业，存在有许多和世界其他国家同样的问题，也有许多方面的做法广州已经走在世界前列，足以成为其他城市学习的典范。

服务业的升级转型具有规律性。在初级产品生产阶段，以发展住宿、餐饮等个人和家庭服务等传统生活性服务业为主；在工业化社会，与商品生产有关的生产性服务迅速发展，其中在工业化初期，以发展商业、交通运输、通信业为主，在工业化中期，金融、保险和流通服务业得到发展，在工业化后期，服务业内部结构调整加快，新型业态开始出现，广告、咨询等中介服务业、房地产、旅游、娱乐等服务业发展较快，生产和生活服务业互动发展。在后工业化社会，金融、保险、商务服务业等进一步发展，科研、信息、教育等现代知识型服务业崛起为主流业态，而且发展前景广阔、潜力巨大。不同的研究者大体认定，广州当前服务业的GDP占比已经超过70%，广州已经处于工业化后期或后工业化前期的阶段，现代服务业发展已经是未来城市产业发展的主要方向，而商贸业的现代化转型也是适应产业现代化的必由之路。

广州市政府编制的《广州服务经济发展规划（2016～2025年）》提出，到2025年广州市服务业增加值将达到2.8万亿元，"十三五"期间全市服务业将实施391个重点产业项目，预计总投资额达5205亿元，按照"建设一批、储备一批、谋划一批"的滚动发展原则，分类推进项目落地建设。在商贸服务业方面，到2020年，广州市要实现社会消费品零售总额11600亿元，年均增长8%，建设国际美食之都，住宿餐饮业年均增长7%～8%。建设国际商贸中心城市，也是历届政府薪火相传、"不忘初衷"的战略布局。

广州市委书记张硕辅2018年11月2日在到唯品会、尚品宅配等企业调研现代服务业发展情况，并召开座谈会时指出，现代服务业是广州实现高质量发展的重要支撑，广州发展现代服务业产业基础深厚、发展空间广阔、发展潜力巨大。各级各部门要深入学习领会习近平总书记视察广东重要讲话精神，进一步提高思想认识，把发展现代服务业放在更加突出位置，对标先进，查找差距，厚植传统优势，增创发展新优势，推进现代服务业发展出新出彩，为广州发展增添新活力。坚定不移深化改革开放，以机构改革为契机，正确处理政府与市场的关系，既发挥市场在资源配置中的决定性作用，又更好发挥政府作用，创新现代服务业发展投入机制，用好社会资源资本，最大限度向市场要活力、要动力。抓住"一带一路"国际合作和粤港澳大湾区建设战略机遇，着力推动生产性服务业向专业化和价值链高端延伸，推动生活性服务业向精细化和高品质转变，进一步提升总部经济能级，扩大对外开放水平，构建现代化国际化营商环境，努力将广州打造成为具有全球影响力的现代服务经济中心。

广州市市长温国辉强调，要摸清现代服务业项目的土地权属、业态、规模、顾客群等底数，分析研判项目的结构、潜力和空间。推进政府职能转变，深化"放管服"改革，充分利用社会力量、社会资源、社会资本。抓住粤港澳大湾区建设机遇，瞄准全球一流机构招商引资，提升服务业发展国际化水平。优化服务业空间布局，加快构建集聚现代服务业的重大平台，大力支持现代服务业跨界融合发展，推进业态创新、模式创新，为广州高质量发展提供有力支撑。

广州因商而兴，因贸而活，因为商贸发达而成为区域经济中心并影响和辐射世界。在未来的战略布局中，广州将继续推动传统零售业可持续转型，加快转变过去单纯依靠商业旺地推动业绩提升的发展之路，积极引导传统零售业向体验式、高品质、智能化、社群化转型，实现零售业自我突围。利用国企改革特别是混合所有制改革契机，加快国有商业企业市场化改革，引入社会资本，改变传统经营者选拔、国有资产管理和经营模式。加大老字号品牌宣传推广力度，推动北京路商圈、荔枝湾"广州老字号一条街"建设，加大"老字号"知识产权保护力度。实施专业市场升级改造，加快构建展贸化、国际化的现代专业市场体系，助力广州从千年商都向现代商都、网络商都转型。顺应网络经济发展趋势，积极发展电子商务，推动内贸、外贸融合互动发展。

　　本书是我多年来进行广州经济问题系列研究的成果综合，策划于2013年美国密歇根大学中国数据中心做访问学者期间，部分章节较早完成，成稿前几经数据和内容更新，其中也有课题组同事的劳动成果，特别感谢广州社科院城市战略研究院常务副院长张强、广州市社科院经济研究所所长郭艳华以及我的同事周晓津博士、陈翠兰女士对本书的贡献。

阮晓波
2018 年 12 月

目 录

第一章 世界商贸业转型和广州机会 ……………………………… (1)

 第一节 从美国开始的多米诺骨牌 …………………………… (1)
 第二节 中国引领商贸业变革的潮流 ………………………… (6)
 第三节 "千年商都"的挑战和机遇 ………………………… (13)
 第四节 全面发展和重点突破 ………………………………… (16)

第二章 构建国际"购物天堂" …………………………………… (22)

 第一节 何谓国际"购物天堂" ……………………………… (22)
 第二节 国际"购物天堂"的基本条件 ……………………… (28)
 第三节 国际"购物天堂"的衡量标准和功能配置 ………… (31)
 第四节 国际著名的"购物天堂"分析 ……………………… (34)

第三章 布局新零售，重振零售业 ………………………………… (39)

 第一节 广州商贸零售业的基本格局 ………………………… (39)
 第二节 电子商务导致零售业变化 …………………………… (45)
 第三节 零售业的问题和差距 ………………………………… (52)
 第四节 新零售与零售业的未来 ……………………………… (56)

第四章 推动模式创新，升级专业市场 …………………………… (65)

 第一节 专业市场的历史和现实 ……………………………… (65)
 第二节 存在问题和面临挑战 ………………………………… (69)
 第三节 案例分析和经验总结 ………………………………… (71)
 第四节 专业市场的创新转型发展 …………………………… (77)

第五章 发展电子商务，建设网络商都 …………………………（82）

第一节 网络商都在时空上的扩展 …………………………（82）
第二节 规范发展是必由之路 ………………………………（85）
第三节 企业实力的逐步提升 ………………………………（88）
第四节 全面覆盖和集聚发展 ………………………………（92）

第六章 构筑外贸优势，提升服务贸易 ……………………（97）

第一节 贸易战背景下国际贸易 ……………………………（97）
第二节 国内外影响因素和形势分析 ………………………（100）
第三节 总体向好的广州外贸 ………………………………（104）
第四节 推动长期稳定发展 …………………………………（109）

第七章 打造国际会议展览之都 ……………………………（116）

第一节 会展业的国际形势 …………………………………（116）
第二节 中国会展业的发展格局 ……………………………（118）
第三节 广州会展业的历史和现实 …………………………（123）
第四节 做强做大现代会展业 ………………………………（126）

第八章 适应消费升级，做强时尚产业 ……………………（131）

第一节 时尚产业的理论分析 ………………………………（131）
第二节 时尚产业引领消费升级 ……………………………（133）
第三节 国内外时尚产业的经验探索 ………………………（140）
第四节 发展时尚产业的路径 ………………………………（145）

第九章 营造特色商业，重振"老字号" ……………………（156）

第一节 "老字号"的价值发现 ………………………………（156）
第二节 "老字号"历史钩沉 …………………………………（160）
第三节 问题及其原因 ………………………………………（163）
第四节 振兴思路和对策 ……………………………………（167）

第十章　弘扬饮食文化，做精"美食之都" …………………（176）

　　第一节　餐饮业以及中国概况 ……………………………（176）
　　第二节　"国际美食之都"的特色精华 ……………………（178）
　　第三节　餐饮业的未来分析 ………………………………（182）
　　第四节　发展"美食之都"的道路 …………………………（185）

第十一章　商圈空间体系的优化布局 ………………………（190）

　　第一节　购物天堂空间载体及其分类 ……………………（190）
　　第二节　世界商圈的理论分析 ……………………………（193）
　　第三节　国内外比较分析 …………………………………（195）
　　第四节　购物天堂空间载体现状及问题 …………………（200）
　　第五节　商圈布局的问题和对策 …………………………（205）

第十二章　推动建章立制，完善消费金融 …………………（209）

　　第一节　消费金融的源起及趋势 …………………………（209）
　　第二节　消费金融的蓬勃发展 ……………………………（213）
　　第三节　发展消费金融的制度安排 ………………………（220）

第十三章　改革体制机制，完善营商环境 …………………（224）

　　第一节　国内总体营商环境概述 …………………………（224）
　　第二节　发达经济体的先进做法 …………………………（228）
　　第三节　广州实行的措施和存在的问题 …………………（231）
　　第四节　进一步改善的对策措施 …………………………（236）

参考文献 ………………………………………………………（243）

第一章　世界商贸业转型和广州机会

电子商务的崛起和传统商业的转型，是一个全球性的事件。从西方到东方，从中心城市到乡镇农村，由于技术进步导致的购物方式变化，是一股不可遏制的潮流，由此引发了全球商贸业系统性的革命，改变了全球商业版图，也引导了消费方式的变化。如今，偏远小镇青年也可以享受大城市刚刚流行的电子产品，大城市的"剁手党"足不出户就可以买遍全球，移动支付更是把电子商务的便利性推到极致。中国互联网经济已经走在世界前列，网购人数是美国的两倍，人均网购金额是美国的九倍，2017年中国移动支付金额达到15.4万亿美元，是美国的70倍。研究商贸业的转型升级，对于广州这个把建设国际商贸中心城市作为城市发展使命的"千年商都"来说，意义尤其重大。这关系到广州在未来全球城市竞争格局中，如何发挥自身优势，打造竞争力，再创新辉煌。

第一节　从美国开始的多米诺骨牌

一、西尔斯的倒下和实体店的关店潮

2018年10月15日，美国百货店"祖师爷"、成立于1886年的零售巨头西尔斯百货宣布申请破产保护。西尔斯在向纽约南区美国破产法院提交的文件中列出了69亿美元资产和113亿美元负债。该公司大约有700家门店，作为破产计划的一部分，西尔斯将在2018年年底前关闭142家门店，并开始清算销售。

西尔斯百货曾是美国零售业的标杆，但未能适应消费者转向网络购

物的消费潮流,在与亚马逊等电子商务企业的竞争中举步维艰,自2012年以来,西尔斯百货已亏损100亿美元,积累超过50亿美元债务,巨额债务也制约了它的转型努力。2007年,西尔斯股价超过每股100美元。2008年金融危机期间,西尔斯股价跳水,此后一路走低,2018年10月12日报收于每股41美分,10月15日,西尔斯有1.34亿美元债务到期,为了缩减债务,西尔斯不得不关闭一百多家门店,另外还有250家门店正在待售。

西尔斯最初的竞争对手沃尔玛,沃尔玛构建超市的业务模式,在郊区和公路附近开店,以降低运营成本,采用机动灵活的供应链管理模式,以大量采购不断降低商品价格,沃尔玛每家平均约占地5000平方米,经营的商品品种齐全,举凡一个家庭所需要的物品在这里都能买到,又称"家庭一次购物"。从服饰、布匹、药品、玩具、各种生活用品、家用电器、珠宝化妆品,到汽车配件、小型游艇等等,一应俱全。在沃尔玛突飞猛进的时候,西尔斯却因为长期积累的成功,逐渐形成了呆板老化的供应链体系,并逐渐成为西尔斯的路径依赖,在沃尔玛的供应链成本不足3%时,西尔斯的商品储运费用竟占了总销售额的8%,设备陈旧,技术落后,从而让西尔斯从沃尔玛的竞争中败下阵来。西尔斯积重难返,在传统市场上被沃尔玛打的溃不成军,在电商市场上毫无建树,本身内部管理一片混乱,直至破产。

西尔斯百货曾影响好几代美国人的生活,它于1886年创建,创始人理查德·西尔斯当时使用邮寄方式卖表,内战后美国重视城乡结合部的发展,西尔斯把零售业整合,首次以"百货商场"的形式进行经营,率先将"信用制度"引入美国城乡结合部的零售卖场。1906年,西尔斯正式上市,最初市值约为4000万美元,是美国金融史上零售业的第一次IPO。20世纪40年代,西尔斯的营收占当时美国GDP的1%,随后发展成为全球最大百货零售商,直到1989年它的销售记录才被沃尔玛打破。随着销售网络的日渐完善,西尔斯的商品目录不断丰富,西尔斯百货在芝加哥建起西尔斯大厦。西尔斯大厦1973年开门营业,成为西尔斯百货的总部所在地,曾经是全世界最高建筑,西尔斯百货也成为美国商业的象征之一,第二次世界大战后,随着美国中产阶级不断壮大,西尔斯百货连锁店迅猛发展。80年代,西尔斯扩张至银行、保险等金融产品领域,逐渐失去在零售领域的领军地位,90年代初,沃尔玛百货公司取代西尔斯,成为美国最大零售商。

进入 2019 年，形势更加严峻。根据 2019 年 3 月公布的数据，美国零售商公布了关闭约 4800 家门店的计划。咨询机构 Coresight Research 的数据显示，这些门店的关闭数量是去年同期的两倍多，且与 2018 年全年近乎持平。服装巨头 Gap 表示将于未来两年内关闭 230 家盈利状况不佳的门店。连锁巨头 J. C. Penney Co. 已确认将关掉 18 家百货公司。内衣品牌 L Brands Inc. 决定将关闭 53 家北美地区维多利亚的秘密（Victoria's Secrets）店面。就连特斯拉都表示，将在全球大量关闭门店（特斯拉的很多店面都开在大型商场里），逐步转向纯在线销售模式。

根据美国非农就业数据显示，经季节性调整后，2019 年前两个月零售业就业人数锐减了 6100 人，预计未来一年还将进一步下跌。咨询公司 Challenger, Gray 和 Christmas 还表示，零售商今年迄今已宣布裁员超过 41000 人，几乎是 2018 年同期的两倍。受美国对外大规模加征关税导致商品成本上涨影响，百货与线上销售大幅下滑。随着网上购物占比上升，市场对零售实体店的需求下降，美国实体门店仍然处于"过多"水平。全球知名管理咨询专家拉姆·查兰此前表示，传统零售企业如果不做数字化转型，不能满足消费者的真正需求，这样的企业就没有未来。然而，在电商企业加速瓜分零售市场规模的现状下，传统零售企业的数字化转型难以有明显成效。

二、亚马逊的崛起和电商时代

亚马逊是美国最大的一家网络电子商务公司，位于华盛顿州的西雅图。是网络上最早开始经营电子商务的公司之一，亚马逊成立于 1995 年，一开始只经营网络的书籍销售业务，现在则扩大到了范围相当广的其他产品，已成为全球商品品种最多的网上零售商和全球第二大互联网企业。亚马逊及其他销售商为客户提供数百万种独特的全新、翻新及二手商品，如图书、影视、音乐和游戏、数码下载、电子和电脑、家居园艺用品、玩具、婴幼儿用品、食品、服饰、鞋类和珠宝、健康和个人护理用品、体育及户外用品、玩具、汽车及工业产品等。

亚马逊从最初的一家在线书店到电商市场领域的巨头公司，销售总额已占到美国所有在线零售额的 49.1%，占全国总零售额的 5%，eBay 占 6.6% 的市场份额位居第二，苹果以 3.9% 的份额位居第三。如此规模下，亚马逊电商业务仍在保持良好增长，根据其 2017 年财报显示，北美电商业务同比增长33%，国际电商业务同比增长43%。第三方商家在亚马逊平台上销售商品已经超过全平台的一半，最新数据显示，该比例达到了68%，而亚马逊自营的直销业务占比为32%。

2015年年中，亚马逊市值超越沃尔玛，随后，亚马逊股价继续突飞猛进，而沃尔玛则依然徘徊不前。2017年亚马逊电商销售总额是沃尔玛、Target、百思买、Nordstrom、HomeDepot、梅西百货、Kohl's和Costco美国主要零售商的总和的6倍。在牢牢占据电商领域的霸主地位后，亚马逊又开始觊觎线下的零售渠道，2017年，亚马逊斥资130亿美元收购全美第六大日用品连锁超市全食超市，标志着亚马逊正式全面进入总额7000亿美元的日用品市场。在将传统书店逼上绝路后，亚马逊又以自己的品牌开设了线下体验式书店，打造线上线下一体化用户体验。作为亚马逊业务三大支柱之一的亚马逊Prime会员，随着亚马逊业务的不断扩大，其对于用户的价值也在不断体现，从最初的享受免运费快速送达，到可以获得大量的娱乐、影音资源等，Prime订阅已经成为亚马逊稳定的收入来源之一。

除了电商业务以外，亚马逊最受人瞩目的是云服务（AWS），这一启动于2006年的新业务，目前已经成为亚马逊的另一大支柱，事实上，AWS已经是亚马逊最赚钱的业务。根据亚马逊2018年第一季度财报显示，AWS云服务业务收入同比增长50%，达到54亿美元，尽管占总收入比例仅为10%，但该业务却是亚马逊所有业务部门中盈利能力最强的，运营利润14亿美元，运营利润率在该季度中达到了25.7%，与之相比，亚马逊在北美地区的电商业务运营利润里仅为3.7%，而在全球地区的运营利润率则为 -4.2%。亚马逊云服务作为亚马逊近年来增长最快的业务，目前年化收入也超过了200亿美元，2017年，AWS宣布了1400项服务和功能，当年活跃用户增长了250%。在新兴的云服务市场，目前亚马逊AWS牢牢占据着市场份额第一的宝座，根据研究报告显示，2018年第二季度，亚马逊AWS份额达到49%，微软的Azure以不到30%的市场份额排名第二，谷歌的云服务市场份额则在5%以下。

从20年前上市到如今突破1万亿美元市值，亚马逊用20年时间验证了自身模式的成功。尤其在过去两年，亚马逊迎来了发展的"拐点"，以加速度增长，因为其模式越来越受到外界的认可，赶超沃尔玛，亚马逊用了18年，但在接下来2年的时间，亚马逊的市值就达到了沃尔玛的两倍。亚马逊目前的市盈率高达160倍，反映了外界对其未来增长的看好。除了占据主导地位的电商业务以外，亚马逊的未来在于云服务、人工智能、智能家居、无人超市、内容原创和分发以及医疗健康服务。

三、商业版图的兴衰更迭

随着互联网商业的崛起，实体零售商受到普遍冲击，2017年是美国零售史上最残酷的一年，Business Insider 的统计显示全年有逾 8005 间零售品牌门店结业，当中一半是因为品牌破产或直接倒闭，剩下的与零售商大规模整顿门店组合以适应消费习惯转变有关。全球最大玩具连锁零售商反斗城（Toys "R" Us）由于无法负担约 49 亿美元的债务而申请破产保护，2018 年 6 月关闭了美国境内全部门店。创立于 1989 年的 Bon-Ton 是美国最大的区域型百货公司之一，百货提供各类男装、女装、童装和护肤美妆、家居用品等产品，随着消费者越来越多地转向在线购物，Bon-Ton 的经营也陷入困境，将关闭在全美的 42 家店铺，还制定了重组计划，包括将采取开店规模缩小，重新调整库存以摆脱季节性时尚配饰，发展自有品牌等自救措施。美国另一家著名零售商梅西百货 2017 年关闭了 68 家门店，2018 年年初又宣布将关闭 11 家门店。除此之外，还有以下企业也都纷纷关门结业：香水连锁零售商 Perfumania Inc、服装零售连锁 Rue21 Inc.、The Wet Seal, LLC、女装零售商 Limited Stores LLC（The Limited）、童装零售商 Gymboree Corp、鞋履折扣零售商 Payless Holdings LLC、设计师连锁零售商 BCBG Max Azria Global Holdings, LLC、时尚配饰零售商 Charming Charlie、婚纱零售商 Alfred Angelo、高端牛仔品牌 True Religion Apparel Inc. 等。它们依据《美国破产法》第 11 章寻求破产保护，试图摆脱负债累累的财务状况。

2017 年美国新增了大约 3400 间零售门店，"一元店" Dollar General Corp. 和 Dollar Tree Inc. 开店速度最快，折扣零售商 TJXCo. Inc.、美国第三大折扣商店罗斯百货 Ross Stores Inc.、知名德国连锁超商 Lidl 和 Aldi 以及美容零售商 Ulta Beauty Inc. 和 Sephora 丝芙兰都以扩张来续写近年在零售市场取得的成功。Target Corp. 塔吉特、Nordstrom Inc. 诺德斯特龙和 Forever21 则通过新增较小型门店测试新的零售概念。基本上都是走低价路线，说明美国中产阶级收入减少，消费者的价格敏感度增高，电商带来的价格降低对线下销售造成很大冲击。

第二节　中国引领商贸业变革的潮流

中国制造业领域的结构性改革已经启动，除了在奢侈品领域，还需要仰望巴黎、米兰，在奶粉等产品还有海淘情节，在汽车消费领域国产替代还需要假以时日，在部分产品如电饭煲、马桶盖、手机等个性化领域还需要国货"自强"外，中国的制造业已经成为全世界大量基础产品的提供者。通过义乌的商品订单增减，中国甚至可以预测美国总统大选走向和法国以及欧洲其他国家"黄马甲"运动的蔓延，世界局势波动的脉搏拨动着中国工厂的订单，这些订单，通过无所不在的电子商务，直接从源头潮水般地直接涌入中国的生产工厂，忽略了过去需要经过的整个通路，摒弃了以往在这个通路分享红利的各个环节，商贸业的变革表现在方方面面。在商贸领域，中国已经逐渐进入"无人区"，在许多领域引领世界潮流。

一、中国已经部分进入发达国家行列

据国家统计局发布的数据显示：2018年国内生产总值（GDP）为900309亿元，按可比价格计算，比上年增长6.6%，为1990年以来的最低水平。分季度看，一季度同比增长6.8%，二季度增长6.7%，三季度增长6.5%，四季度增长6.4%。中国经济增长对世界经济增长的贡献率接近30%，远超美国成为世界经济增长贡献者第一名。全年进出口总额首次突破30万亿元，货物贸易规模创历史新高，保持世界第一。中国和美国两国货物贸易超过6300亿美元，双向投资累计超过2400亿美元。2018年中国利用外资1350亿美元，同比增长3%。2018年全国人均可支配收入实际增长6.5%，快于人均GDP6.1%的增速。价格涨幅低于预期，居民消费价格温和上涨。2018年CPI比上年上涨2.1%，低于3%左右的预期涨幅，我国中等收入群体人口已经超过4亿。2018年全国居民恩格尔系数28.4%，比2017年下降0.9个百分点。2018年全国农村贫困人口减少1000万以上。280万人易地扶贫搬迁顺利完成，有280个左右贫困县脱贫摘帽。按照汇率法计算，中国人均GDP突破了一万美元大关。根据世界银行的标准，中国已经亮丽地成为"已开发国家"。这标志着我们成功地跨越了中等收入陷阱，人类历史上最大规模的人口跨入

"已开发国家"行列。

改革开放40年，对于中国普通百姓而言，最直接的感受就是物质生活极大丰富。从最初的凭票供应到现在足不出户买遍全世界，40年间，国家进行了商业体制改革、粮食体制改革、农村商业改革，经营理念创新、管理模式创新、商业科技创新，商贸业发生了翻天覆地的变化。在此期间，中国的国内生产总值在40年内增长了200多倍，从1978年的3645亿元增加到2017年的82.7万亿元，中国的经济总量已上升到世界第二位。2017年，全国居民人均可支配收入达到前所未有的25974元，收入是消费的前提，生产既为消费提供了产品，也创造了有消费能力的消费者。

中国人的餐桌也发生了显著的变化，从20世纪50年代到80年代，人们只能通过食品券、油票、肉票等购买食品。销售部门和供销合作社是货物供应的主要渠道。副食稀缺，产品单调。随着改革开放，材料逐渐丰富，商品市场日益活跃。1981年4月12日，中国第一家超市——广州友谊商店开设了自己的超级商场。当超级购物中心首次开放时，普通公民需要持有外汇券才能购买商品。1984年，深圳率先取消了全国所有门票。粮食、猪肉、棉布、食用油等商品开盘，价格上涨。普通人的餐桌也在悄然发生变化，副食供应紧张的局面得到逐步解决。

过去40年中国经济的名义GDP增速超过了全球任何一个国家，而且以全球第一大人口国的基数实现，是全球经济过去200年最大的奇迹之一，彻底改变了中国人的生活方式和消费方式，同时也改变了世界。根据麦肯锡的报告，中国中产阶级是年收入1.15万~4.3万美元的人群，这个人群数从2000年的500万人，发展到2018年的2.25亿人，预计到2020年会增加到2.75亿人，将超过欧洲人口的总和。自1978年以来，已经有7亿中国人口脱离了贫困线。过去30年，几乎每一个人的生活都比他们的父辈要好。可以说，改革开放和全球化带动了中国过去30年的经济飞跃，虽然中国人口进入老龄化，但中产阶级整体还比较年轻，大部分受过大学教育，80%拥有房产，只有一个孩子，并且居住在大城市中。

二、消费升级和供给侧结构性改革

中国的恩格尔系数从1985年开始大幅下滑。中国摆脱了贫困线，接下来逐步进入小康，逐步进入中产的生活。生活质量和品质在过去30年出现大幅改善。品牌商的市占率在快速提高，无论是衣食住行，大家都越来越多去消费有品牌的产品。年轻人更多地走进有品牌的连锁店。老牌便利店开始消失，取而代之是服务和产品更好的新型便利店。如全家、7-11、罗森等。尝试服务和体验更好的盒马生鲜，到电影院看电影成为人们的消费内容。

随着收入结构的整体提升，必然会带来消费趋势的变化。国人在食品、饮料和烟草消费的占比从2005年的37%下降到了2017年的32%。而房子相关消费的占比，从2005年的10%，大幅提高到了2017年的24%。越来越多的中国人拥有了自己住房，人均住房面积不断提高后，家具电器装修的投入也相应上升。随着移动互联网大浪潮到来，智能手机保持了35%左右的年均增速。排名第二的家装行业，年均增速30%，之后是家具行业。同时，我们看到由于互联网媒体代替了传统媒体，这五年间增速最慢的是传统图书和杂志的销售。

改革开放以来，中国经历了三次消费升级。反映出我国国民经济的发展与居民生活水平的提高。第一次消费升级出现在改革开放以后，受计划经济体制的影响，与老百姓日常生活密切相关的轻工业产品严重匮乏，从纺织到皮革，再到造纸，均无例外。这种背景推动了第一次消费升级，主要成果是粮食消费占比的下降与轻工产品消费的大面积上升。20世纪80年代末至90年代末出现第二次消费升级，农民的逐渐富裕是第二次消费升级的推手，以自行车、手表和收音机为代表的"老三样"开始普及，日益市场化的价格也在商品经济中渐渐拥有了用武之地。随着人们的收入水平进一步提升，对于家电产品有了更高层次的追求，这也让电视机、电冰箱、洗衣机"新三样"成为新的消费时尚。新老三样的更新换代，也标志着从温饱到小康社会的转型。随着"新三样"的彻底普及，电话、空调、家用电脑又逐渐进入居民家庭，家电消费的更新换代也间接助力了经济增长。21世纪的第一个10年，居民消费规模持续增长，尤其是与IT产业、汽车产业以及房地产业相关的商品以及一些名牌奢侈品的消费增长最为迅速。居民的消费购买主体也实现了升级。近些年，随着新一轮科技革命和产业革命的孕育兴起，以云计算、大数据、移动互联网、物联网、人工智能为代表的新一代信息技术呈爆炸发展态势，彻底改变了人们的消费习惯。2011年和2017年，我国人均GDP分别达到5000美元和8000美元以上，居民第三次消费升级也正式步入快车道。消费内容方面，更高性价比的轻奢品牌和快时尚品牌正在快速崛起，同时，高品质的教育、体育娱乐、出境旅游市场扩张迅速。

消费升级体现了"马斯洛需求层次理论"。美国心理学家亚伯拉罕·马斯洛提出，人类需求像阶梯一样从低到高按层次分为五种，分别是：生理需求、安全需求、社交需求、尊重需求和自我实现需求。这些需求从低级向高级发展的过程，符合人类需要发展的一般规律，消费升级体现了这一逻辑。过去，人们消费是为了解决温饱与基本生活，前十年出现的"名牌购物潮"，是为了他人的羡慕而消费，现在，人们就进入到了"为了自己的快乐"而消费的阶段，由生理需求转向精神层面的需求。根据麦肯锡《2016中国消费者的现代化之路》，国内消费者在增加支出的同时，消费形态也在悄然变化，具体表现为消费者更加注重生活品质及体验的提升，诸如文化、旅游和休闲娱乐的支出增多。

中国的"消费侧"正在从传统消费向新型消费转型，正在从商品消费向服务消费蜕变，教育、健康、养老、环境、文化、旅游、品质、时尚等新型消费方兴未艾。据国家统计局，2017年中国居民恩格尔系数为29.3%（其中城镇为28.6%，农村为31.2%），接近联合国20%~30%的富足标准，2014~2017年中国"最终消费支出"对经济增长的贡献率分别为50.2%、66.4%、64.6%和58.8%，"消费侧"对经济增长的基础性作用明显增强。

随着中国社会消费能力的提升，出境旅游和境外购物逐渐成为一种新的潮流。日本的马桶盖、电饭煲、美妆和保健药一段时间成为日本旅游的必带伴手礼，香港和澳门的街头有许多购买日用品的内地客人和"水客"，通过代购购买澳洲和其他国家进口奶粉的现象长盛不衰，高端进口汽车即便在中美"贸易战"期间因为收取高额的关税和其他费用依然有较大的需求量。这些现象，说明部分国产商品的质量和服务还不够理想，有些产品的品牌美誉度还没有真正树立，还有些产品国内外价格倒挂。也说明国内部分消费者的消费能力已经突破价格敏感的阶段，进入品牌偏好和兴趣引导阶段。当然，在改革开放的大环境下和跟部分国家由于贸易结构失衡导致的贸易争端的背景下，加大中国对国际市场的采购力度，扩大各种商品的进口是必需的。但是，由于产品质量问题和品牌建设的问题导致的国外商品对国内市场的冲击，则需要通过"供给侧结构性改革"来进行解决和调整。

2016年1月27日，中央财经领导小组第十二次会议，研究供给侧结构性改革方案。2017年10月18日，习近平同志在十九大报告中指出，深化供给侧结构性改革。建设现代化经济体系，必须把发展经济的着力点放在实体经济上，把提高供给体系质量作为主攻方向，显著增强我国经济质量优势。供给侧结构性改革旨在调整经济结构，使要素实现最优配置，提升经济增长的质量和数量。供给侧结构性改革，就是从提高供给质量出发，用改革的办法推进结构调整，矫正要素配置扭曲，扩大有效供给，提高供给结构对需求变化的适应性和灵活性，提高全要素生产率，更好满足广大人民群众的需要，促进经济社会持续健康发展。在经济可持续高速增长的基础上实现经济可持续发展与人民生活水平不断提高；优化产业结构、提高产业质量，优化产品结构、提升产品质量；优化分配结构，实现公平分配，使消费成为生产力；优化流通结构，节省交易成本，提高有效经济总量优化消费结构，实现消费品不断升级，不断提高人民生活品质。

"供给侧结构性改革"的生命力在于创新，如新能源、新材料、互联网、云计算、大数据、物联网、网购、新型实体、电子商务、移动通信等。作为发展中的新时代，"消费侧"驱动的领域不断拓宽，如网络消费、信息消费、文化消费、娱乐消费、健康消费、体验消费，等等。"供给侧结构性改革"的本质就是最大限度地发展社会生产力，在"供给侧"发力，就是改革经济结构、提高产品质量、保护生态环境、提高实体经济水平和解决民生领域短板等问题。

三、电子商务引领商贸业转型

随着信息技术和互联网的广泛普及，电子商务获得迅猛发展。加快流通领域的电子商务发展，不仅对扩展网上消费群体，培育新型消费模式和消费领域，加快商品和服务价值的最终实现，扩大消费规模，应对金融危机具有重要的现实意义；而且对提高商品流通效率，降低流通成本，加快流通领域现代化，转变经济发展方式具有重要的战略意义。因此，各级政府都高度重视流通领域电子商务的发展，纷纷出台政策措施鼓励流通领域电子商务平台的建设。

技术进步推动了电子商务的发展。电子商务是人类技术发展的必然，大势所趋，不可逆转。随着电脑愈来愈普及，电信愈来愈发达，上网速度愈来愈快，电子商务的愈来愈便利，通过电子商务来营销已经成为主流。每年的"双十一"，电商都会创下新的销售纪录，网购已经成为许多消费者赖以生存的生活方式，"互联网+"的时代，不再是从前传统的消费方式，出门上街购物的单一模式已经被网上购物部分取代，足不出户就能实现所有生活用品的购买，方便、快捷是网购给消费者带来的最大优势。

传统的批发零售、代理销售模式受到很大冲击，商铺经营模式已经感受到压力。商贸业过去都是地段为王，人流都是往热门的商业区里流动，只要选择一个好的地段，不管产品怎么样，生意总不会太差。现在地段为王被互联网给打破了。网店可以开在租金较低的工业区、城中村和民宅中，快餐业者可以进行工厂化生产加集中配送。通过互联网，地区总经销总代理的必要性大大降低，商业中间环节大大减少。传统实体店消费要经过五层代理：厂商、大区代理、市县代理、零售商，最后把商品卖到消费者手里。每一层代理都要赚取利润，所以商品每经过一级代理就会涨一次价。而电商产品直接从厂家取，直接通过电商平台销售，省去了中间成本与利润的增加，所以电商产品价格较实体店更低，更具竞争优势。许多生产厂家进入网络直销领域，大大降低了商品的价格，提升了产品的竞争力。这就是供给侧结构性改革中倡导的优化流通结构，节省交易成本，让利于民，让有限的资源创造更加有效的供给。在互联网经济蓬勃发展、消费转型升级、电子商务快速发展等新特征交织融合背景下，中国零售业正在发生着巨大的变革，国内外实体零售业也面临着挑战和发展的不确定性。2016年我国百货、购物中心及大型超市业态中有46家公司共关闭185家门店，其中百货及购物中心业态关闭56家门店。

移动电商和移动支付迅速发展，占据重要地位。《中国互联网络发展状况统计报告》显示，截至2017年12月，我国网民规模达7.22亿，互联网普及率为55.8%，超过全球平均水平4.1个百分点，网民中使用手机上网的比例达到97.5%。手机在人们生活中扮演着重要角色，成为线上线下互动联系的重要纽带与终端。"购物过程中使用手机的情况"统计数据显示，用手机"在线支付"占比达到21.1%，手机已经成为"移动的钱包"。"查找商家信息"占比达到18.7%，也说明了线上获取商家信息已经越来越普遍。"规划出行路线等"占比达到18.4%，手机让购物出行变得更加舒适和便捷。

体验化商业开始出现。不论是城市整体消费环境，还是商圈、商业街，甚至单个的购物业态，都表现出体验化、融合化、时尚化的发展趋势。世界各地的城市通过实施旅游消费免税政策，营造优雅、舒适、安全、便利的购物环境，全方位地提升顾客体验，还大力发展各具特色的时尚文化和时尚经济，推动零售与其他行业融合发展，极大地提升了城市人气。商业街趋向体验化、时尚化、融合化。近年来正佳广场更加注重顾客体验、时尚氛围和融合发展,通过增加体验式业态、创立 Hi 百货店、引进走心生活馆、建设海洋馆、举办广州国际购物节等措施,俨然成为国内顶级购物天堂。

电子商务的发展催生了一些新兴职业。一方面,由于电商的发展取代了许多中间环节,让一部分人失去工作;另一方面,又创造了新的职业,如快递员、网上店铺设计师、网络客服等。这些新岗位吸纳了众多从业人员,一定程度上缓解了就业压力,而且电子商务的蓬勃发展方便居民购物促进居民消费拉动内需,带动经济增长。因此,虽然一些线下零售商出现销售额降低甚至倒闭但我国整体的经济却是增长的。据淘宝网方面统计,淘宝从业人员中人数最多的是淘宝网店客服,人数已经达到了 284 万人;为网店做模特的淘女郎从业人员达到约 3.8 万人;通过互联网帮助卖家推广商品的淘宝客约有 50 万活跃网站;网店装修师超过 80 万,成为不少大学生就业的热门。淘宝方面介绍,淘宝网直接和间接的就业人员已经超过 1000 万人。总体来说,虽然新的岗位在不断创造出来,但是未来随着人工智能、机器人、电子商务的不断发展,对于人力资源的需求将会逐渐减少,工作机会会随之减少。电商的发展促进实体经济的发展,使实体经济在网络时代可以更好地取得竞争优势。

通过电子商务对全球的辐射,是中国商贸业近些年升级转型的独特现象。中国的电商已经把生意做到全世界,淘宝在美国已经开始开拓市场,通过淘宝等电商,中国的很多产品可以更加顺利地进入美国市场,甚至是全世界的任何一个市场,这对于实体经济来说绝对是一个大发展。俄罗斯海外订购最多的商品就来自中国,最爱网购的中国货是数码、服装和纺织品。2016 年,来自中国的商品已占俄罗斯在线跨境贸易总额的 52%,俄罗斯跨境网购的海外订单量增加到约 2.45 亿个,其中 90% 来自中国,平均每天有超过 50 万个包裹从中国发到俄罗斯。2015 年由亚洲地区发往瑞士的包裹约为 600 万件,2016 年增至 900 万件,2017 年将超过 1200 万件,仅仅两年的时间翻一番。越来越多的印度民众热衷于从中国电商平台网购中国货,这一趋势让印度政府担心冲击当地的制造业,因而考虑限制印度民众网购中国货。2017~2018 年,印度对中国的出口额为 330 亿美元,而同期印度从中国的进口额达到 762 亿美元。相比较中国网购业的发达,一些西方国家如美国、德国、法国电子商务还比较落后,网上支付还不够普及,物流快递时间长、服务差,有着极大的提升改善空间。

第三节 "千年商都"的挑战和机遇

一、两千年历史锻造的"千年商都"

广州自古以来就是中国对外贸易的中心,从秦朝开始,广州就是郡治、州治、府治的行政中心,是华南地区的政治、军事、经济、文化和科教中心,是岭南文化的发源地和兴盛地,从3世纪30年代起成为海上丝绸之路的主港,唐宋时期成为中国第一大港,是世界著名的东方港市,明清时期是中国唯一的对外贸易大港,是世界上唯一2000多年长盛不衰的大港。宋朝的市舶司,清朝的十三行,广州万商云集、帆樯林立、货如轮转、富甲一方。广州作为历代中华帝国对外开放的唯一窗口的时候,地理上的香港和上海都还只是村庄。乾隆关闭江、浙、闽海关,禁止其他地方实施与西方的商业往来,只允许西方人在广州"一口通商",广州有着政策上的商贸垄断地位,那时的广州享誉世界,就连美国也派"中国皇后号"来广州进行贸易。新中国成立后,中国与西方资本主义国家商贸的渠道大部分被切断,唯有广交会成为中国对外贸易的唯一窗口。改革开放后,广交会自然扮演着重要的外贸作用,20世纪80年代以后,每年两届广交会的出口成交额约占我国同期现汇成交总额20%。浙江的很多民营企业都是通过广交会建立国际化的销售渠道。在以进出口为主体的商贸业的带动下,广州GDP在1989年超过天津,1991年超过重庆,到21世纪初,成为毫无悬念的一线城市。

广州拥有商业网点10万多个,为中国十大城市之冠。天河路商业区、珠江新城、北京路步行街、江南西路商业街区、上下九步行街等为市内较大商圈。其中天河路商业区被誉为华南第一商圈。广州五次被福布斯评为中国大陆最佳商业城市第一位。2017年广州商贸总体规模稳步提升,实现社会消费品零售总额9402.59亿元,连续30年稳居全国各大城市第三位,同比增长8.0%,在京津沪渝穗深苏杭八大城市中增速居第6位;批发零售业商品销售总额62164.66亿元,同比增长12.0%,增速在京津沪穗深五大城市中与上海并列第一。住宿餐饮业零售额以1143.24亿元的总量位居全国第一。人均消费品零售额居中国第一位。商品进出口总值9714.36亿元,同比增长13.7%。

其中，商品出口总值5792.15亿元，增长12.3%；商品进口总值3922.21亿元，增长16.0%。内外贸改革创新走在全国前列，营商环境不断优化，广州中国进出口商品交易会作为"买全球、卖全球"开放型国际贸易平台，助推世界各国对中国的出口和全球贸易增长，为促进中国对外开放和开放型世界经济发展作出了积极贡献。电子商务、跨境电商、市场采购、融资租赁等贸易新业态快速发展，跨境电商总体规模连续四年居全国首位，市场采购规模居全国第二位，服务贸易发展居试点城市前列，会展业展览面积位居全国第二。零售业创新发展步伐加快，餐饮新业态不断涌现，专业市场加快转型发展，南沙自贸区体制机制创新经验在全国推广，商贸综合实力稳步提升。

二、面临的问题和挑战

商贸零售业增速下降。进入21世纪，信息技术进步和服务贸易发展，深刻地改变了世界商贸发展格局，广州商贸业进入新阶段。当前，广州实体零售面临着转型压力。2016年广州传统零售业态出现负增长，百货、大型超市零售额分别下降4.6%和1.5%，而网上商店消费为代表的新型消费零售额同比增长20.7%。2014年后广州的消费增速就在逐步下降，从此前的显著超过10%，萎缩到10%以内（见表1-1）。

表1-1　　　　广州市历年社会消费品零售总额及增长

年份	社会消费品零售总额（亿元）	绝对值增幅（%）
2008	3140	21
2009	3648	16.2
2010	4476	22.7
2011	5246	17.1
2012	5977	14
2013	6883	15.2
2014	7698	11.8
2015	7933	3.1
2016	8706	9.7
2017	9403	8.0

注：广州市历年消费数据（亿元）（根据统计资料整理）。

专业市场产业进入下行通道。专业市场曾经是广州的骄傲和名片,改革开放以来引领过全国的消费浪潮,20世纪90年代的广州万商云集,专业市场一铺难求,各种日用百货到时尚用品和家用电器,都需要到广州拿货。随着各地专业市场越来越多,随着义乌这样的大规模专业性市场的大量开发,随着中国工业产能的全国化,广州逐渐失去了世界市场的地位,特别是以杭州为中心的电子商务的兴起,完全改变了内销产品通过广州批发、外销产品走广交会路线的传统通路,广州专业市场的交易品种、辐射范围、交易额度都受到极大的影响。由于专业市场现金、现货、现场的"三现"特点,税收监控也十分困难,创税总量有限,而对于道路交通资源的挤占已经带来的治安环境卫生问题不少,导致基层政府对于发展专业市场缺乏积极性,传统老城区不愿意支持专业市场发展,进一步加剧了专业市场的生存和发展危机。

广交会和会展业的发展遇到"瓶颈"。广交会曾经是中国第一展,是中国产品通向世界市场的唯一桥梁,国内外向型企业当年无不通过广交会走向世界,争夺国际市场。随着跨境电商的大规模发展,电子商务的便利化,广交会作为实体展览的局限性充分体现,成本效益比下降,已经拥有固定客户和营销渠道的老企业越来越没有参加广交会的积极性,广交会也未能使用网络巩固现有客户渠道,任由各种现代营销手段侵蚀广交会的传统市场。在会展产业方面,北京、上海早就超越广州,2019年,深圳国际会展中心将启用全球单体面积最大的会展中心,深圳会展湾总建筑面积约300万平方米,一期总建筑面积约154万平方米湾区会展综合体,整体建成后室内展览总面积为50万平方米,将成为全球最大的展馆,在展馆面积上将会超越传统会展业之都广州,形成同省德比效应,深圳在高交会等一批展会领域已经创出品牌,形成错位竞争力。2007年4月,第101届广交会正式更名为中国进出口商品交易会,增加了进口商品展示交易的功能,进口业务却一直不温不火。2018年,集国家之力打造的"中国国际进口博览会"落户上海,也对广交会原有的进口产品展形成冲击,同时也是国家对广州进口产品展没有足够影响力的一种补救。代表大国地位,展示中国制造的广交会,需要进一步发力。

过剩经济和消费升级同时出现。中国已经从短缺经济升级到过剩经济,许多行业都存在产能过剩问题,大家都觉得生意难做。即便这样,中国人还是像潮水一样涌向世界各国,涌向港澳地区,购买日用品、药妆、马桶盖、奢侈品,从发达国家回来的民众都把行李箱装得满满的,跨境电商异常火爆,彰显了我国制造业和商贸业存在的结构性缺陷和制度性问题,国家开启了供给侧结构性改革,广州商贸业也到了需要深度研究和升级改革的时候了。

第四节 全面发展和重点突破

作为改革开放的窗口城市、千年商都和以国际商贸中心作为城市定位的城市,商贸业的发展对广州有着特殊的意义。商贸业是广州城市持续稳定发展的定海神针,是广州引领国内城市发展的竞争力和价值链之所在,是带动广州各行各业发展的基础性产业,是藏富于民、解决就业的战略性产业。为了稳定和发展商贸产业,广州市出台了加快商贸服务业发展的一系列政策①,主要有十项措施:

一、加快内外贸一体化

广州要打造国内主要商品口岸贸易集散中心和转口贸易中心。要提升大宗商品交易平台和专业批发市场能级,引导建立具有交易、结算、融资、物流配送等综合功能并在全国具有影响力的电子交易中心,建成"全球采购、广州集散、辐射全国"的大宗商品及工业原材料集散基地。引进和培育商贸龙头企业、跨国采购商和供应链集成商,加快部署海外营销网络和贸易平台建设,逐步形成"全球接单、广州分拨、国内生产"的国际贸易模式,推动专业市场向现代国际采购交易中心转型,使广州市成为国际贸易订单处理和营运中心。

二、提升国际会展业发展水平

以建设国际会、展、奖目的地城市为目标,推动会展业开拓创新,深化国际交流合作,促进会展向综合运作转变,推进会展业与关联产业融合发展。

---

① 《广州市商务发展第十三个五年规划》(2016~2020年)。

发展壮大会展产业链，加快培育本土会展龙头企业，打造一批与广州市经济发展相结合的专业品牌展会，大力吸引国际会展组织机构落户广州，支持重点国际展会在广州举办，形成以广交会为龙头、专业品牌展会为支撑的国际会展中心城市。规划好全市展馆、专业场馆功能和布局，推进各项会展要素有效配置，提升展馆市场化、国际化运营能力。创新会展管理机制，提升会展业知识产权保护水平，加强会展行业的诚信和自律管理，优化会展业发展环境。进一步提升举办国际性会议、展览、"广州奖"的能力和国际影响力，利用会展和"一奖两会"平台，拓展广州市对外经贸交流合作。

三、创建内外贸创新发展城市

积极开展服务贸易创新发展试点建设，健全服务贸易促进体系，深度推进与港澳服务贸易自由化，把广州建设成为我国服务贸易创新发展的先进城市。深入推进国家服务外包示范城市建设，努力建成为国际服务外包接发包中心和跨国公司共享服务中心。推动跨境电子商务公共服务平台和各类特色试点园区融合发展，形成适应跨境电子商务发展的新型监管服务模式和制度体系，打造成为跨境电子商务创新发展先行区，将广州市建设成为全国跨境电子商务中心城市和发展高地。推进国家电子商务示范城市建设，培育壮大市场主体，优化公共服务平台建设，推动互联网与商务各个领域全面渗透与深度融合，促进传统商都向"互联网商都"转型。完善融资租赁政策保障体系，加快推进融资租赁业集聚发展，努力使广州市成为华南区域融资租赁集聚区。

四、构建国际资本集聚高地

加快营商环境建设，将广州打造成为国内营商环境最优越城市之一。围绕全市构建高端高质高新产业体系，实施大项目好项目带动战略，加大跨国公司、央企、大型民企招商力度。实施总部经济发展行动计划，培育壮大本土总部企业，吸引更多企业在穗设立总部、区域总部、跨国运营中心、销售中心、结算中心、共享服务中心，构筑总部经济高地。加强国际创新合作，积极承接国际技术转移，大力发展技术贸易，鼓励跨国公司在穗设立研发总部或研发中心，积极融入全球创新网络。加快"引进来"和"走出去"协调发展,支持企业以并购投资、股权投资、绿地投资、联合投资等方式参与全球资源配置和产业分工合作,逐步培育具有国际竞争力和国际影响力的本土跨国公司。

五、加强消费升级引导

顺应和把握消费升级趋势,积极推进实施信息、绿色、住房、旅游休闲、教育文体、养老健康家政等消费工程,加快培育以传统消费提质升级、新兴消费蓬勃兴起为主要内容的消费新热点。壮大信息消费规模。大力发展网络经济和分享经济,培育跨区跨境、线上线下、体验分享等新兴消费业态,鼓励发展数码通讯产品、可穿戴设备、智能家居等智能终端产品服务。促进旅游消费。加快发展购物旅游,会展旅游,邮轮、游艇旅游及配套设施建设。稳定住房、汽车等传统大宗消费,深化住房、汽车流通领域改革创新,完善住房梯度消费格局,支持合理住房消费需求,扩大新能源汽车消费。鼓励养老健康家政消费,推动建立产业基金等发展养老服务,引导建设家政公共服务平台,开展家庭服务业转型升级示范企业认定,推进家政服务企业专业化、连锁化、规模化发展。以广州列入第二批消费金融试点城市为契机,推动消费金融服务在行业内的应用。要打造国际消费城市。实施消费升级,着力引进全球顶级零售商和国际品牌、国内知名品牌和品牌旗舰店,大力推进时尚消费品零售业发展,逐步完善高端时尚消费产业链条,努力打造成为国内外知名品牌的集聚地和潮流时尚的重要传播地。促进大型零售商业网点高端化、特色化发展,打造具有国际影响力的商街商圈,推动商贸业与旅游、文化、会展、餐饮、休闲等行业跨界融合,大力吸引国际和国内消费客源,提升广州"购物天堂"的国际影响力。发展精细化、高品质的生活性服务业,扩大"食在广州"影响力,促进便利消费进社区、便利服务进家庭,提高城市生活的舒适度和便捷度,提升市民生活幸福指数和国内外顾客满意度。

六、发展绿色循环消费

引导流通企业扩大绿色商品采购和销售,推行绿色包装和绿色物流,支持电子商务和物流快递企业实施快递包装垃圾源头减量和回收利用。培育一批集节能改造、节能产品销售和废弃物回收于一体的绿色商场、市场和饭店。鼓励旧货市场规范发展，促进二手商品流通。支持淘汰老旧汽车，加大黄标车淘汰力度，建立健全二手车鉴定评估、交易管理和交易征信体系，加快完善二手车流通信息平台，积极推动二手车流通模式创新，努力活跃二手车市场。制定再生资源回收利用行业发展规划，加强生活垃圾分类和再生资源回收衔接，实现再生资源回收网络与环卫系统垃圾清运网络相互融合协同，推动再生资源回收行业与电商的结合。做好拍卖、典当行业规划和监督管理。

七、积极发展时尚产业

要加强政策引导，完善相关配套措施，引导企业和专业市场增强品牌设计、创新和营销能力，培育符合产业发展特点、市场潜力大、有一定知名度的服务品牌和产品品牌，提升本土品牌数量、形象度和档次水平，扩大本土时尚品牌产品销售规模。大力发展时尚创意产业，以创意园区为依托，走"时尚+创意"发展路径，大力发展时尚设计、展示、传播等相关支撑产业，助推本土品牌成长。坚持"原创、首发、时尚"原则，打造成国内时装、成衣、珠宝首饰、皮具箱包、化妆造型等新产品、新设计、新技术的顶级专业发布平台。打造时尚消费品电商平台，推动高端百货、品牌折扣店、免税店等建立线上综合销售平台，鼓励时尚零售业与VR（虚拟现实）技术跨界融合，形成立足广州、辐射全国的时尚消费品零售格局。鼓励本土电商零售龙头企业发展时尚消费品电子商务和跨境时尚消费品电子商务，推动商贸企业发展网上时尚消费购物。依托天河路、环市东、珠江新城、北京路等时尚消费圈以及奥特莱斯等商业场所，吸引国际知名奢侈品集团的关联品牌、快时尚品牌、原创品牌和文化创意品牌等国际高端时尚消费品牌进入，增强国际时尚酒店、餐饮、影视、娱乐、休闲、饮品等服务业态的配套组合，形成具有国内影响力的时尚商业业态。

八、打造有国际影响力的自主品牌

强化外贸自主品牌扶持措施，引导企业制定并实施品牌战略，推动重点行业和企业建立品牌设计、营销、推广中心，力争自主品牌出口在外贸出口中的比重逐年提高。推进支撑自主品牌国际化推广的公共服务平台建设，鼓励自主品牌骨干企业设立品牌国际化发展基金。支持中医药及制药、汽车、电子产品、精密仪器、海工装备、服装、箱包、灯光音箱等特色产业，开展品牌整体宣传和抱团营销，大力培育区域性、行业性品牌。支持有实力企业到海外收购品牌、建立营销网络或开展特许经营。推动有条件的区、行业和企业建立品牌推广中心，采取多种方式加大广州品牌海外推介力度。支持企业开展商标和专利的国外注册保护，开展海外维权。探索建立出口品牌统计制度。

九、推动"文商旅"深度融合

以天河路商圈、越秀—海珠文化金融商旅区、广州北站商务区—万达文化旅游城、汉溪—长隆—万博商旅圈等功能区为重点，推进集商务、购物、旅游、休闲等为一体的购物中央商务区和集聚区的建设，形成集"食、住、游、购、乐"于一体的文商旅产业带。积极发展特色商业，改造提升玉器、海味干果、饰物精品、字画文化等"老字号"传统特色商业街，注入新型业态，扩大商业容量，促进商业资源与旅游资源、文化古迹与现代商业街的有机融合，打造成集特色购物、特色休闲服务和融岭南传统文化于一体的国际商贸旅游区。以游客体验为中心，推动景点旅游向全域旅游转变，支持发展购物游、会展游和体验游等旅游新业态，增强向全域接待国内和国际游客水平。深入挖掘广州历史文化资源，突出"岭南文化"特色，打造"海上丝绸之路""广府庙会""迎春花市"等民俗、文化与商业融合的城市名片。要举办重大节事活动，结合城市重大活动和传统的消费旺季，培植具有国际影响力的消费节庆品牌，以消费节庆品牌吸引国内外消费者。积极引进世界性的综合性或专题性博览会、单项体育国际赛事、大型文化娱乐赛事等大型活动以及国际知名的大型娱乐休闲设施。将"广州国际购物节""广州美食节"等办成广州的标志性节庆，提升节庆品牌化、国际化运作水平。

十、优化广州商贸业的空间布局

对标世界著名商业街区，打造天河路商圈、北京路商圈分别代表"现代商都"和"千年商都"的标志性区域，完善生态景观和交通、智能信息化、文化设施，进一步提升在国内外的知名度和影响力。加速引进国际品牌、国内知名品牌和品牌旗舰店，集聚发展一批大型高端购物中心和城市综合体。力推天河路商圈成为国内体验式商业的龙头标杆，支持商圈及重点企业引入特色文化、旅游、餐饮、娱乐等业态。活化利用广州传统中轴线和历代古城中心的文化资源，促进北京路商圈商业与文化、旅游、休闲深度融合，形成多元立体的体验空间。

第二章 构建国际"购物天堂"

商贸业的本质是提供适合消费者需要的商品,衡量一个城市商贸业发达与否的标志是购物是否方便,打造购物天堂是发展商贸业的第一基础。《世界经理人周刊》、世界商旅网和世界经理人网站(ICXO.COM)与2005年共同编制了《世界十大购物天堂城市》排行榜,其采用以下4个指标进行测算:物价指数、购物推荐、时尚亮点、游玩指数进行综合测评,最后有以下十个城市脱颖而出,分别是:中国香港、上海、巴黎、米兰、新加坡、首尔、东京、曼谷、纽约、吉隆坡,这十个城市就是目前世界公认的十大"购物天堂"。

第一节 何谓国际"购物天堂"

一、"购物天堂"的概念由来与内涵界定

对于何谓"购物天堂",学术界缺乏探讨,实践中也没有统一的界定。"购物天堂"概念在国内以文献形式[1](中国知网,www.cnki.net)出现最早是在1990年。国内城市引入"购物天堂"的次序分别为深圳[2](1994)、上

---

[1] 中国旅游年鉴编辑委员会. 历史回顾"粤港澳大三角旅游区"的战略构想. 中国旅游统计年鉴(1990), 1990(1).

[2] 张大平. 优化资源配置开发"东部旅游一条线"——发展深圳市罗湖区旅游业的理想选择、特区经济, 1994(1).

海[①]（1994）、北京[②]（1994）、杭州[③]（1994）、广州[④]（1995）、武汉（1996）和西安（1996）。1997年香港回归，国内更多的人感受到香港国际购物天堂的魅力，此后，成都、南京、重庆等国内大城市陆续谋求打造"购物天堂"城市。近年来，我国上海、北京、广州等大城市相继提出建设"国际购物天堂"的宏大目标。

目前，国际上对"购物天堂"普遍认同的一个基本量化标准是城市人均占有商业面积应达1.2平方米以上[⑤]，这是发达国家的基准水平。但仅有这样的认识是远远不够的。事实上，"购物天堂"是一个复杂体系，远非单一指标就可以认定的。许多学者和商界人士从不同角度提出了自己的观点。其中，程金川（2002）认为"购物天堂"应包括三要素：商品、人品、文品，"商品"要多、名、新；"人品"即是服务人员要热情周到、技艺高超、诚信负责；"文品"则是指购物天堂的形象，包括文化氛围、各种服务的文化底蕴和时代特色。佘耀庭（2003）认为"购物天堂"应从环境、品牌、价格、服务等四个方面来衡量，优越的购物环境、众多的国际品牌、灵活的价格折扣和优质完善的服务，构成"购物天堂"的基本要素。齐晓斋（2009）认为作为"购物天堂"，除了庞大的市场规模、主流的消费群体、丰富的商品种类之外，独具魅力的都市特色、家喻户晓的都市称誉也是必备条件，如巴黎被誉为"时尚之都"，纽约是"自由独立之城"，香港则拥有"动感之都"之雅号，差异性或地方特色是"购物天堂"产生吸引力的重要源泉。王先庆（2011）通过对中国香港、新加坡等的分析，认为支撑起一个"购物天堂"城市的因素应包括：拥有一批知名的商业街区、品种齐全的国际高端商业品牌、巨大的国际物流中转能力、有国际知名度和影响力的购物中心、遍布全境的商业体系、优质的商业服务环境、政府对商业的重视以及发达的特色商业。梁伟、白仁春（2011）明确定义了与"购物天堂"相近的另一概念——"购物之都"，即"购物之都"是指市场体系完备、商品品种丰富、购物环境优越、购买活动便利、集聚辐射能力强大、具有鲜明地方特色并引领购物时

[①] 刘立鹤. 迈步在现代商业的大道上——上海东方商厦开业一年来实践的体会. 上海商业, 1994（2）.

[②] 叶子. 台胞京城购物有去处. 台声, 1994（5）.

[③] 汪力忠, 王平. 创建文明商业营造购物天堂. 中国商贸, 1994（6）.

[④] 梁明珠. 客源型旅游地旅游资源开发刍议——以广州、上海为例. 旅游学刊, 1995（7）.

[⑤] 佘耀庭. 上海能否成为第十个国际购物天堂. 国际金融报, 第19版, 2003年9月1日.

尚与国际潮流的现代化大都市。

世界顶级商务杂志《世界经理人周刊》、世界最大的商务门户ICXO.COM（世界经理人网站）和世界商旅网共同编制的《世界十大购物天堂》[①]排行榜，评出香港、上海、巴黎、米兰、新加坡、首尔、东京、曼谷、纽约、吉隆坡10大城市为世界十大购物天堂。《福布斯》[②]杂志评选出全球15个"国际购物天堂"城市，伦敦位列第一，巴黎、纽约、迪拜、莫斯科、米兰、汉堡、新加坡、东京、巴塞罗那、慕尼黑、柏林、马德里名列前茅，中国的北京、香港也位列其中。全球最大的商业地产服务公司世邦魏理仕（CBRE）分析调查了全球180个城市，列出了2012年第一季度全球租金最贵的前40条商业街。上述三大排行榜，前两项以城市为指向，后者具体指向商业街。

二、"购物天堂"的评价标准

"天堂"是人们对至上幸福美好生活环境的一种描述。"购物"，应是广义的综合消费的概念，含购物、娱乐、文化服务、健身、保健、美容、通讯等方面。国际化购物天堂指最终消费者实现综合消费的国际化的美好环境，最终消费者涵盖各种类型和档次的消费者。孙元欣、李高朋、徐莉莉、郭永昌[③]（2002）归纳出国际化购物天堂的构成要素框架，有8个基本要素，7个高端要素，通过对纽约、巴黎、东京和香港等大都市的比较分析指出，国际化购物天堂应该有消费者可以感知的整体特色。这种整体特色源于文化特色、特定经济政策和整体经济优势。课题组选取了11个商贸经济指标，对上海、北京、广州、深圳、天津、大连、南京、苏州、杭州、厦门、济南等城市，开展城市商贸发展横向比较。统计分析结果表明，上海商贸总分排名第一。上海、北京和广州，为中国城市商贸第一类城市。

---

① 《世界经理人周刊》发布的《世界10大购物天堂》排行榜以物价指数、购物推荐、时尚亮点、游玩指数4个指标进行综合测评。

② 《福布斯》排行榜参考了全球67个国家和地区的280家世界一流零售商的全球业务版图，在城市层面对零售全球化进行分析。其中顶级零售商（根据其在本土市场和海外市场的市场份额衡量）的入驻比例是重要的参考标准，顶级零售商入驻比例最高的城市在榜单上处于领先位置。纳入调查的零售商包括餐饮、奢侈品供应商和大众折扣店，但不包括汽车制造商及经销商。

③ 上海市政府发展研究中心课题：上海建设国际化"购物天堂"的内涵和途径，该课题获得第五届上海市决策咨询研究成果奖，课题完成时间：2002年10月。

麦肯锡早在 2001 年为上海南京路制定战略发展规划时，总结了世界 9 条著名商业街的共性，提炼出国际一流商业街应有的三大特征与六大支撑要素：三大特征是全球范围的知名度、高客流量、高商业收入；六大支撑要素是商业街历史悠久、建筑风格独特、街区配备多重功能、支柱商业有更新力、基础设施与环境良好、街区发展良性管理。认为"购物天堂"，不能仅仅局限于拥有一条以至于多条极具知名度与影响力的商业街，更应该从城市整体的角度去加以衡量和构建。从公认的巴黎、中国香港、伦敦、纽约、米兰等城市来看，"购物天堂"城市至少有六个特征：一是庞大的市场规模；二是丰富的商品种类；三是高质量的消费环境；四是拥有主流的消费群体；五是较强的集聚辐射能力；六是独具魅力的都市特色和家喻户晓的都市誉称。

上海财大课题组认为，"国际购物天堂"必须具备 6 项基本考量指标：市场消费总量庞大；消费群体来源广泛；国际著名品牌集聚；拥有标志名街名店；引导国际时尚潮流；彰显本土文化特色。也曾经有人提出过购物天堂的几大指标：国际性品牌的拥有量达到一定标准；拥有一定数量和档次的本土自有品牌；新品上架要及时，保持和国际潮流同步；城市交通便利，餐饮、住宿配套，有购物旅游接待能力；综合性超大商场的餐饮、休闲项目要齐全，以便于一站式购物；具备商场、OUT-LETS（名牌折扣店）、超市、电子购物等多种销售形态；价格有标准可循，杜绝漫无边际的讨价还价等变相欺诈消费者的行为。

三、购物天堂的要件分析

各学者及权威人士的观点给我们以启示，根据对国际上典型"购物天堂"城市的研究，我们可从以下方面来理解"购物天堂"。

第一，"购物天堂"应具备强大的"购物"功能。这集中表现为：商品品种繁多、选择余地大、价格低廉，有的甚至比原产地还要便宜；拥有众多国家级乃至世界级商品品牌，特别是顶尖奢侈品牌云集，是其他城市所没有的或难以比及的；"购物"辅助功能完善，服务体系发达，能提供金融、结算、交通、物流、邮寄、饮食、展示、检测、鉴定、索赔等各方面方便快捷的服务，实现购物安全与便利；此外，购物环境舒适，购物设施发达，拥有众多高等级、高品质购物场所以及无障碍、停车、连廊等便利化设施。

第二，"购物天堂"不仅仅体现在"购物"功能上，还应有较高的"游玩"成分。作为"购物天堂",绝非纯粹的"购",而是"购"与"玩"相结合,要有一定的游玩成分,要考虑旅游、文化元素的配合,通常应附带休闲、娱乐、美食、表演、文化欣赏、历史体验等活动项目,使人们在购物的同时体验不同的文化风情,在"购"的过程中达到较高愉悦感和满足度,不仅实现购物的安全与便利,更要追求购物的舒适与快乐,在物质层面和文化层面都能得到满足。唯有如此,才能真正体现"天堂"的意涵。从这个意义上说,"购物天堂"也必然是包括服务、旅游、文化、美食消费在内的"消费天堂"。

第三,"购物天堂"在很大程度上体现在城市的几条知名商业街上。众所周知,对一个城市而言,最高端、最知名的商业机构往往高度集聚于某些特定的空间载体——标志性商业街或都会级商圈上,作为城市的重要"名片",商业(步行)街或都会级商圈是一个城市最具成长性、最高土地租金、最能代表商业潮流的地方,它们不仅能满足购物功能,也能满足部分游玩功能。因此,商业街是"购物天堂"的重要标志,作为"购物天堂",必须拥有一条或几条极具影响力和知名度的商业街区,如纽约的曼哈顿第五大道、巴黎的香榭丽舍大道及奥斯曼街区、东京的银座、香港的中环及铜锣湾、伦敦的牛津街等,无不成为其"购物天堂"的象征。

第四,"购物天堂"必须与发达的旅游业相结合。一个城市之所以号称"购物天堂",其根本原因是对外来游客尤其是境外游客具有强大吸引力,其良好声誉也主要来自外部世界的评判,外来游客及外埠消费者成为"购物天堂"的主要支撑,所以,"购物天堂"一定要靠旅游带动,商旅结合,仅靠本地消费是绝不可能支撑起来的。

第五,"购物天堂"离不开本土品牌与文化的有力支撑。从"购物天堂"的成长规律看,引进相当数量的国际顶级品牌固然重要,但并非靠引进更多的国际一线品牌就一定能够成为"购物天堂",而关键的是在本土能够培育或拥有一批有代表性和时尚引领性的企业品牌或消费文化,这对"购物天堂"的建设和品位提升将更为重要。

第六,"购物天堂"必须具备"名、优、特、新"。作为一种誉称,"购物天堂"的吸引力系于"名、优、特、新"。"名"即指城市要拥有一大批名街、名店、名品、名牌,这是吸引外来游客的基本条件;"优"是指商品质量稳定可靠,一个到处充斥假冒伪劣的城市是不可能称为"购物天堂"的;"特"是指特色,既包括都市特色,也包括商业特色,综观当今举世公认的国际"购物天堂"城市,除了庞大的市场规模、主流的消费群体、丰富的商品种类之外,独具魅力的都市特色以及"老字号"、特色商街等都是必备条件,差异性是"购物天堂"产生吸引力的重要源泉之一。"新"主要指引领潮流和时尚,是新品发布的地方,是凸显购物时尚的地方。

第七,"购物天堂"也具有等级之分。"购物天堂"也有等级之分,既有全国性的"购物天堂",如20世纪八九十年代的广州,在"广交会"和珠三角制造业基地的拉动下,曾是广货大行其道而内陆游客、商家蜂至沓来竞相购物、消费、进货的地方;也有国际化的"购物天堂",这个"国际化"主要包含两方面的涵义:一是指与国际接轨,在商业上通行国际规则、国际标准和国际机制;二是指商业能量辐射境外,无论从商品、品牌、商家还是游客构成看,国际化成分明显提升,逐步具备了较高的境外影响力和国际知名度。可见,国际化的"购物天堂"是"购物天堂"发育的较高阶段,欲成为"购物天堂"的城市,最终必然走向国际化之路,成为所谓的国际"购物天堂"。

综合以上理解与分析,我们认为,所谓国际"购物天堂",是指购物环境优越、可选商品丰富、国际品牌众多、服务功能完善、特色消费突出、时尚引领能力较强,以及在商贸活动上具有高度国际化水平和全球商业知名度的现代大都市。

需要补充说明的是,目前,在学术界与"购物天堂"容易混淆的还有两个相近的概念,即"商贸中心"和"消费之都"。事实上,国际"购物天堂"并不等同于国际商贸中心或国际"消费之都"。

首先,国际商贸中心包括"购物天堂"或"消费之都"等细分功能。所谓国际商贸中心通常是一个大商业的概念,既包含国与国之间的贸易,也包含国内贸易(即批发贸易),还包括作为终端消费的国内零售和消费性服务。国际商贸中心不仅是一国对外贸易的战略高地,也是国际型消费大都市,不仅内外贸互为融合,而且贸易与终端消费(即"贸"与"商")互为支撑。而"购物天堂"则主要指国内零售部分。"消费之都"则范围稍广,主要包括作为终端消费的国内零售和消费性服务两大部分。作为国际商贸中心,一般具有多元主体功能之构成,除了终端消费性质的"购物天堂"或"消费之都"外,还可能包括采购中心、贸易中心、会展中心、物流中心、金融中心、美食之都等其他多元子功能,这些分项子功能与"购物天堂"相辅相成,互为支撑,共同构成了国际商贸中心。可见,"购物天堂"或"消费之都"是国际商贸中心下属的子功能目标之一。

其次,"购物天堂"与"消费之都"也有一定差异。前者主要与"批发"相对应,在功能上侧重于零售性质的购物消费,当然也不排斥为实现购物而需要配合的其他服务性消费;而后者主要与生产、投资相对应,包括一切终端消费活动,既包括商品消费、物质消费,也包括服务消费、文化消费,既包括零售性质的商品消费,也包括批发性质的商品消费。可见,"消费之都"在范畴上比"购物天堂"要大一些、广一些,且其消费活动内涵并无明显的侧重点。然而,随着时代的发展,现代社会所追求的舒适、便利、愉悦的购物活动,显然也越来越离不开其他各种非商品性消费的配套与支撑,从这个意义上说,"购物天堂"也可等同于"消费之都",只不过"购物天堂"更具主题指向——购物消费,是以购物活动为主题的综合性消费活动。

第二节 国际"购物天堂"的基本条件

考察国内外主要国际大都市,我们发现作为国际"购物天堂"都必须具备如下一些基本条件和共性特征:

一、优质完善的购物环境

良好的购物环境是"购物天堂"的基本要求。这首先表现为拥有充足的购物设施,从数量标准看,发达国家的大都市人均占有商业面积普遍达到了1.2平方米以上,这是购物设施是否充足的一个重要标准,也是衡量购物舒适度的一个重要指标。显然,拥挤不堪、充满紧张的购物活动,绝非"天堂"之内涵。其次是购物设施的质量,这包括:购物设施是永久建筑还是临时建筑?购物设施内部功能分区是否合理?购物环境整体设计是否舒适而人性化?是否拥有足够的停车设施?是否设置足够的顾客休憩区?是否配套充足的卫生设施?是否拥有高效的结算系统?是否设计了清晰合理的指示标志或导引系统?最后,购物环境品质还体现于购物设施的多样化特色上,千篇一律、千店一面的商业步行街、超市或大型 Shopping Mall,显然会大大降低购物的情趣,而不同特色的购物消费场所才能提振顾客的兴致,丰富购物的文化体验。

需要强调指出的是，当一个城市的人均 GDP 超过 9000 美元的时候，购物环境的优劣就成为衡量商业零售店服务水平的重要方面，良好的购物环境可以成为大型零售企业制胜的重要筹码。

二、丰富多元的商业品牌

作为"购物天堂"，其核心元素是商品。首先，商品在质量上必须高度可靠，品质第一；其次，商品来源应多元化，能提供充分的选择空间，这些要求集中体现在商业品牌上。商业品牌不仅是商品品质的保证，还承载了不同国家、不同企业的历史文化，这对增强购物品位和情趣意义重大。因此，作为"购物天堂"必然是一个品牌云集之地，是现代工业文明的展示"橱窗"，拥有丰富多元的商业品牌，既包括产品品牌，也包括企业品牌，既包括国内品牌，也包括国际品牌，既包括数量众多的一般性国际品牌，更包括相当数量的国际顶级品牌及品牌旗舰店。如果一个"购物天堂"城市不能孕育几家出色的国际零售品牌（企业），它就缺乏知名度和影响力。

三、成熟主流的消费群体

作为"购物天堂"，不仅是本地人购物消费的中心，更应该成为外地游客远道慕名而来的购物佳地，"购物天堂"应主要取决于外部世界的评判，而非当地人的认定。基于这一观点，外地游客首先应成为评判一个城市是否是"购物天堂"的决定性因素。从实证经验看，当今世界公认的国际"购物天堂"城市，其每年到访的境外游客总数大都接近甚至超过了本市人口总数，而外地游客更达到本市人口总数的数倍之多，这些日均消费量较大（通常日均消费额达到本市市民 10 倍以上）的外地游客成为支撑"购物天堂"的一支主流消费群。当然，"购物天堂"的发展壮大也离不开本地人口的持久而有力的消费支撑，这主要取决于两个因素：一是当地经济发展水平；二是是否形成成熟的消费文化，具有较高的消费倾向。

四、强大前卫的时尚引领

所谓时尚，就是在特定时段内率先由少数人实验而后来为社会大众所崇尚仿效的生活样式和消费方式，时尚（产品）带给人的是一种愉悦的心情和优雅纯粹的感受，赋予人们不凡的生活品味和气质神韵，而这些正是"购物天堂"的应有之义，充分体现了对"新""特"的要求。因此，作为"购物天堂"，必具有强大的时尚引领能力，不仅成为新品设计、发布的地方，更成为引领购物时尚的地方，成为引领新的消费潮流、消费方式的地方。从巴黎、纽约、东京、中国香港等大都市的实践看，当今这些世人公认的国际"购物天堂"，大多也是"时尚之都"。

五、独具特色的都市风韵

"购物天堂"不仅是适于"购"的地方，而且是能够"玩"的地方，而一个游客不远万里来到某一国或地方"游玩"，这个地方一定在其历史、文化的某一侧面有其独特的风韵和魅力，值得深入玩味、体验，从而给游客带来不凡的体验和很大愉悦感。综观当今举世公认的国际"购物天堂"，无不独具魅力和特色，拥有家喻户晓的都市称誉，如巴黎被誉为"时尚之都"，香港被誉为"动感之都"，而上海则以海派气度著称于世。除了整体上的文化风格之外，一个城市的独特风韵还具体体现在商业"老字号"、特色商业街等载体上，这些都构成"游玩"的重要吸引力。

六、国际知名的商业街区

对外地游客而言，一个城市最高端、最密集、最多元化的商业资源大都集中于一条或几条标志性商业街区（商圈）中，这些标志性商业街区大多精心打造，往往代表了这个城市最大的商业亮点，同时还因附带着大量历史、文化、娱乐、美食、休闲等游玩元素，因而成为"购物天堂"的重要象征和主要载体。国际"购物天堂"往往集中体现在若干条国际知名的标志性商业街区上。

七、高度发达的国际旅游

如前所述，作为"购物天堂"一定要旅游带动，靠本地消费是永远不可能实现的。但对于更高层次的国际"购物天堂"而言，这个旅游主要是指国际旅游，主要靠境外游客的强力支撑。国际旅游所带来的不仅仅是国际上强大的消费购买力，更重要的是国际化观念、国际规则以及多元文化，这些都会对建设和丰富国际"购物天堂"形成正面推动力。

八、完善发达的服务体系

构建国际商贸中心不能仅仅把产业重点停留在商贸业上，而必须依托发达的包括金融保险、商务会展、物流配送、教育培训、科技研发等诸多以知识和技术密集为主要特征的现代服务业体系。作为国际商贸中心的核心功能之一，"购物天堂"的安全、舒适与便利，也必须依托完善而发达的配套服务体系来实现。这个完善的服务体系，一方面是指服务品种的齐全性，即能够在金融结算、物流配送、快速检测、鉴定、语言翻译、邮寄、索赔等多种服务环节上为购物活动提供全方位支撑；另一方面是指服务的规范与标准，即各配套服务行业的从业者是否具有规范化、专业化、国际化的服务态度、标准和程序。例如，多数发达国家都具有完善而人性化的退货服务或离境索赔服务；在日本，一般百货店经营者都将店员接待顾客的整个过程，从顾客进门开始分解成30多个服务环节，并逐一加以规范，体现出很高的专业素质和标准化水平。

第三节 国际"购物天堂"的衡量标准和功能配置

一、标准分析

Sylvester Yeung、James Wong、Edmond Ko等学者在2004年作了一项关于两大国际"购物天堂"城市的比较研究，该研究从15个方面调查了309个国际游客在中国香港和新加坡购物的满意度情况，通过SPSS软件对数据进行分析，结果显示，中国香港在商品价格、商品选择的多样性、商店的无障碍性、货币价值、商店营业时间、商品的可用性等6个方面优于新加坡，而新加坡则在语言能力、服务人员的态度和效率、橱窗展示、商店的整洁和干净度、商店的装修设计、支付手段的多样性、商品的可靠性等8个方面优于中国香港,在商品标签的有用性方面二者表现相当。这项研究调查成果潜藏了部分关于"购物天堂"的衡量标准问题,那么,我们如何有效地对国际"购物天堂"加以测度和衡量呢?

根据前述关于国际"购物天堂"基本条件和特征的分析,我们认为,国际"购物天堂"的标准可从以下十个方面予以考虑:

一是购物环境舒适度。这是"购物天堂"的首要条件,可以从人均占有商业面积、商店橱窗展示、商店整洁和干净度、商店装修设计、商店的无障碍性、商圈配套设施、商圈环境品质等方面的指标加以衡量。

二是商业品牌丰富度。这决定了消费的可选择性以及商品的品质保障,此外,品牌也是地区文化和企业文化的集中体现,丰富的商业品牌能够为游客带来多元的文化体验。具体可以用世界顶级零售商入驻比例、国际品牌旗舰店数量、国内知名品牌集聚度、本土品牌知名度等指标来衡量。

三是商品价格美誉度。商品是购物活动的核心要素,物美价廉是国际"购物天堂"的共同特征和基本要求,一般可以用商品的可靠性、商品选择的多样性、商品价格打折机会、当地税率水平等指标来衡量。

四是商业街区知名度。商业街区是"购物天堂"的集中体现和主要象征。可以用商业街长度、商业街年平均租金、商业街功能完善度、商业街拥有知名品牌数等指标来衡量。

五是消费时尚引领度。时尚性是"购物天堂"的基本特征和魅力所在。可以用时尚产业在地区 GDP 中的比重、时尚新品设计与发布数、"新商业模式"引领度(商业模式创新能力)、新消费方式普及率等指标来衡量。

六是都市特色凸显度。特色商业、特色消费以及城市的文化特色也构成"购物天堂"的主要魅力和吸引力。一般可以用商业"老字号"数量、特色商业街条数、商圈多样性、城市文化形象鲜明度等指标来衡量。

七是商业消费诚信度。这是表征"购物"安全性和较低的交易成本的重要标准。一般可以用顾客投诉率、经济诈骗案立案数、社会信用指数等指标来衡量。

八是服务体系完善度。这一衡量标准内涵丰富,可以从城市服务业发展水平、服务品种齐全度、服务人员的态度和效率、语言能力、商店营业时间、货币价值稳定性、支付手段多样性、服务标准、公共交通等方面的指标加以衡量。

九是旅游产业带动度。旅游带动是构建"购物天堂"的必由之路,尤其是国际旅游所带来的高端客流。一般可以用年接待游客总数、年接待国际游客数、年旅游业总收入、城市拥有世界级旅游景点数、"购物+饮食"消费在旅游总收入中所占比重等指标来衡量。

十是商贸活动国际化。顾名思义,国际"购物天堂"就是在商贸活动上应具有高度国际化水平,包括在商品、企业、客流、服务规则等四个方面具有较高国际化程度和水平,且商贸活动的影响力、辐射力超越国内而具有境外甚至全球商业知名度。具体可以用本地销售市场上国外商品的比重、境外游客消费额占商品销售总额的比重、外贸依存度、入驻本市世界品牌500强数等指标来衡量。

二、功能配置

当今许多国际大都市都曾确立过发展"国际商贸中心"的功能目标,而在这些目标之下,事实上还存在许多不同的功能侧重点,如除了一般的"购物天堂""购物之都"外,还有"国际会展之都""国际贸易中心""国际采购中心""国际电子商务中心""世界时尚之都""国际美食之都"等具体子功能。但从各国际大都市发展的经验看,具有零售性质的"购物之都"或"购物天堂"始终是其最基本的功能目标。

首先,以零售购物所代表的终端消费是经济活动逻辑的起点。在计划经济时代,生产是起点,消费是终点,生产决定消费。然而,在市场经济条件下,消费成为起点,而决定消费的商贸业特别是零售业在资源配置、生产引导和消费满足中的作用开始凸显,在当前过剩经济和工业生产日益集中的条件下,以大额订单驱动物流、垄断生产的趋势日益凸显,零售业逐渐成为引导生产、引导消费、引导经济运行方向的先导性力量。此外,零售业在连锁制不断拓展之下逐步具有了强大的流通渠道的功能,而在现代经济条件下,谁掌握了流通渠道,谁就掌握了经济命脉。美国的"沃尔玛现象"充分说明了这一点,凭借强大的信息技术和现代流通方式,沃尔玛造就了巨型零售龙头在全球一体化的广阔领域下引导生产、配置资源、调整产业结构、引导消费活动的强大功能。因此,作为流通业的核心产业之一,零售业在国民经济中的地位和作用日益凸显,逐渐发展为对市场具有终端控制力,对生产企业具有保障和导向能力的战略先导性产业。

其次,零售购物的业态创新是推动现代服务业和消费扩大的重要动力。

从现代服务业领域看，由于直接与具有不同需求的终端消费者频繁接触，因而零售购物领域的业态创新最为活跃，目前已先后出现了百货店、超市、综合大超市、专业店、专卖店、仓储商店、便利店、购物中心、厂家直销店、食杂店、精品超市、家居中心以及网上商店、邮购、电视购物、自动售货、电话购物、直销等30多种零售业态。多样化的业态创新及其形成的新商业模式的应用，不仅局限于零售业，而且迅速向整个流通业甚至金融业、旅游业、信息服务业等现代服务业移植和推广，成为现代服务业发展的一大动力源泉。与此同时，花样翻新的零售业态创新，不断向消费者传递新的消费潮流和信息，培育着新的消费体验和消费模式，促使消费者产生新的消费动机，从而吸引和激发消费，促使潜在的消费需求加速实现，由此可有效带动上游的批发采购业和制造业部门的加速发展。

最后，零售购物的各类商业载体更能展示城市的形象和品位。与流通产业领域内其他产业相比，零售购物领域的各类商业设施或商业地产更为现代化、高级化和艺术化，如地标性商圈、著名商业街、休闲商业中心、综合性购物中心、大型超市、大型专业店、品牌专卖店、连锁便利店等，其建筑外观设计更为考究、更为细腻，也更具有文化艺术品位，往往也代表了一个城市的形象和品位，这与批发业中的传统型专业市场、仓储式商场以及物流业中的物流园、货运站等简陋设施形成了鲜明对比。

基于以上原因，以零售购物为主导的国际"购物天堂"往往成为国际商贸中心的基本功能和核心标志。

第四节 国际著名的"购物天堂"分析

我们选取国际公认的"购物天堂"城市纽约、巴黎、伦敦、米兰以及国内"购物天堂"香港、上海、北京等城市进行分述。

一、纽约

纽约是世界金融中心，更是一个国际性的购物天堂和时尚之都，这里云集了世界上最新的时尚产品且价格不菲。纽约这个国际大都市拥有众多大型购物中心，像梅西、Atlantis Attic、Atelier、No Relations Vintage、INA、第五大道、时代广场等,在临近年底的黑色星期五时,所有商店都会有很大的折扣,许多美国人一年之中就等着这一天疯狂购物。纽约作为"购物天堂"的标志集中体现于曼哈顿中城的第五大道上,第五大道的商店以货品齐全、更新速度快著称,全世界所有的名牌商品在这里都可买到,两旁著名的精品店和旗舰店鳞次栉比,业种主要包括服装、珠宝、百货、玩具、家具、皮具、钟表、书店等,名店主要有蒂芙尼公司 Tiffany & Co,L. V.,古奇 Gucci、普拉达 Prada、宝缇嘉 Bottega Veneta、阿玛尼 Giorgio Armani、芬迪 Fendi、范思哲 Versace、哈利温斯顿 Harry Winston、卡地亚 Cartier、欧米茄 Omega、香奈儿 Chanel 等,而波道夫·古德曼百货公司 Bergdorf Goodman 是第五大道上最高档的商场,集合了200多家女性品牌和100多家男装品牌,昂贵的商品举目皆是。第五大道除了是"购物天堂"外,还设置了众多的旅游景点和元素,由南至北依次有帝国大厦、纽约公共图书馆、洛克菲勒中心、圣帕特里克教堂以及著名的中央公园等,其中尤以各类博物馆最吸引人,如大都会艺术博物馆、现代艺术博物馆、美国手工艺品博物馆、电视电台博物馆、纽约市博物馆等,因此第五大道也被称为"博物馆大道"。此外,第五大道最南端还有作家、画家、演员、艺术家人士喜欢聚集的华盛顿广场。

二、巴黎

巴黎不是世界一流的金融中心,但公认是世界一流的购物天堂和时尚之都。从美食、香槟、香水、美妆品、珠宝、皮具、服装到配饰,处处体现了世界时尚之都的风采,其中,时装设计与表演是巴黎时尚产业的最大特色,巴黎也以时装享誉世界。很久以前,巴黎就已经拥有了专门的商业街,而现在,这些街道的名字早已闻名于世。作为国际名牌的摇篮,其奥斯曼街区是欧洲最大的商业中心,平均每天接待32万顾客,世界几乎所有的顶级品牌都在这里开设了专卖店,另一久负盛名的商业街当属香榭丽舍大道,这里也汇集了众多知名品牌,如路易威登(Louis Vuitton)、娇兰(Guerlain)、法国鳄鱼(Lacoste)等。此外,在香榭丽舍大道附近还有由十二条街道所交汇的星型广场,这里商铺林立,热闹非凡,购物之余,还可参观位于广场中央的凯旋门及其附近的卢浮宫、协和广场、杜乐丽花园等著名旅游景点。令人称奇的是,巴黎的购物服务也堪称国际一流,在巴黎的百货公司内普遍有为顾客服务的"购物顾问"和会讲三种语言的女接待员。此外，巴黎还拥有许多历史最悠久的百货公司，如市政厅百货（BHV）、老佛爷百货、莎玛丽丹百货、春天百货等，这些历史悠久的大百货公司本身就是巴黎文化遗产的一部分。

三、伦敦

伦敦作为一个购物天堂，其国际声誉略逊于纽约和巴黎，但其商业业态的包容性却极为多元化，从昂贵的奢侈品到经济实惠的大众化商品，从高科技计算机产品到手工艺品，都可以在这里找到。与其他"购物天堂"相比，伦敦购物最大的特色的是，拥有许多针对名品打折的机会，拥有许多的国际品牌折扣店，在伦敦顾客可以寻觅到世界任何地方的减价货品，且选择之多，往往教人难于取舍，其名街、名店、名品与各种特色集市和跳蚤市场并存；此外，伦敦市内每年有两次大减价，夏季减价折扣约在30%～50%，时间是每年6月第四周到7月第二周内，而冬季减价折扣约在40%～60%，时间是从圣诞节至次年1月末。这些现象，成就了伦敦市"购物之都"的美称。牛津街是伦敦最重要的购物街，长1.25英里的街道两旁布满了18世纪末期的精美建筑，超过300家的世界品牌店及大型商场云集于此。沿着牛顿街向西走就会看到邦德街，这里是品牌服饰的集中地，多数国际品牌在邦德街上都有店面。邦德街有新老之分，老街是Tiffany、Cartier类的珠宝店、名表店还有古董商店，算得上伦敦最昂贵的地方；新街是时尚奢侈品的天下。在地铁站Notting Hill Gate站附近，曾是伦敦嬉皮士的圣地，现已成为许多古代服饰、珠宝、钱币、古玩交易的天下，是世界上最大的古董跳蚤市场。

四、米兰

米兰也是欧洲的"购物天堂"，虽然需要与巴黎分享世界时尚之都之美誉，并通常被巴黎强有力的风采所掩盖，但米兰也具有其独特的意大利风情和文艺复兴时代的印记，这些都成为国际旅游者十分神往的文化体验。在与之相关的购物消费领域，米兰被誉为欧洲有名的"败家之城"，云集了世界各大名牌的旗舰店，满街上跑龙套的都是来自世界各地的"败家男女"，但这些通晓多国语言的店员往往都是一副模特儿身段和样子以及意大利人开朗奔放的迷人微笑，强烈刺激着人们的购物情趣。

五、香港

香港是世界公认的购物天堂。既有现代豪华的购物商厦，也有品种齐全、网点密布的超级市场，还有各具特色、由零售摊贩组成的购物街、"平民夜总会"，经过上百年的发展，先后形成了铜锣湾、尖沙咀、旺角、北角、中环、荷李活道等著名商业街。其自由港的免税政策，吸引着大批商品和客源蜂拥而至。中国香港市场60%以上的商品来自全球160多个国家和地区。商品品种繁多、选择余地大、价格低廉，有的甚至比原产地还要便宜。每年有1000多万名境外游客加上香港本地600多万居民，形成了巨大购买力。中国香港是世界各国商品在亚太地区竞销展示的重要市场。

六、上海

上海商业领先全国，素有"东方巴黎"之称。进入新世纪，上海明确提出建设现代化国际大都市的战略目标，把上海建设成国际贸易的交易地、流行商品的发祥地、著名品牌的集聚地，成为与中国香港、东京等城市比肩而立的国际化"购物天堂"。上海已形成众多享誉国内外、功能齐全、特色各异的商业街区，如南京路、淮海路、徐家汇、城隍庙以及外滩、新天地等，吸引着国内外大量的客流。而南京东路、南京西路更是将目标瞄准纽约第五大道、巴黎香榭丽舍大街、东京银座等国际一流商业街。然而，上海的一项调研表明：在"知名度"与"客流量"上，南京东路与国际一流商业街相比毫不逊色。国际一流商业街日客流量为50万~70万，南京东路曾创下过一日迎客300万的世界纪录。但商业街最重要指标——"商业收入"方面，全长2.4公里的南京东路年商业收入仅为长度相当的牛津街的40%，不到1.6公里长的密歇根大道的一半。外来消费者在沪的购买力仅相当于新加坡的60%，不到伦敦、巴黎的一半，更不及香港的1/4。众多本地居民还会通过旅行方式，前往香港、日本甚至欧美购物。但总体上看，上海的商业发展优势明显，定位于国际化"购物天堂"符合其城市的发展定位与实力。

七、北京

北京是中国的政治中心、文化中心,吸引与汇聚着国内外高端消费人群。千年历史与现代都市文明推动着商业的繁荣与发展。王府井、前门大栅栏、西单商业街历来是首都商业的象征;三里屯、隆福寺、秀水街的时尚流行吸引着中外客商,琉璃厂、潘家园的古玩让中外游客流连忘返。近年来,借助庞大的高端消费群体的强力支撑,国际顶级品牌大量入驻,国际名品汇集的顶级商业街更是给北京的购物消费增加了时尚与浪漫。虽然北京的商业底蕴不如开埠百年的上海和千年的广州,但作为一个充满活力的国际化大都市,来自全球的知名零售品牌发展迅猛。仅 2009 年上半年,全市新批零售外资店铺 199 家,新增建筑面积有 37 万平方米,其中百货店有 7 家,大型超市有 5 家,专卖店 130 多家。目前,北京市累计批准外资店铺近 3000 家。北京已开始快速进入国际商业城市圈当中,其近期的商业活力逐渐压倒了国内其他城市,以下几项国际权威机构的评比排名进一步证明了这一点:根据全球资讯机构世邦魏理仕 2010 年的评比,北京零售业国际化程度列世界十大零售城市第六位;而《福布斯》杂志 2009 年关于全球商业城市的国际排名更给了北京两项殊荣:"世界第八大美食之都"和"世界第 15 大购物之都"[①]。

---

① 发展总部经济,北京打造国际商贸中心城市. 中国总部经济网,2010 – 7 – 10.

第三章 布局新零售,重振零售业

广州因商而生、因商而发展壮大、因商而辉煌,最基础最原始的商业就是批发零售业。改革开放以来,随着珠三角经济的快速崛起,广州商贸业再次辉煌,借助于轻型制造业的品牌优势(所谓广东粮、珠江水、岭南衣、粤家电)和千年商业所积淀的商业文化优势,广州作为"商都"的地位进一步凸显,20世纪八九十年代,广州一度成为全国最著名的"购物消费"和"拿货""发货"的中心。后来,随着本地轻型制造业的相对衰落,广州的商贸地位受到一定影响,但作为全国商贸中心的地位总体上仍未实质性动摇。截至今日,批发、零售贸易、餐饮业增加值占GDP比重、人均社会消费品零售销售额、物流总量等商业质量指标,广州都还处于全国第一位。作为商贸中心的核心功能之一,广州的购物消费功能依然强大,已成为中国省会城市中最大的零售购物中心。

第一节 广州商贸零售业的基本格局

广州作为"千年商都"和国际商贸中心城市,商贸零售业一直走在全国前列。随着广州迈入"全球一线城市"、粤港澳大湾区进入实质启动,广州的全球资源配置能力不断提升,将促进来自全球的人流、物流、资金流、信息流和创新要素通过广州加速聚集扩散,促进广州国际商贸中心地位进一步增强。

一、批发零售平稳发展

2017年广州商贸流通业实现增加值5114.32亿元,占GDP的23.8%,

占第三产业增加值的33.5%,批发和零售业增长与上年基本持平,全年批发和零售业实现增加值3143.71亿元,增长5.0%,住宿和餐饮业、物流业实现增加值446.95亿元、1523.67亿元,分别增长0.8%、11.5%,增速较上年分别回落1.4个、1.1个百分点。2017年广州实现社会消费品零售总额9402.59亿元,增长8.0%,实现商品销售总额62164.66亿元,增长12.0%,增速比上年(10.0%)提高2个百分点。从零售业态看,百货店增速仍下降、大型超市逐步回暖,网上消费保持较快增长。百货店增速下降2.6%;大型超市自8月起逐步回暖,全年增长3.2%,增幅同比提高4.7个百分点;专业店增长1.5%;网上商店消费786.68亿元,增长19.3%;满足市民日常生活需求的便利店零售额增长8.9%。从商品结构看,与居民消费质量提升和品质改善相关的行业品类零售额增长较快。限额以上金银珠宝类、中西药品类和体育、娱乐用品类零售额分别增长29.3%、18.6%和15.5%,石油及制品类、日用品类、汽车类、文化办公用品类商品零售额分别下降15.4%、9.3%、7.4%、4.0%(见图3-1)。

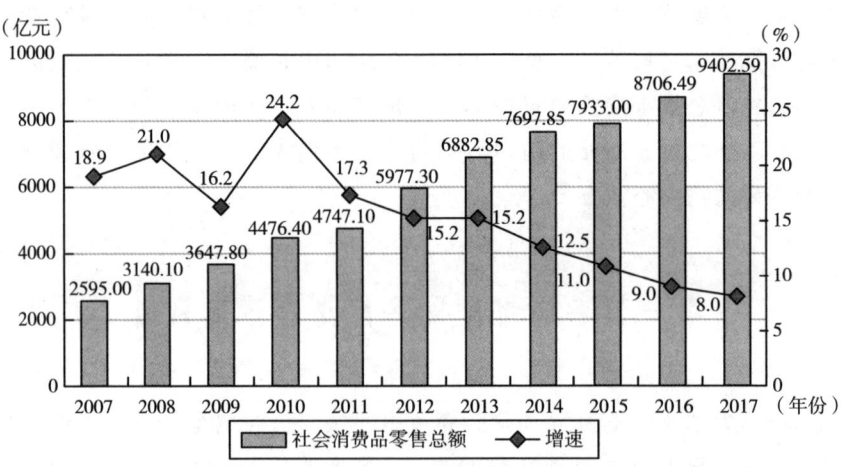

图3-1 2007~2017年广州市社会消费品销售总额以及增速情况

广州商贸流通规模继续稳居全国主要城市第三,并且与第二位的北京差距在逐步缩小,比第四位的重庆(8067.67亿元)多1334.92亿元,国际商贸中心地位日益强化。2017年广州社会消费品零售总额相当于北京的81.2%,比上年提升3.1个百分点;相当于上海的79.5%,与上年持平;与天津、深圳、苏州等城市相比,广州继续保持3000亿元以上的领先优势。从广州主要商贸流通指标在全国大中城市中的位次来看,主要业务量指标继续稳居全国前列。广州内外贸改革创新走在全国前列,营商环境不断优化;电子商务、跨境电商、市场采购、融资租赁等贸易新业态快速发展,跨境电商总体规模连续四年居全国首位,市场采购规模居全国第二,服务贸易发展居试点城市前列,会展业展览面积位居全国第二。零售业创新发展步伐加快,餐饮新业态不断涌现,专业市场加快转型发展,南沙自贸区体制机制创新经验在全国推广,商贸综合实力稳步提升。

二、商业零售业全方位多层次拓展

购物环境不断改善。广州商贸业积极应对市场变化,大力发展"零售业+"模式。随着传统零售企业与电商紧密融合,零售业之间加剧洗牌,各个商圈购物中心和百货商场从过去简单复制、"千店一面"快餐式的简单发展模式,逐步走向转型,向特色化、差异化转变,用创新的经营方式、独家品牌、超前的体验业态,让消费者感到前所未有的新鲜感。商圈各载体结合自身实际积极进行升级改造,引入体验性业态,打造主题突出的商业综合体。比如天河商圈内的正佳广场,打造全国最大的购物中心海洋馆,成功申报国家旅游局优选旅游项目名录,成为名副其实的 4A 级旅游景区。同时,其对零售、娱乐、餐饮及服务配套的比例重新进行科学合理的布局,主力商家包括国际四大化妆品集团,搭配国际精品钟表配饰 Pandora、Swarovski、Coach Watch 等,顶级国际名牌旗舰店如 GAP、Nike 等;并在大型购物中心内开设演艺剧场、艺术馆、真冰溜冰场以及大型室内游乐园、儿童王国等主题娱乐场所,引领 Shopping Mall 向 Shopping Park 转变,务求带给消费者全新的体验。

传统零售企业建立或应用现有的网络购物平台,发展线上线下联动的新型营销模式;全市 85% 以上的品牌专卖店开展了网络零售。广百、友谊、海印等推出一批 O2O 移动互联商业模式,引领广州传统商业的"互联网+"发展潮流。广百全力打造电子商务平台,拥有广百荟经营平台,并与线上多个平台合作,自主研发了会员平台 APP,打通了线上线下的会员,实现了积分互通,会员活动同步。拓展跨境购体验店方面,增开连锁体验店,覆盖广州市中心、番禺、三水、湛江等繁华商圈,是线上销售、线下体验店最多的跨境购企业。研究购物 APP 分频道经营管理信息系统项目,新开发建立电器、超市、名品、跨境公司、会员、资讯、综合等平台,实现线上线下商品一体化经营。

超市、便利店也迅速跟进创新发展模式。胜佳超市除了在线上经营胜佳网上超市外，还增加了互联网O2O服务，建立微商营销模式，携手"京东到家""闪电购""小e到家""苏宁云商"进行线上销售，销售额稳步上升。岭南集团旗下的8字连锁店也借力互联网，携手"京东到家"、淘宝的"口碑外卖"进行线上销售，积极抢占零售市场。

商业品牌不断丰富。随着零售市场的不断扩大和竞争加剧，国内外零售巨头以品牌为利器在广州市场掀起了新的"圈地运动"，国内外知名商业品牌纷纷进驻广州。广州已成为国内大多数一线商业品牌代理的总部基地，品牌旗舰店比比皆是。与此同时，近年来，广州一改国际品牌入驻相对匮乏稀少的局面，随着太古汇等一批新奢侈品载体的相继开业，一批国际新品牌纷纷进驻广州各大商圈。天河路商圈太古汇广场更一次性引进了180多个品牌，其中70%是国际品牌，有70个品牌是首次进入广州，包括Tiffany & Co、Coach等国际一线品牌。总体上看，广州商业品牌丰富度明显提升，而国际品牌大量入驻成为广州品牌多元化的主要亮点。

商圈竞争成为主流。进入21世纪以来，以实施商业网点十年规划为契机，广州开始系统地进行商业空间的布局优化和加快推进不同层次的商圈建设。经过十年的科学规划和精心培育，广州已初步构建形成包括都会标志性商业中心、区域功能性商业中心、宜居型社区商业网络等三层级完整的商圈发展格局，已形成一批具有鲜明特色和全国知名度较高的商业街区。广州零售商圈呈现"两轴一带，多点拓展"的网格化发展态势，其中，在中心城区主要形成了比较成熟的5大商圈，即沿广州旧中轴线发展起来的越秀区的北京路商圈、环市东商圈、东山商圈，荔湾区的上下九商圈，海珠区的江南西商圈等，以及沿新中轴线发展起来天河区天河路商圈和珠江新城商圈。随着广州"东进、南拓、西联、北优、中调"新一轮城市空间发展战略的实施，特别是广州交通干线向东、南、西、北等非中心地区进一步延伸，白鹅潭商圈、白云新城商圈、天河区奥体中心、广州大道北商圈、黄埔区大沙地商圈、花都区新华街、番禺区万博-长隆商圈等多个新兴零售商圈也正在加速形成中。目前，广州相对比较成熟并受到业内广泛认同的是所谓的"十大商圈"。根据商圈购物功能主要指标情况看，广州十大商圈可划分为三大都会级商圈和七大区域级商圈。在商圈体系逐步完善的基础上，广州逐步形成了北京路、上下九、天河路等三大特色鲜明、全国知名度较高、对外辐射力较强的地标性商圈及其主商业街，从而奠定了广州未来成长为国际"购物天堂"的坚实基础。

时尚消费引领潮流。时尚产业一般包括时尚产品制造业和时尚服务业两大类。20 世纪 80 年代之初，广州即是全国的购物天堂，其家电、服装等产品销售风靡全国，是家电和服装消费的时尚之都；90 年代之后，家电用品的一枝独秀地位逐渐退去，但广州仍保留了国际廉价服装时尚之都的美誉。进入新世纪之后，虽然广州流行商品的独占性、先导性和原创性都已逐渐减弱，但时尚产业的范围进一步向皮具、珠宝、化妆品、动漫、数码产品等领域拓展，逐步涌现出"好迪""浪登""周六福""SISI 茜茜"等新一代品牌，广州已成为全国最大和最著名的珠宝、皮具的设计、生产和流通基地，而属广州原创的《喜羊羊与灰太狼》等动漫产品也已风靡全国，广州在新的产业领域找到了作为"国际时尚之都"的新支撑点。更具代表意义的是，随着太古汇等一批第四代商业地产的相继建成开业，一大批国际奢侈品品牌登陆广州，这使广州在国际时尚消费领域的战略引领能力大大提升，时尚消费的规模和档次进一步提高，时尚消费构成广州"购物天堂"的持久性亮点。广州时尚产业仍处于以制造业为主导的发展阶段上。而从时尚产业的具体构成看，纺织服装、皮具皮革、消费电子是广州时尚产业发展的主要支柱，三大行业产值远高于其他产业。其中，纺织服装一枝独秀，也成为目前广州打造国际时尚之都的最大优势和特色。

"老字号"魅力依旧。"老字号"因其浓郁的文化气息、优质的产品或服务的品质和独特的产品特质而被人们所喜欢，成为一个地区乃至一个国家的名片，拥有巨大的品牌价值和旅游吸引力。广州发达的经济环境、独具特色的岭南文化，孕育了众多饱含文化底蕴的"老字号"企业，这些"老字号"见证了广州的历史变迁和时代发展，也成为国内外游客来穗体验式旅游的最佳去处之一，成为广州"购物天堂"的一道道亮丽风景线。广州"老字号"主要集中于老城区（如荔湾区、越秀区等），在行业分布上主要以餐饮、商业、传统制药等行业为主。早在 1999 年，广州便实施《广州历史文化名城保护条例》，在全国率先提出保护"老字号"。2001 年，广州市政府正式公布了广州市第一批"老字号"共 27 家。截至 2011 年，广州市已共认定"老字号"企业达 87 家，在国内仅次于北京、上海、天津、杭州、青岛等几个城市，居全国前列。到 2011 年，广州市已经涌现出一批优秀的"老字号"企业，它们锐意改革、不断创新，把现代管理理念融入"老字号"品牌经营中，将"老字号"的品牌优势转化为现实的竞争优势，显现出了旺盛的生命力。从最具代表性的第一批 27 家"老字号"企业近十年的经营情况看，大致可以划分为四类，其中，经营态势良好的"老字号"企业大致占到全部企业的 40% 左右，经营情况一般的占 26%，而有高达 34% 的"老字号"仍举步维艰，勉强经营或已破产关闭。

服务体系日益完善。作为"商贸之都"，广州整体服务业发展水平也处于全国前列。2017 年广州服务业占 GDP 的比重已超过 70.9%，但在全国城市体系中，广州服务业相对发达，是仅次于北京而第二个率先进入"服务经济"的城市，其经济服务化的程度甚至超过了中国经济的龙头城市上海，无论从服务业占 GDP 比重看，还是从流通类产业占服务业比重看，广州均位列国内主要城市前列。从具体服务品种看，广州金融服务较发达，是国务院批复的广东金融改革方案所确定的区域金融中心之一，也是全国民营金融发展的示范基地之一；物流服务高度发达，海陆空铁体系齐全，拥有作为全国三大枢纽的国际机场和巨型港口，拥有国家 A 级资质的物流企业数位居全国第二，综合物流实力在全国仅次于上海；会展服务优势突出，不仅拥有号称全国第一展的"广交会"，而且拥有单体建筑面积均为全国第一的国际会展中心和国际会议中心，是中国南方名副其实的"会展之都"；专业服务业也较为发达，聚集了律师、会计师、广告、投资咨询等一批国际顶级商务服务机构。此外，作为商贸服务水平的重要标志，"广州服务"或"广式服务"誉满全国，在许多服务领域已成为全国学习的示范、标杆或标准。

三、电子商务日新月异

广州电子商务发展水平位居全国前列。2017 年全市网上商店零售额 786.68 亿元，同比增长 19.3%，高于全市社会消费品零售总额增速 11.3 个百分点，与 2016 年同期相比增速有所放缓，但仍呈快速发展态势。电子商务企业竞争力不断提升，阿里巴巴、慧聪网、京东商城、卓越亚马逊、苏宁易购等一批国内电子商务龙头企业在穗设立区域总部，全市开展网络销售的电子商务企业超 20 万家，其中，上市企业 16 家，新三板挂牌企业 23 家。广州被评为国家移动电子商务试点示范城市、中国电子商务应用示范城市、中国电子商务最具创新活力城市。广州电子商务产业形成了"一核引领、两翼齐飞、多区联动"的发展格局。琶洲互联网创新集聚区初具雏形，已吸引了腾讯、阿里、复星、国美、小米、YY、唯品会、环球市场、粤传媒、科大讯飞等14家企业的26个项目及业务运营公司,总注册资本达109亿元。云埔电子商务园区聚集了120多家品牌电子商务企业和电子商务服务机构,形成了"龙头企业+中小微企业"集聚,综合电商、垂直电商、金融电商、跨境电商和传统企业应用电子商务多业态综合发展格局(见图3-2)。荔湾区花地河电子商务集聚区规划了10个重点园区,包括唯品会、广新信息大厦、广佛数字园(一、二、三期)、岭南电子商务园(梦芭莎)、广东塑胶交易所(广州圆)等功能区,集聚了唯品会、摩拉、绿瘦、七乐康、广东塑胶交易所等一批电商龙头企业,以及一批产值密度高、成长性好的中小科技创意企业,已发展成为千亿级产业集聚区。此外,依托各区产业特色和比较优势,广州还形成了一批"淘宝村",主要集中分布在白云、番禺、花都、增城等区。广州跨境电商连续四年位居全国第一。

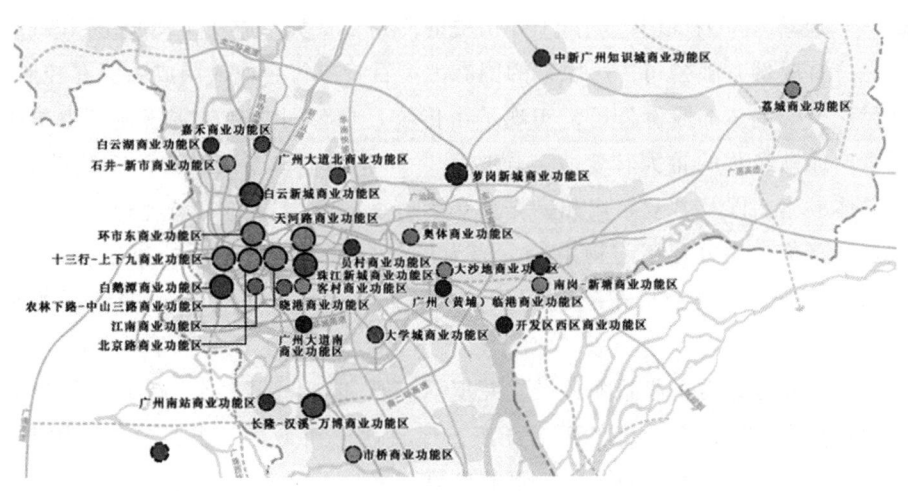

图3-2 当前广州零售业的主体布局

第二节 电子商务导致零售业变化

电子商务的发展和外来商业资本的进入,广州市商业零售业的竞争日益加剧,消费需求不断更新,新型零售业态纷纷涌现,城市商业中心多极化,传统百货这一零售业态步入调整期,经营普遍艰难。传统百货业态单一,在电商连番冲击下,无论是在国内还是国外,传统百货均呈现出市场萎缩的现象。中国百货商业协会发布的《2016～2017年中国百货行业发展报告》显示，自2016年以来，我国百货行业发展继续呈现放缓趋势，过半企业销售额同比减少。除了电商的冲击，新型体验式购物中心也吸走了百货很多的人气。广州商业零售业面临严峻的挑战，迫切需要整合现有资源，调整业务方向，寻求新的发展空间和利润增长点，重新打造竞争力。广州四大老牌百货——友谊商店、天河城百货、广百百货、摩登百货，都有其共同问题：营收连降、净利下滑、异地折戟、增速滞缓。

一、广百集团

广百集团是广州市国有百货业改革重组时形成的两大零售商业"旗舰"之一。2002年4月30日，有11年历史的广州百货大厦成功实现股份制改造，成立广百股份有限公司，从原来的国有大型百货零售企业改制成为国有控股、多元化投资主体的股份公司，实现了由传统百货公司向现代零售业，由单店经营向连锁经营的重大转变。公司按照"一业为本，连锁经营，区域做强"的总体战略，以及"立足广州，拓展华南，面向全国"的布局规划，重点发展连锁百货，大力开拓购物中心，成为华南百货零售服务业的市场引领者。2007年3月，公司被广东省经贸委再次认定为广东省重点培育的流通龙头企业。

广百股份致力企业品牌建设，并把"广百grandbuy"及"新大新"打造为广东省零售连锁企业中的著名品牌。广百以"讲诚信、求质量、重服务"为宗旨，强化企业品牌的诚信、服务形象，健全了"服务承诺管理规范"和"商品质量管理规范"系统，倡导实施"用心服务、以情导购"的服务理念，推出"首问责任制"、"专家型、个性化、尊贵式"等创新服务，推出一套创新的服务标准化体系。在竞争激烈的百货零售市场中，广百股份以其前瞻性的服务理念、规范化的服务流程、不断创新服务内涵，持续提升服务水平，赢得了顾客的支持于赞誉。

广百股份一度扩张速度很快。2009年广百股份提出"大踏步发展"扩张战略，根据广百股份2017年年报披露，公司已在广州市区及广东省内其他城市开设门店25家，其中广州市区综合百货店13家，购物中心2家，超市专业店2家，钟表专业店1家，广东省其他城市综合百货店7家。广百在外开设门店，多与当地购物中心联手，采取"联合投资"的方式，降低投资成本，带来较好的效益。广百的这种合作模式，是商业地产和广东地区最大的百货集团的完美合作。广州百货业经历了前期的百货业整体低迷、逐渐复苏阶段，认识到百货业的浮沉规律，掌握体验消费和差异化消费的重要性，因此在调整经营上也有更大的经验和把握。

2010年广百股份以1.84亿元从广百集团手中收购新大新公司99%股权，纳入了新大新旗下5家门店，其中位于广州市区的包括北京路店、东山广场店、荔湾商厦店及番禺易发店。还于2014年根据消费者需求和门店实际情况调整多个商铺，增加门店体验功能，将荔湾店试点转型社区生活店，以经营生鲜类及日用商品为主，实现现有门店效应最大化。广百股份与阿里巴巴合作推出电子会员卡"广百宝"，不断探索线上线下互动营销，试水移动端，开设广百荟APP，积极参与"广货网上行"以及"广百之夜"预售活动，着力打造"广百荟"。连开6家跨境购体验店的实体零售企业，成立广百国际贸易（香港）有限公司。

2018年1月23日，广百股份官方发布了2017年度业绩快报，据数据显示，广百股份全年营业总收入68.9亿元，同比增长5.57%，净利润达到1.74亿元，同比增长10.26%。主要原因是公司批发业态收入同比增加，受营业收入同比增长及费用支出节约等因素影响，报告期内公司营业利润同比增加37.50%，主要原因是公司关闭部分亏损门店，并严控费用，使营业毛利得以提高。

当前百货业面临最大的挑战是以租金为核心的成本上升。引进百货或者超市，曾是广州不少购物中心促进租赁和带动客流的法宝，因为购物中心项目体量大，引进占地面积大的超市和百货能快速消化项目面积，同时超市和百货自带"流量"，可以为购物中心吸引更多租户和客流。随着零售市场形势的变化发展，以往百货占地面积大的优点反而成了劣势，不少新一代购物中心都不见百货的身影。百货曾经为购物中心"暖场"，如今，不少购物中心却要"去百货化"。在珠江新城商圈内，天汇igc和K11，都没有预留给百货的位置，而是更加注重体验和特色商业的开发和打造。2017年初，广百首个时尚百货品牌"风尚广百"提前撤离位于珠江新城花城广场的高德置地春广场，2018年2月22日广百百货位于珠江新城的太阳新天地店也暂停营业，广百发出公告解释撤店是因为"受市场环境下行影响，经营状况不如预期"，并强调关店将减轻未来经营压力。

目前的广州百货企业集团有限公司是以广百股份有限公司为核心包括

200多家商贸企业在内的一家大型国有商业集团公司,其业务涉及百货零售、超市零售、批发代理、仓储运输、汽车贸易等。广百集团也存在许多劣势,如改革包袱沉重,业态过于多元化,主业不突出,经营成本较高等。鉴于此,广百集团将引入目前普遍看好的大型综合超市和便利店为新的主要发展业态。

广百百货在2017年实现逆转,2017年净利润达到1.74亿元,同比增长10.26%。进入2018年,广百股份密集布点,先后进驻清远、签约阳江、登陆金沙洲。

二、广州友谊

创建于1959年的广州友谊商店,原址在南方大厦新楼楼下,当时的营业面积只有600平方米,1978年迁址环市东路,位于白云宾馆旁边,全店面积9800平方米,其中营业面积3600平方米,一、二、三楼为商场,首层设有超级商场。以高级百货商店为定位,目前拥有逾10万平方米自有物业、4家门店(分别为环市东商店、正佳商店、国金商店和友谊OUTLETS购物中心),3家控股子公司以及3家参股公司。广州友谊商店从当年一个特供商店,到拥有本地和外地7个店面,变身"高级连锁百货"。在电商冲击、传统百货式微、新零售与新体验业态夹击下,广州友谊外地3店先后"退场",业绩连年下滑。总营收在2012年达到历史最高峰,此后四年开始持续下降,降幅依次为8.26%、17.83%、16.60%、3.82%,2012~2016年,广州友谊总营收分别为44.6亿元、40.92亿元、33.62亿元、28.04亿元及26.97亿元。目前广州友谊商店仅保留广州4家门店,经营面积约14万平方米。通过关闭经营不善的门店,广州友谊在广州大本营打起"一店一策"的"独门战"。友谊国金店通过缩减1.38万平方米面积,商品品类和商品布局,提高商业坪效。腾出的空间引进餐饮、健身、文创等业态,以此丰富商场整体体验感,提升客流。其余三间门店均进行了相应的改革,对经营布局、经营组合、经营环境空间进行全面升级改造,友谊正佳店缩减近一半的经营面积给正佳的室内水族馆,而友谊时代店更是通过转型奥特莱斯力求突围。截至2017年年末,友谊集团资产总额为36.88亿元,归属于母权益为26.95亿元,2017年实现营业收入26.21亿元,同比略降2.81%;但净利润达2.45亿元,同比增长8.13%。

2018年12月24日,广百股份公告称控股股东广州百货企业集团有限公司与越秀金控签订股权转让意向书，现金受让越秀金控持有的广州友谊集团有限公司 100% 股权。完成广百集团受让友谊集团 100% 股权的交易。广百股份 2018 年三季报显示，报告期内，广百股份营收为 51.28 亿元，同比增 6.32%，净利润为 1.53 亿元，同比增 5.95%，基本面较为平稳，但近年增幅有所放缓。两家老牌百货合并是在广州政府的推动下前进的。

商贸零售业正处于向新零售转折的关键期，传统的百货企业正面临着空前的挑战和严峻的经营形势。在调整和应变的过程中，把相对零散、分散的零售资源整合起来，是必由之路。上海将原上海市第一百货集团、华联集团、友谊集团、物资集团合并重组为百联集团，建成今天中国百货业的老大。在这种情况下，广州本土零售品牌，通过整合做大做强，既是一种自我保护，也是寻求发展和突破的内在需求。

三、摩登百货

自 2002 年首店面世，摩登百货通过 17 年的努力，成为广州最大的民营百货巨头，扩张步伐先快后慢，近些年发展速度放缓。摩登百货门店快速开业期集中在 2006～2010 年，平均一年一店。2012 年及 2013 年先后开出了北京路、西城都荟两家门店。新塘店和西城都荟店分别于 2014 年 5 月和 7 月退场，北京路店在 2017 年初宣布闭店，经营业绩不佳是摩登百货接连闭店的直接原因。

摩登百货于 2015 年提出了"实体店+电商"策略，组建了电子商务公司，并将摩登网定位为一家专门做促销的网站，推出跨境购物和名品特卖两大板块。2015 年 4 月 28 日，摩登百货跨境电商系统上线，跨境电商岗顶体验店开业，面积近 300 平方米，单品数量逾 1000 个。接着，摩登百货跨境电商黄埔店、海购店、北京路店、圣地店、花都店陆续开业。摩登百货尝试打开百货业的边界，按照新零售设想，盘活会员资源，还与保险公司合作提供一些线上服务；其电商平台介入批发市场，丰富商品组合。

四、天河城百货

广东天河城百货有限公司，前身为"广东天贸南方大厦百货有限公司"，始建于 1996 年 1 月，2002 年 1 月改名为"广东天贸南大百货有限公司"，

2004年7月改为现名，是广东天河城（集团）股份有限公司下属企业。天河城百货以多业态连锁经营模式不断发展壮大，旗下有天河城店、番禺万博欧莱斯名牌折扣店和北京路店。

天河城店为天河城百货的第一家门店，于1996年2月9日试业，同年8月18日正式开业。位于广州市最具规模的现代化购物中心——天河城的二、三、四、五、七楼，经营面积超过30000平方米。店内经营品种丰富，国内外各类服饰、皮具、金饰、家电、食品等名优新特商品品种达8万多种。1998年10月30日，天河城店通过了国际著名权威认证机构——瑞士SGS公司的现场ISO认证审核，成为我国首家由国际认证机构认证的商业零售企业。

欧莱斯名牌折扣店（全称"广州市天河城万博百货有限公司"）于2006年1月21日正式开业，是天河城百货向外开出的第一家专业店，标志着天河城百货由单店管理模式向多业态连锁经营的发展。欧莱斯名牌折扣店位于番禺区万博中心A3、B3区的一、二楼，经营面积为13000平方米。店内一楼经营男士服饰和运动休闲商品，二楼经营女士服饰和皮件综合商品，主要为国内外知名品牌的换季折扣商品，包括品牌直营店、换季优惠店（如Nike-Factory Store）等。店外，还为顾客提供一千多个免费停车位。

北京路店于2008年9月19日试业，同年9月26日正式开业，是天河城百货向外开出的第一家购物中心店，标志着天河城百货向购物中心管理模式的发展。北京路店位于广州市北京路商业步行街中心的名盛广场，建筑面积达100000平方米，地上十层，地下五层，店内一至六层经营时尚百货、家用电器、数码产品、游艺机中心，七、八层为中西餐饮食世界，负层和夹层经营各类精美小商品。

天河城百货曾创下以单店业绩跻身广州百货业前三甲，经营9间百货门店。近几年陷入了收入增长的瓶颈，除了受到百货行业低迷的大环境冲击，天河城百货整体业绩增长缺乏动力。2001~2002年，天河城百货在肇庆和佛山开设分店，肇庆店开业仅半年就结业，佛山店也仅营业了一年时间。2005年，经营面积达1.3万平方米的天河城百货东莞虎门店开业，在2007年结业。总店外的8间百货店经营状况不尽人意，2017年上半年，这些分店的经营状况则喜忧参半。其中，位于广州天河的2间百货店（东圃、奥体），以及东莞第一国际、佛山金融城百货店虽录得业绩同比增长，以奥特莱斯形式经营的广州万博店微跌0.2%，广州北京路及仰忠汇两家门店收入严重下滑，跌幅达10.6%及37.3%。与综合百货相比，奥特莱斯的租金成本较低，对场地的要求也没那么高，天河城百货早在 2003 年就在天河城 7 楼开设折扣店，成为最早期的本土化的奥特莱斯。又在广州番禺万博中心、广州奥体优托邦购物中心、广州五号停机坪，以及东莞、佛山，接连开出了 5 家"奥特莱斯名牌折扣店"。2016 年 7 月底，撤掉了位于五号停机坪的欧莱斯名牌折扣店。根据公司战略计划，天河城百货正积极研究开发新的产品线和商业形态，在供应链升级和新零售方面也会加大资源投入。

五、商贸零售业的出路

零售业的发展具有鲜明的时代色彩，资讯互动手段、商品流转工具、货币结算方式等方面的革命，影响着流通业态形式。广州零售业已经充分面对新的时代潮流的竞争，传统行业必须嫁接现代科技，零售商和消费者可运用互联网进行互动，实现大规模点对点的双向沟通。零售业正从劳动密集型、人才经验型向知识型、技术型转型，迈入科技零售时代。传统零售业在转型调整中要经历阵痛，调整经营模式成为当务之急，目前经营中仍面临一些困难，亟须重视并加以解决。

空间转型：由百货购物中心化转型为综合购物中心，从传统百货转型成为购物中心"二房东"，朝着"主力店＋运营者"的新姿态进发；购物只是消费者去商场的一个动因，而休闲娱乐和体验消费等因素逐步在提升，因此，传统的百货企业有必要扩大自己经营的内涵，增加影院、游乐、餐饮等休闲设施，形成百货综合体。

渠道转型："实体零售＋互联网"，重点关注品牌孵化、时尚展贸、奥莱特色小镇建设和时尚设计人才培育，此外，对时尚品牌孵化、新零售业态进行培育打造。百货企业必须脱胎换骨，全面流程再造，全渠道零售成为必然选择之一。欧美百货业从以零售商为中心的单渠道、跨渠道、多渠道向以消费者为中心的全渠道进化，满足消费者随时随地的、全面覆盖的购物。连锁百货企业越来越多的单品开始集中采购，大型超市企业和家电企业大多采用统分结合的方式进行渠道管理，渠道的控制力得到强化。分散的、小规模的代理商和经销商或者伴随连锁企业的规模扩张而成长，或者因不能满足发展需求而被淘汰。要通过共建物流中心、联合采购、联合谈判和经营互助等方式提高企业竞争实力。寻求供应链变革，通过整体供应链效率提升降低费用，增加各方利益，使增长方式逐步从以追求规模为主的粗放型扩张，向注重效率和效益提升的精细化管理方向转变，从而带动流通效率提升，引导生产发挥出积极作用。

大规模化的连锁经营：是国内外零售商进行不断扩张的重要方式，要在激烈的市场竞争中提高自己的竞争能力，可以借鉴走规模化、集团化的连锁经营发展道路，进一步发展大型连锁集团，实现规模经营。面对日益激烈的市场环境，零售企业通过加快自身的连锁化进程，加强自身的实力，提高规模效益。通过强强联合、收购兼并、优化组合、与国外零售企业合资合作等多种方式壮大实力，不断拓展企业规模，通过连锁经营方式改变商贸流通企业"小、散、乱、差"的状况。鼓励具备条件的零售企业通过兼并、联合等形式进行重组，实现低成本扩张和跨地区发展。

轻资产品牌输出：可以学习万达"减重"的模式，凭借自身人才储备和管理经验等核心优势，从一家传统的百货企业，转向一家以"管理输出"为主的企业，走"轻资产"之路；加强精细化管理，采取多种措施增收节支，包括健全预算管理、激励机制、优化商品结构等，从而提高整体经营绩效。

社区型百货产品线：有别于商圈型的百货店，社区型百货的辐射半径相对更小一点，服务的对象是附近的居民，消费人群比较固定，因此其受电商冲击较小，抗风险能力也较强。要认真研究零售业态发展变化的规律性，对业态调整必须要有明确的市场定位，既要在区域上进行合理布局和总量控制，避免重复建设和盲目发展带来的同业态模式的恶性竞争，又要用业态的多样化满足消费需求的多层次和差异化。

第三节　零售业的问题和差距

与世界一流的购物城市比较，甚至与同处国内一线的北京、上海相比，广州的商贸零售业还有很大差距，高端名店名品不多，商业特色不鲜明，同质化竞争突出，购物环境不优，服务质量不高，配套设施不足，产业联动不够，高端消费力不足、国际化程度偏低，集聚辐射能力不强等，是广州市打造"购物天堂"的主要问题和差距所在。

购物环境亟待提升。当今世界主要"购物天堂"都拥有充足的购物设施和优美舒适的购物环境。与之相比，广州在购物设施上也比较充足，人均占有商业面积高达3平方米以上，已超过了作为"购物天堂"的基本标准，也超过了许多发达国家的水平。同时,购物设施质量也显著提升,随着消费时代的到来,第三、第四代商业地产不断涌现,商家也更加重视商店内的橱窗展示、装修设计、整洁卫生、无障碍设施建设等外观形象,这些变化在相当程度上改善了广州购物环境的舒适度。然而,在商业空间不断拓展、店铺内环境显著改善的同时,广州购物的各种配套设施仍显得较为不足,从而影响了购物环境质量的进一步提升,这在一些大型商业网点显得尤为突出。目前,广州各大购物中心、大型超市的消费空间都较大,但顾客休憩空间、文化元素、卫生设施、导引系统等明显不足,商店内购物环境良好,但商店外所在商圈的配套设施明显不足,这集中反映在北京路、上下九、天河路等大型商圈中,它们周边的交通组织极不合理,停车设施、导引设施以及步行系统等明显缺乏,这些问题都严重降低了游客消费的便利度和购物舒适度。

商业品牌层次不高。作为当今主要的"购物天堂",巴黎、纽约、中国香港、北京等都是世界各大知名品牌,特别是奢侈品牌的展示之地和必争之地,尤其是这些国际品牌代理商总部的基地。这些大品牌实现品牌价值的高地主要就在这些国际"购物天堂"当中,其中物流成本低、品类丰富,是一个基本条件。目前,广州已经引进了国内几乎所有的知名品牌,同时也引进了世界上200多个顶级品牌中的70多个,但现在广州还远不是各大国际品牌代理商的总部基地,国际品牌旗舰店相对稀少,且很多品牌都是通过香港引进的,就这点看,广州与巴黎、纽约、中国香港等国际"购物天堂"尚存较大差距。

本土企业实力偏弱。作为国际"购物天堂",没有几个具有国际影响力的本土商贸龙头企业或商业品牌是远远不够的。纵观当今主要国际"购物天堂"城市,它们无不先拥有一批具有国际拓展力的本土商业名企和品牌,如巴黎的家乐福、老佛爷、春天百货和路易威登等,香港的百佳、周大福、佐丹奴等。与之相比,广州本土名企或名牌实力严重不足,目前,在全国排名前十的零售企业、批发市场、上市公司、连锁经营、电子商务、"中华老字号"等榜单中,广州都少有企业进入;作为中国历史最悠久的商业城市,广州商业类上市公司数量远不及上海和北京,甚至大连、武汉、成都、长沙等城市;广州获得的"中华老字号"数量较少,与其"千年商都"地位不相适应。总体上看,尽管广州商贸经济总量不小,但迄今还未形成能够真正主导珠三角市场的全国性商贸龙头企业,这导致其零售商业对外辐射仍是低端、单向和低层次的,对外商业影响力和辐射力较小。

商圈建设重量轻质。与世界主要"购物天堂"相比,广州商圈发展无论从数量还是规模看都毫不逊色，大型商业网点遍布全城，十大零售商圈格局逐步形成。从广州商圈中最具代表性的知名商业街情况看，三大核心商业街的长度，天河路为2.8公里、上下九接近2公里，北京路也有半公里长；从日均客流量看，天河路商圈达150万人左右，北京路和上下九节假日高峰期也超过50万人；从沿街商业网点和知名品牌看，天河路拥有大型商业网点达18个之多，拥有国际一线品牌和著名品牌也超过200个，这些数量性指标与当今"购物天堂"城市的主要商业街相比并不差。然而，广州商圈建设的质量和品位却难尽人意，致使其核心商业街的国际知名度与当今国际"购物天堂"城市相差很大，甚至还远不及上海的南京路或北京的王府井大街。进一步分析表明，广州在商业街区建设上主要存在以下突出问题：一是商圈同质化较明显，特别是北京路和上下九的特色差异较小；二是交通组织差，停车设施缺乏，步行系统和连廊不完善，商圈可进入性差；三是文化功能或旅游景点配套偏少，购物功能突出而游玩元素显得不足；四是国际品牌引进不少，但品牌旗舰店入驻率很低。

时尚引领能力总体偏弱。作为国际"购物天堂"，应该是时尚潮流的风向标、著名品牌的新款商品首发地，也是国际时尚的创造与传播中心。当今公认的国际"购物天堂"，无一不是世界重要的时尚之都。广州在这方面曾一度辉煌，20世纪八九十年代，广州曾长期在国内服饰、箱包、化妆等领域独领风骚，被誉为廉价服装的"时尚之都"，在一定程度上引领着全国的新生活方式及消费潮流。但进入新世纪之后，随着上海、北京、杭州等城市的崛起，广州在全国的时尚引领力有所下降，在世界上的影响力更是微不足道，已难以成为新生活方式的领导者。与巴黎、纽约、香港等世界级时尚之都相比，广州虽具一定的时尚引领力，但我们应清醒地看到，广州仍主要是国际时尚的传播中心，而非创造中心，即使具有一定时尚创造力，也主要表现为比较单一、廉价的服装珠饰品的设计创造上，而在高端奢侈品的设计上未能占据一席之地。此外，由于国际大都市香港的影响和竞争，广州的时尚影响力还基本限于国内。

商旅结合及旅游带动力不足。当今公认的国际"购物天堂"都具有强大的旅游带动能力，这些大都市不仅是购物之都，更是游玩天堂，商旅结合成为这些城市经济发展的重要途径。广州是华南最大的中心城市，海陆空铁齐全，交通枢纽地位十分突出，这样的城市地位及发达的交通网络为广州带来了巨大的客流，也为旅游业发展提供了良好的基础。单纯从旅游业客流及收入的数字看，广州旅游业确实表现不俗，产业规模较为庞大。然而，与国际"购物天堂"相比，广州旅游带动购物消费的水平仍远远不足。首先，旅游深度不足限制了旅游购物消费水平。广州商业资源丰富，但旅游资源相对匮乏，总体品位也不高，可供深度游玩的地方相对不足，在这种情况下，广州虽坐拥庞大的客流，但其中多数为旅游中转或过境游客，其旅游深度不够，过夜天数较短，导致庞大的客流资源难以最大程度地转化为现实的消费购买力。特别是在赴穗海外游客上，与国内主要城市相比，无论在人均旅游消费上还是人均旅游购物消费方面，广州均明显偏低。其次，游客消费层次偏低。广州每年国内外游客超过4000多万人次，可谓人气十足，但其中具有高端消费力的境外游客所占比重不过15%，而真正所谓外国游客不过200多万人次，不足游客总量的5%，这与巴黎、纽约、香港等年均超千万人次的外国游客规模形成了巨大差距；若进一步从旅游消费支出上看，广州海外游客的总旅游消费额远不足世界主要大都市的零头。最后，文商旅联动不足，这主要表现为：广州许多大型旅游景点附近缺乏足够多元化的土特产、特色商品、纪念品、"老字号"等商业配套，而大多数标志性商圈或商业街也缺乏文化旅游元素的配合，尤其是广州拥有1000多家专业市场的优势，但这些市场的文化与旅游功能的开发都明显不足。

高端消费力相对不足。作为国际"购物天堂"，必须具有强大的消费购买力的有效支撑。与主要国际"购物天堂"城市相比，广州虽每年的人口流动规模不小，但其高端消费力却相对不足。首先，广州本地人均经济及消费水平较低。深入分析当今公认的国际"购物天堂"可以看出，除上海、曼谷等极少数大都市之外，其他大都市均属于发达国家，在经济发展阶段上处于典型的后工业化时代，其人均经济和消费水平大大高于广州，最高的东京其人均GDP约为广州的5~6倍之多，这决定了广州本地的消费购买力相对弱小。其次，来穗国际交往人口消费层次低。国际交往人口包括常住外籍人口和国际游客。当今主要"购物天堂"一般都拥有数量庞大的常住外籍人口，如伦敦、纽约常住外籍居民占当地总人口比重常年达30%左右，而广州仅为0.22%，且主要为非洲裔；同时，国际游客数量偏低，广州外来游客虽规模庞大，但从构成上看游客主流仍是消费水平较低的国内居民，而作为高端消费群的外国游客所占比重仍微不足道，其数量规模远远不及纽约、巴黎甚至香港、新加坡等国际大都市。最后，由于香港的巨大魅力，通过"港澳自由行"等便捷途径，令香港吸走了大量潜在的优质游客，而广州本地高端消费群体却大量外流,这也从一定程度上降低了广州的高端消费力。

商业国际化程度依然较低。作为国际"购物天堂"的一个突出特征是具有较高的商业国际化水平和标准。与当今主要国际大都市相比,广州商业国际化水平和标准依然偏低。首先,商品"多国化"程度低。当今国际"购物天堂",其售卖商品大都表现为"万国货",而目前在广州零售市场上,国外产地的商品所占比重依然微小,也没有设立类似"日本城""韩国城"这样的国际商品消费场所,即使在外资大卖场中,其销售产品的90%以上还是中国本土所产。其次,本土零售企业"走出去"能力弱,对外投资十分有限。目前,我市在境外尚未开设一家"广州城"这样的地标性商业项目。最后,缺乏国际化的商业服务规范和服务标准。与高端消费相适应的跨国性综合服务规范和能力是十分重要的,例如,邮寄服务、退换服务、索赔服务、跨境托运等,而这些服务在广州几乎还是空白。此外,在主要的购物场所,双语标识尚未普及,而能够为外国游客提供英语服务的售货员比重极低。

城市环境宜居度偏低。"购物天堂"重在购物和游玩的实地体验,因此对城市环境具有较高的要求。从国外的经验看,构建一个宽松、舒适、通畅、生态、文明的宜居环境,是打造国际"购物天堂"的首要前提,因为,生态宜居的城市环境有利于吸引"人气",尤其是高端消费人口的集聚,也为游客的出行、购物提供便利,这都是"购物天堂"的应有之义。近十年来,通过实施"三变"工程和举办亚运会,广州的城市环境和面貌有了显著改善,然而,与世界主要"购物天堂"相比,广州的环境品质仍难尽人意。在国内,苏杭有"天堂"之美誉,而成都被誉为"西部休闲之都",国内许多城市具有家喻户晓的都市誉称,而广州则相对缺乏环境亮点,缺乏城市特色和驰名中外的都市誉称。从实践上看,作为宜居城市一般有几个典型标准,如青山绿水、街道干净、布局合理、交通通畅、管理有序、治安良好、文化味浓、空气质量优良等,对比这些标准,广州显然还有较大差距,这种差距对营商环境和高端"人气"的聚集形成了一定制约。

第四节　新零售与零售业的未来

新零售,是企业以互联网为依托,通过运用大数据、人工智能等先进技术手段,对商品的生产、流通与销售过程进行升级改造,重塑零售业业态结构与生态圈,并对线上服务、线下体验以及现代物流进行深度融合的零售新模式。"新零售"被马云在 2016 年 10 月的云栖大会上提出之后,随即引起业内外人士的高度关注。目前,传统电商面临用户活跃度持续不高、营收模式遭遇瓶颈、商家不满意度增加等困扰,新零售实际上是人工智能主导的一场新的零售业重大变革,尽管这一变革刚刚拉开序幕,但国内外许多零售企业已经认识到即将到来的机遇并纷纷进行相关的尝试。这场零售变革,并不会轻易颠覆传统零售业,而是让传统零售业与新技术碰撞后进行重塑。

一、新技术加持新零售

2016 年 11 月 11 日,国务院办公厅印发《关于推动实体零售创新转型的意见》(国办发〔2016〕78 号)强调:"建立适应融合发展的标准规范、竞争规则,引导实体零售企业逐步提高信息化水平,将线下物流、服务、体验等优势与线上商流、资金流、信息流融合,拓展智能化、网络化的全渠道布局。"新零售是运用新技术对传统零售进行技术上的改造,使商品从生产到销售的整链条形成一个整体,使之更加合理化,是一种新型的零售模式,使线上线下加物流融合在一起。"新零售"的核心在于促进线上线下零售的一体化发展,将线上的互联网技术和线下的实体店终端形成整体,形成合力,促进传统零售的优化升级,使社会从价格消费时代向价值消费时代转变。

不管是从产品本身还是交易成本方面来说,电商都比实体店更有优势,并且也为顾客提供了更好的服务。近年来,由于信息技术,电子支付方式不断完善,物流行业的不断整改也极大提高了物流运输的效率,致使电子商务的发展速度不断加快。电商虽然发展迅速,但市场中的大部分流量和消费仍然在线下。由于信息技术尤其是大数据的快速发展,传统电商开始面临增长"瓶颈"。近三年来,传统电商销售额持续走低,网购增速降低仍将持续,传统电商不能给予顾客直接的体验式感受也阻碍了其自身的发展。然而线下实体店却能直接提供。

马云最初提出的"新零售"是线上、线下与物流相结合的一种零售形式,并将其与新制造、新金融、新技术、新资源一起,作为阿里巴巴集团的五新战略对外界做了阐述。2016 年 12 月 31 日,阿里集团副总裁高红冰重新定义"新零售"。他认为新零售是一种新的实体经济,主要有四个特点:第一,它是全数字化的场景;第二,它的消费者是新消费者;第三,它是巨型的统一市场；第四，在这个巨型交易市场背后，整个供应链体系发生翻天覆地的变化。2017年3月9日，阿里研究院正式发布的"新零售研究报告"认为："新零售是以消费者为中心的数据驱动的泛零售形态，其核心价值是最大限度地提升全社会流通零售业运转效率"。新零售三大特征是：以心为本、二重性和新物种大爆发。

零售业迄今一共发生了四次重大变革。第一次重大变革是百货商店的出现，以企业化运作取代了传统家庭式小商人运作，让人们开始享受到购物的乐趣；第二次重大变革是超级市场的出现，不仅满足了人们自主选购的欲望，也开启了零售业的演变规律；第三次重大变革是连锁经营的兴起，成就了零售业的渠道话语权和沃尔玛的世界第一；第四次重大变革是电子商务的兴起，让顾客足不出户即可满足购物需求。

从我国的情况来看，20世纪20年代基本完成第一次零售变革，百货商店成为各大城市的主力业态。第二次和第三次零售变革几乎同时完成，1999年联华超市销售业绩超过上海第一百货公司而名列零售业榜首，标志着中国零售业主导业态成功转型。2016年，中国电子商务发展完全成熟，已成功渗透到各行各业并不断抢滩线下市场。根据零售业重大变革的几个条件，电子商务引发的第四次零售变革基本接近尾声。正如马云所说，纯电商时代已经过去，未来将不再有电子商务这一说，而只有线上线下和物流结合在一起的"新零售"。当然，也有人认为"新零售"不过是"新瓶装旧酒"。因为马云提出的"新零售"与O2O没有太大差别，甚至还不如"全渠道零售"内涵更宽泛更准确。

当前，人工智能正逐步改变人们的购物习惯。例如在京东上点击购买后，马上会弹出一个组合购买的促销信息，你在淘宝可以浏览到完全针对你个人喜好、兴趣和与环境相匹配的精准个性化内容，人工智能的运用，尤其是机器学习能力的优化将是零售商竞争力的重要体现。所以，把"新零售"等同于智慧零售或智能零售，就比较合理。自动结账是零售业发展的一个大趋势，消费者可以自己扫描商品条形码来自动结账。随着语音识别技术的日臻成熟，机器人充当的营业助理能像人一样跟顾客对话聊天、解决问题。未来全能型机器人既能听懂顾客的需求，与顾客进行交流，也能识别人的声调，从而提供个性化服务。这方面的运用有可能使零售企业大幅度减少商店导购人员，并为顾客提供更趋完美精准的智能服务。零售企业的开店选址也有可能借助人工智能技术。是否开店以及在哪儿开店，对于零售商来说一直是一个艰难的抉择，智能算法可以综合考虑销售、人口、竞争对手的距离、附近发生的事件等历史数据和天气模式等当前数据，以此来决定是否开一个新店和在哪儿开，这些算法可以为新商店的成功提供关键因素。模拟现实（VR）技术也给消费者带来了一种全新的科技购物消费体验。虚拟试衣镜就是其中一例，虚拟试衣镜可以帮助顾客在购买前尝试各种选择，它可以展示顾客所选择穿戴的服饰或配件的虚拟镜像，允许消费者混合搭配服装和配饰，从而做出正确的购买选择。

随着消费的不断升级，越来越多零售企业开始推出个性化、私人定制的商品。人工智能、大数据的运用对于满足顾客个性化需求起到至关重要的作用。比如有的服装店可以根据顾客的尺寸定制服装，有的食品店可根据顾客的口味定制食品，有的蛋糕店可根据顾客提供的照片定制独一无二的蛋糕，而家居行业，全屋定制正发展得如火如荼，完全颠覆以前的标准家居企业。尽管人工智能在零售业中的运用是大势所趋，并将大大提高企业的工作效率、促进商品销售和仓库管理，但目前普及起来成本仍然比较高，对消费者的购物习惯改变也需要一段时间。但随着技术的不断成熟，这些问题迟早会解决。一些专家预测，在5年的时间里90%的客户服务中心将会被人工智能取代，谷歌预测2029年机器人将达到人类的智能水平。因此，这场人工智能主导的零售变革离我们并不遥远，所有零售商应该以更积极的心态去拥抱它，重构自己的未来。

新零售时代的驱动力主要来自于大数据、云计算、智能科技为代表的新技术，这些新技术同互联网最大不同就是它们的作用并不是通过优化业已形成的供需两端的对接渠道来实现的，而是通过深度介入到商品生产的具体流程里，从而实现行业效率的再度提升。这种方式不仅能够解决行业固有的痛点和难题，而且能够真正从根本上提升行业的发展效率，真正将行业的发展带入到一个全新的发展阶段。商业模式的不同。电商时代的商业模式是B2B模式，而新零售时代的商业模式是S2b模式。B2B模式的思维是流量思维，考虑的是如何将电商时代的元素加入到平台上，从而让供需两方在平台上实现更加高效地对接；S2b模式思维是赋能的模式，考虑的是如何通过对b端用户的深度赋能来实现行业的深度变革，从而带来的是行业内在效率的提升，并且从根本上满足用户消费升级的基本需要。由于商业模式的不同，所以才最终决定了我们不能用电商思维去看待新零售，同样也决定了新零售与电商有着本质的区别。在电商时代，电商平台主要是通过给B端用户输送流量的方式来达成盈利的目的,当单纯的流量供应难以起到真正有效的作用之后,通过更多的赋能方式来供应给 B 端用户,从而实现 B 端用户的升级改造,从而激发其用户的活跃度,让消费升级下的用户更加容易买单,这才是新零售需要破解的发展难题。场景的不同。电商时代的场景主要是集中在线上的,电商巨头们所做的主要是将海量线下的用户尽可能多地吸引到线上,通过互联网技术的去中间化来实现传统零售效率不高的目的。新零售时代的场景则是不再仅仅只是单纯地集中在线上,而是更加在乎的是线上和线下的统一,通过线上和线下的统一来实现行业效率的再度提升以及用户痛点的根本消除。

正是由于新零售更加关注线上和线下的统一,所以我们才看到了新零售与电商的根本区别。通过线上和线下的统一,线上无法解决的痛点和难题,通过线下的场景进行破解,线上和线下原本水火不相容的发展状态,开始被合作、协同所取代。从这个角度来看,新零售时代的格局要比电商时代的格局更大,能够带给我们更多的想象。当电商时代的红利逐渐减退的时候,新零售被推到了历史前台,但如果我们按照电商的思维和逻辑来看待新零售的话,新零售必然会陷入电商发展的困境里。

二、当前在新零售领域的各种探索

发现并实践新零售,让新零售真正与电商不同,才是当下与未来一段时间新零售必须要面对的问题。新零售的的确确是一个与电商完全不同的概念,打破平台模式,真正让新零售变成一个线上和线下完全统一的存在。真正实现线上和线下的统一就是要用新的技术、新的方式、新的模式来消弭线上电商和线下实体店之间的体验差别、价格差别和模式差别,真正将线上和线下变成一个完全统一的存在。用户在选择新零售的时候得到的是同样的体验,不会存在由于选择线上和线下而有所差别。这样的新零售才会与电商完全不同,并且真正成为一个独立的个体。体验至上,用户需要的是与自身消费升级相匹配的产品和服务。

创新模式,真正让底层驱动代替表层赋能。电商时代的主要模式是 B2B 模式,新零售时代的主要模式是 S2b 模式,真正让新零售与电商实现区别的根本在于将 S2b 模式落地。

沃尔玛正在加紧人工智能技术应用的步伐,积极尝试语音识别系统、AR 和 VR 技术。沃尔玛收购 Jet.com,原因在于 Jet 设计的"智能购物篮"所打造的透明顾客体验非常吸引人,这个强大的技术平台,能带给沃尔玛更多数字化变革。亚马逊收购了 Kiva Systems,将其应用到仓储系统中,它可以协助工作人员完成仓库的分配、送货任务,利用雷达系统来自动导航到物品的所在位置等待执行任务。数据统计,Kiva 的作业效率比传统的物流作业提升了 2~4 倍。亚马逊机器人部门每年可帮助亚马逊节省大约 9 亿美元的人力成本。美国 Target 超市曾上线一套顾客分析工具,利用机器学习对顾客的购买记录进行分析,向顾客推荐产品。该超市推断出一个女孩已经怀孕并向她推荐一系列孕妇产品,而该女孩的父母还蒙在鼓里,超市的顾客分析工具却事先计算出了她怀孕的迹象。

华润万家、永辉等部分超市已经设立自助收银机,京东和阿里也开始广泛使用仓库机器人进行作业。京东无人配送车配备了雷达和多个视觉传感器,通过生成视差图等方式构建外部环境,计算出距离和障碍物的大小。阿里菜鸟通过深度学习识别环境中的车辆和行人,利用自适应粒子滤波算法对识别出的实体进行准确的轨迹预测或避让,根据行驶中的景物变化实时改变移动路线。

广州一直是零售创新的福地,多种新业态和新组织形式都是从广州诞生的,如最早的友谊商店尝试的超市业态,最早的专卖店佐丹奴,最早的便利店南大便利店,最早的货仓式商店广客隆,最早的购物中心天河城,最早的邮购商店等。2017 年是开启新零售交替的起点之年,国内零售业的分化和洗牌加剧,传统零售业态尤其是大店进入全局性的调整期,新模式集中出现。便利店呈现规模化的高速增长,社区小型超市、专业店、生鲜店等以更贴近消费者和目标客群的方式出现,"小而美"的业态创新商店成为焦点并不断涌现,这给广州零售业弯道超车提供了良好契机。

进入 2019 年,各商业互联网企业纷纷改变销售策略,纷纷进入新零售的领域。京东 2017 年推出的百万便利店计划,要把京东的便利店开遍中国所有的乡村。阿里推广无人超市,盒马鲜生就是以消费者需求为导向,利用阿里巴巴的技术,重构了零售业态,这种线上巨头逆向"掘金"实体店,是因为电商发展的核心是用户流量,但随着流量红利的减弱,电商获取用户的成本增加,因此需要寻求新的发展模式——线上线下的融合。京东便利店通过合作的模式,升级改造传统小店,跟传统的连锁便利店有本质的不同,京东掌柜宝能为店主提供品类齐全、一站式购齐的订货体验,科技赋能层面,京东为店主提供了自主研发的智能门店管理系统,集商品管理、顾客管理和营销服务于一体，不仅有收银、收货、库存、会员、销售报表、促销管理等日常功能，还基于京东线上大数据优势，根据消费者画像给予门店智能补货、智能选品的支持，并与京东便利 Go 小程序打通，实现实体门店和京东便利 Go 数据、会员、库存一体化管理。新零售，更多程度上是一种"智能零售"。

三、推动广州零售业转型升级的建议

优化零售商业网点体系。科学设置零售商业服务网点，构建都会级、区域级、社区级三个层级零售商业网点体系。有序推进天河路、北京路、白云新城、番禺万博等 16 个都会级商业功能区规划建设，通过产业联动、提升档次、创新模式、突出特色、优化业态等发展策略，适度发展商业综合体、大型购物中心，构建服务珠三角、辐射全国、面向世界的大型零售商业网点体系。以满足区域内购物、餐饮、休闲、娱乐和商务活动等综合消费为主，支持江南西、广州大道北、大学城等 16 个区域级商业功能区网点建设。进一步发展社区商业，落实新建社区商业和综合服务设施面积占社区总建筑面积的比例不得低于 10% 的政策，鼓励社区（乡镇）综合服务中心、商贸服务中心和物流配送中心建设。开展社区商业示范社区建设，完善居民生活服务网络，打造"十分钟便民服务圈"。

利用新技术控制产品质量。通过新技术的应用使多方数据共享得以实现，在此基础上使线上线下与物流实现联通，对制造商以及相关产品信息进行核实，对产品来源进行追踪，使商品流通过程中每个环节的质量均能够得到较好保障，促使产品渠道的无边界链接能够得以更好实现。在实际发展过程中，应当利用新技术对产品渠道内部各个环节情况进行有效把握，不但要将消费者终端相关反馈信息向商品制造企业及时通告，并且应当向消费者及时推动一些适销高科技产品，促使良性信息循环及互动得以形成，在消费者实际消费需求得以满足的基础上，使制造商有效供给得以提升，从而使上下游企业及利益相关者之间的无缝链接得以实现，从而促使新零售时代的商业模式得以更理想发展。

创新体验式消费场景。加强对消费者体验的重视，营造良好消费氛围，重视消费互动，在实际发展中将创新开放式服务作为入手点，促使体验式消费场景逐渐得以形成。开展与商业伙伴之间的合作，使消费者到实体店铺中感受体验式消费。不断促使商业主体之间实现多个方面跨界融合，

从而为消费者提供更加开放的体验式消费场所，让消费者在实体店获得更好消费体验，使新零售时代下商业模式得以改变，取得更加理想的发展成果。

创新零售商业模式。推动传统零售业向体验化、智能化、服务化和社群化转型，实现零售业自我突围。大力发展体验式商业。鼓励零售企业利用互联网技术推进实体店铺数字化改造，增强店面场景化、立体化、智能化展示功能。支持传统百货业开设跨境电商体验店。开展购物中心、百货店体验消费转型试点，引导购物中心、大型百货差异化主题定位，向智能化、多样化商业服务综合体转型，增加餐饮、休闲、娱乐、文化等设施，由商品销售为主转向"商品＋服务"并重。鼓励实体店与虚拟店业态组合式发展，推动实体店、移动终端、PC（个人计算机）终端、社交媒体融合，运用大数据、云计算等技术，打造零售业与顾客社群化的生活伙伴关系。加强线上线下（O2O）互动创新，鼓励实体店通过互联网与消费者建立全渠道、全天候互动，支持实体店拓展互联网展示、传播、聚客、营销、支付等综合服务，提升线下消费、体验、配送和售后等服务水平。

促进物流进一步融合。对线下渠道积极拓展，吸引口碑较好且成本比较低的相关第三方物流企业开展合作，促使长期战略合作伙伴关系能够得以形成，使物流爆仓及配送延迟等相关问题能够得以有效解决，促使消费者购物满意度有效提升，在全渠道无边界物流配送能够得以实现的基础上，促使供应链多方共赢较好实现。突破行业及地区限制，促使物流及零售行业之间的有效融合，在此基础上对服务体系及经营机制进行创新，在质量效益及生活方式方面实行引导，从而为新零售时代商业模式的良好发展奠定更好的基础与支持，实现新型商业模式的更好发展。

有效实现多方跨界融合。积极实现多个方面的跨界融合。首先，为能够实现与新金融之间有效融合，应当由政策层面入手，促使新金融机构能够加快入市，加强监督力度，选择信誉良好且实力雄厚的新金融机构，将其在商业模式融合方面作为有效支持。其次，将金融业态进一步扩大，对金融模式进行创新，不断推出新型服务，从而使商业模式发展需求能够得到较好满足。最后，在新零售时代商业模式发展过程中，还应当与新技术及新能源实现有效融合，在商业模式的创新发展中将新技术作为支持，积极引领消费者适当增加消费，从而使多方跨界融合的新生业态能够得以实现，促使商业模式实现更理想发展。

发展现代流通方式。鼓励零售企业发展联营和自营结合的混合经营模式,提高自营商品比例,加大自主品牌、定制化商品比重。深入发展连锁经营,大力培育连锁企业龙头,积极规范发展特许经营,推动连锁经营向多行业、深层次发展。鼓励大中型零售企业发展服务于供应链的小贷公司和消费金融公司,积极介入国内外优势品牌、新晋品牌的总经销领域,以及商业物业开发建设等领域,延伸上下游产业链。

创新发展"老字号"。加强"老字号"企业再造力度。支持引进现代经营理念、管理方式和生产工艺,推动股份制改造或建立企业集团,吸引社会资本参与改组改制。鼓励和支持"老字号"不断加大对品牌的宣传投入和推广力度,提升"老字号"的品牌价值及其市场的影响力。推动北京路商圈、荔枝湾"广州老字号一条街"建设,争取将"老字号"街区纳入广州文化旅游路线。加大"老字号"知识产权保护力度,积极保护具有自主知识产权的民族品牌。

第四章 推动模式创新,升级专业市场

广州是专业市场的发源地,在浙江义乌市场的创始人还挑着货郎担走街串巷、用麦芽糖换头发、换牙膏皮的时候,广州的高第街、西湖路夜市就已经成为国内流行服装的集散地。广州的商贸业吸引力不仅仅在北京路、上下九、天河路等商业街区或商圈,更在于众多大型的专业市场,其中汽车及配件、钢材、塑料原料、皮具、服装、家具、美容美妆、茶叶、海鲜干货、酒店用品、音像等专业市场经营规模在全国名列前茅,初步形成了影响全国的"广州价格",尤其在中、低档次服装批发上,几乎可称为全球廉价服装的时尚之都。专业市场促进了中国统一开放的市场体系的形成,为工农业产品提供了销售渠道、吸纳了大量城乡剩余劳动力、促进了城乡协调发展。专业市场繁荣的区域往往经济活跃、城乡协调,故有"建一个专业市场,活跃一地经济,兴旺一批产业,富裕一方群众"之说。中国专业市场与经济增长密切相关,专业市场与经济增长的运行轨迹趋于一致,并且专业市场增幅高于经济增长幅度。广州作为国内商贸中心城市,专业批发市场发展起步早,总体规模大,集聚效应明显,已形成种类齐全、辐射影响力强的专业批发市场体系。在长三角、环渤海等经济区域专业市场纷纷强势崛起的背景下,随着全球经济一体化发展、现代信息与通信技术的应用以及现代交易方式与交易模式的出现,广州国际商贸中心的建设,对广州市专业批发市场的发展提出了更高的要求。

第一节 专业市场的历史和现实

一、广州专业市场的发展历程

专业市场是指市场所有者提供销售场地和服务并统一管理、有众多彼此独立的经营者集中销售一种或多种关联密切的商品的场所。其基本特征是销售某类及其关联商品、批发为主兼营零售、采用坐商制经营，体现市场化经营的业态特征和商场化管理的管理特征。专业市场既是巨大的商品流通网络，又是巨大的商品集散中心，通过聚集效应将大量分散的关联商品的价格、品种、数量、质量、技术等信息集中而形成规模经济，并且交易灵活、进退壁垒低，降低了交易者收集信息的成本和经营成本。专业市场是联系各企业上下游产业之间供求关系的纽带，为产业的集群和专业化发展提供综合平台和时空条件。

广州专业市场的发展经历了本地化阶段，出现"地摊式马路市场"，进行简单交易活动，如西湖路灯光夜市；区域化阶段，出现传统"鸟笼式大棚市场"，拥有物流功能，如中大服装布匹市场；国际化阶段，出现综合性"商城式门店市场"，有商品流通功能及产品研发检测、产品展示与信息传播、业务监督与咨询等功能；虚拟化阶段（近年互联网的普及），出现虚拟市场（电子商务模式），既发挥实体交易场所作用，又发挥中介作用和第三方结算作用。

广州专业市场起步于20世纪80年代初，绝大多数专业市场顺应市场需求自发形成。在广州"南大门"优越的地理条件、良好的经济基础上，专业市场规模不断扩大、质量不断提升，创造出极大的社会经济效益。广州专业市场行业规模庞大，在全国乃至全球制造业发挥着重要的流通平台作用，被誉为商业地产主动顺应市场需求的一个最成功的典型。改革开放前期，由珠三角以及广州各类批发市场中发出的货物畅销全国，成就了威震海内外的"广货"品牌。

广州拥有发展专业市场的优势。广州为千年商都，毗邻港澳和侨乡，交通便利，深受近代西洋文化的影响，具有浓厚的传统商业文化，形成很强的市场意识，培养了许多能工巧匠和企业家；便利的交通不仅保证各要素的正常运转，而且利于资源的有效整合。如站西路鞋业专业市场群毗邻广州火车站、广东省汽车站，商业氛围浓厚、交通便利，发展迅速。政府也支持专业市场发展，为专业市场提供税收与征地优惠、安全保障和其他服务，大大降低交易费用。广州一德路在改革开放后，享受优惠政策，商业快速复兴、市场越来越发达，形成全国最大的海味干果及玩具精品专业市场群。广州民营经济发达，为专业市场提供内在动力、市场主体和市场信息。

广州很多专业市场已成为国内主流货物的集散地，目前40%的广州专业市场不仅影响中国价格,还影响国际价格。其中,纺织服装、医药、塑料、食品、木材、水产品、金属、电子等行业已形成"广州价格",影响全国乃至全球。广州专业市场对于全市经济起到巨大推动作用,专业市场能够满足集聚分散的需求,是促进商品交易的平台。广州专业市场每年创造上百亿元的税收,这对广州经济有直接拉动作用。专业市场的发展还推动了广州生产力的进步、促进了产业信息交流、带来大量的服务需求、刺激消费并促进了商品集散和流通。作为产—销—购产业链上的重要一环,专业市场的繁荣也分别带旺了其上、下游产业。专业市场提供了100多万个就业岗位,带来了30多万的配套就业岗位,对解决和扩大就业起到实质性作用,有助于提升和宣传广州的城市形象,延续"千年商都"的地位和城市商业活力。

二、广州专业市场的现状基础

截至2018年年底,广州共有890个单体批发市场、15个市场园区,带动形成了享誉全国的流花服装、站西鞋材、狮岭皮革、三元里皮具、中大布匹、江南果蔬和增城牛仔服装等产业集群。据行业协会测算,广州市批发市场年总交易额约1万亿元,其中超亿元的市场158个,超百亿元的市场10个。其中越秀区、荔湾区、白云区、海珠区、天河区五个中心城区共有单体专业市场657个,约占全市92%。在商品类别上,广州专业市场主要分为日用工业品、生产资料、农副产品三大类别,涵盖了纺织、服装、布匹、鞋业、皮革、皮具、花卉、茶叶、五金、汽配、酒店用品、海味干果、水产等多个商品种类,规模在全国同类市场中名列前茅。而基于各区产业基础的不同,在商品种类上也有一定的差异。如5个中心城区中,越秀区的日用工业品占比达75%,主要商品种类为服装、钟表、汽配等;海珠区则以围绕中大布匹商圈一带的布匹、纺织品、布料为主;荔湾区以农副产品为主的单体专业市场数量多达44家,其中聚集的市场多为茶叶、花卉、水产等;白云区有位于三元里、梓元岗等逾40家专业市场,形成了以皮具、皮革为主的商品批发集聚地;天河区则以沙河的服装批发、岗顶的数码产品等为主。综观各区的专业市场,其商品品类都具有极强的区域代表性,并在全球范围闻名遐迩。在发展过程中,广州形成了一批市场认可度高、名气大的专业市场,如白马服装市场、芳村茶叶市场、中大布匹市场等。国内外采购商对广州知名专业市场的认可度较高,品牌效应明显。

广州大多数专业市场是2000年后兴建，尤其是2000~2010年，广州专业市场迎来了一轮爆发性增长，全市新建设市场共365家。而在2010年后，广州市政府陆续出台有关行业的转型升级意见，尤其是《广州市关于推动专业批发市场转型升级的实施意见》颁布后，对专业市场采取了一系列关停并转的改革措施，因此在2010年后新建的专业市场相对减少，从2010~2018年，新增市场数量仅为219家。广州专业市场行业在增速放缓、数量下滑的同时，也进入了优胜劣汰的关键时期，开始从追求数量向质量转变，行业加速转型升级，摆脱了传统"脏乱差"的印象，行业业态有了大幅的改观与提升。

当前广州不少专业市场已经逐步转型，其业态和模式取得颇有成效的创新成果，由传统"收租者"的角色，逐步转向产业综合服务。在产品结构、产业链完善、服务内容方式、交易模式上提升品质档次，从原先的单一规模竞争，向内容提质、模式创新转变等倾斜，进而在研发设计、品牌推广、产业咨询、售后服务、渠道拓展等环节逐步完善。同时，单体专业市场也会逐步倾向于抱团发展，在各自板块间协同工作，体现出产业集聚和服务功能多元相结合的趋势。市场形态越来越立体化，各单体市场的分工定位也越来越精细，市场间上下游的产业链整合与联动也越来越紧密。广州专业市场商会2016年、2017年连续两年开展了专业市场行业模式创新创建项目的评选工作。在遴选的过程中，商会发现广州市一批优秀的专业市场如广州国际轻纺城、广州白马服装市场、广州红棉时装城、广州UUS、五洲城、雄峰城、安华汇、广州摄影城等都在积极地寻求转型升级。这些市场在业态形式和内容上，越发呈现出电商化、研发化、国际化、体验化、园区化等发展势头。这些专业市场，代表了广州专业市场业态创新的高标准和高水平，同时其转型的路径及方向，也是广州专业市场行业未来的发展逻辑与趋势。传统市场主动调整业态，改变以往单一功能的交易模式，寻求探索行业转型提升的新模式。

三、广州专业市场面临的发展机遇

"互联网+"时代现代流通网络变革期。当前全球正迎来新一轮科技革命和产业变革，科技创新加速推进并深度融合，对商品供应链、消费者行为、企业信息化和商业业态模式等商贸流通体系和商业生态系统进行了颠覆性变革,新一轮科技产业变革与传统批发市场转型升级形成历史性交汇。"互联网+"新经济形态的出现,电子商务蓬勃发展,第三方电商平台抢滩批发市场,网上零售商集群化发展,对线下批发市场造成巨大冲击。

消费升级和供给侧结构性改革机遇期。"十三五"时期,我国经济进入新常态,消费也呈现新特征,消费总体规模增长减速换挡,消费结构不断优化,互联网消费、绿色消费、时尚消费、服务消费成为新亮点,科技创新驱动成为消费新动能。我国模仿型排浪式消费阶段基本结束,国内居民消费追求品质、个性化和多样化趋势更加明显。以供给侧结构性改革释放消费潜力,为发展品质消费、时尚消费、服务消费,引领消费升级提供机遇。消费需求特征转变对商贸流通业提出新要求,要求流通效率、流通服务水平进一步提升,呈现商品以生产制造为主导向以消费者需求为重心转移,要求商贸流通企业创新商业模式、商业业态以快速响应市场需求,要求制造商加快新技术、新产品研发生产,向弹性生产、个性化定制、软性制造转型,要求批发市场从传统"三现交易"、摊位经营方式向现代商贸流通综合服务功能转型。

第二节 存在问题和面临挑战

一、存在问题

一是专业市场空间布局过于集中在中心城区。主城区市场数量占广州市市场的比重约八成,这种空间布局不仅浪费了中心城区宝贵的土地资源,也带来了人口、交通等诸多问题,对城市环境、卫生、治安、消防亦造成较大压力,给城市形象造成负面影响,不利于专业市场自身升级发展。同时,市场发展初期准入门槛低,带来单体规模简陋、经营档次低、管理不规范等问题。

二是专业批发市场的用地权属多样化,包括村社集体用地、部队、铁路及省、市国有企业用地等,市场利益主体构成复杂,牵涉的利益链条长。近年来,在遏制利用违章建筑滥开市场、着力减少违章市场经营等方面取得了较好成效,但由于专业市场的历史形成原因,用地权属涉及用地权属者、建筑业权人、物业投资开发商和租赁经营商以及从市场运营中获利的单位或个体,致使专业市场转型升级成为一项极为复杂的系统工程,不仅涉及政府多部门的工作职权,而且触及社会多环节的利益。

三是专业市场现代流通服务功能还有待提高。市场大多仍以传统"现金、现货、现场"交易为主,商流与物流混合,信息流、资金流、商品流低层次结合,较少采用电子商务网上交易等先进交易方式,大大限制了专业市场吞吐、集散和辐射功能的发挥,传统交易方式已很难满足当前和未来大规模商品流通的发展需求。

四是市场交易主体企业化组织程度不高。广州市专业批发市场的交易主体(入场商户)大多数是个体商贩,以个体或家族经营为主,大多不具法人资格,组织化程度较低,税收贡献非常有限。且市场之间呈现低层次的价格竞争,甚至采取不正当竞争、无序竞争、恶性竞争现象仍然存在。

五是交易手段比较原始。大多数专业市场并没有形成持久的品牌影响力和号召力,在移动互联网兴起后,消费者的购买方式改变了。电子商务的迅猛发展打破了距离的限制,信息获取更加便利、交易更加便捷,作为竞争对手使传统专业市场流失了大量的客源,很多商品开始绕开批发渠道,直接进入终端,直接厂家直销。其中,产品标准化程度越高、体验感不强、物流成本不是很高的产品,受到的冲击就要大一些。

二、面临挑战

一是经济下行压力增大,消费需求萎缩经济现状:我国经济进入新常态,GDP总体呈增长趋势,但增速有所下滑,经济发展面临多种挑战。改革开放以来,我国GDP持续增长,一跃成为国际第二大经济实体。近年来我国GDP增速开始呈波动式下滑趋势,经济运行存在着物价高位运行、经济增速放缓、收入分配不合理、内需拉动乏力、资源环境破坏等多方面的挑战。前些年GDP两位数的高速增长时期已经过去。在经济下行的大背景下,市场需求减少,政府消费减少、实际可支配收入增长缓慢等影响,消费需求短期内显著回升的难度较大,对于批发市场的经营带来直接的挑战。

二是珠三角加工贸易加速转移,原产地的优势不再明显。改革开放以来,由于政策红利和人力成本优势,以及靠近港澳台的地理位置,广东的加工贸易飞速发展,加工贸易在广东对外贸易中占据主体地位,在对外贸易这辆马车拉动下的广东经济,在中国经济增长中处于领头羊的地位。而广东的加工贸易又主要聚集在珠三角的广州、东莞、深圳等周边地区。广州专业市场的发展壮大，离不开珠三角加工贸易的发展，广州的专业市场正是建立在靠近珠三角这一商品原产地的基础上发展起来的。然而，近年来广东的加工贸易却遭遇了经营成本上升、竞争加剧、外需下降等多重压力。《全球制造业的经济大挪移》报告指出，以美国为基准（100），中国制造成本指数是96，同样一件产品，美国制造成本是1美元，中国则需要0.96美元，中国制造业面临很大压力。在此背景下，大量的珠三角企业，很有可能选择将实体工厂转移到人力成本更低的区域，广州专业市场靠近原产地的优势会逐渐减弱。

三是国内其他城市发展迅速，竞争力威胁加大。广州是华南地区的商贸中心，一直以来对中部几省保持着强劲的辐射效应，中部又发挥着承东启西、连接南北的特殊功能。然而在国内市场全面开放的态势下，广州大部分专业市场具有较大程度的不稳定性和不持续性，先发优势受到严峻挑战。现在中东部地区专业市场的发展和崛起，截留了广州的市场资源、削弱了广州的辐射能力。尤以浙江义乌和武汉汉口等地的专业市场版图不断扩大，赶超速度很快。汉口北国际商品交易中心，建筑面积约380万平方米，是目前国内超大规模的专业市场集群，汇集服装、鞋业、纺织、小商品等多个行业的采购、销售、展示、物流和加盟中心于一体，并以厂家直接进驻和省级以上总代理商为主，已大步朝着中国规模最大的一级商品集散地及国内各地二级商品批发市场的首席采购基地的方向迈进；义乌小商品城则是在当地政府的大力支持下，在全国范围内形成庞大的市场经营网络，一方面依托占地约260万平方米的实体市场，另一方面则积极引入"互联网+"新业态，打造"义乌购"网上平台，年度交易额超千亿元，出口商品集装箱每天高达1500余标箱，市场外向度占比达60%以上，同时出口206个国家，并在全国各地建立了30多个小商品分市场。市外越来越多规模专业市场的涌现，分流了广州大量客源，这对广州专业市场的产品销售、知名度、影响力等的发展无疑都是一大挑战和威胁。

第三节 案例分析和经验总结

广州专业市场经历近40年的发展演变，所积累的商业底蕴和资源价值巨大，是广州发展国际商贸中心的先决条件和贸易基础。以下介绍的几个专业市场历史悠久，在全国拥有巨大的知名度和影响力。由于广州专业市场门类齐全，数量巨大，各有精彩发展历程，本书囿于篇幅限制，无法一一进行分析介绍。

一、中大布匹市场

20世纪80年代末，一批在海印桥桥底摆地摊卖毛线的"走鬼"小贩，自发迁到中山大学南门对面，组建了专业布匹市场，逐渐形成气候。由于地处中山大学校园附近，买卖的商品主要是布料，故称为中大布匹市场。目前已成为拥有四十余个分市场、客户遍及全球的综合性专业交易市场。市场内有一万多档口，两万多种交易产品，数万从业人员，产品除了大量内销至全国各地的二、三、四级批发市场，同时外销至欧美、新加坡、马来西亚、韩国、日本等地区国家。

中大布匹市场的成长发展经历了五个阶段：

1988~1996年，以摆地摊的方式进行的初创阶段。1987年，广州市政府全面整顿市容环境，海印桥底不允许摆地摊，几十户摊主只好搬迁，当时有人建议搬到江南西路，有人建议去中大附近，但由于江南西路在当时属于郊区，因此大家还是决定搬到中大校园附近。这里一片荒芜，周边是山地和鱼塘，过往人员不多，生意很冷清。到了20世纪90年代初，生意有所好转，开始有北方商人到这里采购毛线，而且采购量也是逐年增大，经营环境也从地摊搬到了瑞康路两边的铁皮棚，还有一个铁床当货架，每个摊位每月工商收费100元。虽然生意还好，但做得很辛苦。

1996~2001年，进入入室经营阶段。由于发展初期布市档口密集，而且规划很不规范，消防隐患比较严重。1996年5月，海珠区政府开始对中大布匹市场进行整治、重建。政府把布市原来的地摊、铁棚铺等初步改成砖结构的简易商铺，商户也开始入室经营。当时中大布市管理混乱，场内道路狭窄，人车混行，交通条件恶劣，与城中村相互交错，治安问题凸显，盗窃猖獗，还被列进"广东省治安重点整治名单"和"广州十大火灾隐患"。另外，布市受各方面的挑战，位于广州大道南的天雄纺织城正好建成开业，政府要求商户全部搬到那里去经营。同时，浙江纺织品服装出口逐年增长，广东与浙江的差距还在不断扩大。在外部竞争对手发力追赶的时候，早年通过民间自发成长、以临时建筑为主的中大布匹市场渐渐显露疲态，直至2001年后，这一势态才有所好转。

2001~2004年，快速扩容商圈态势逐渐明朗。进入2001年，中大布匹市场进入蓬勃发展时期。这一时期，海珠区政府对布匹市场的升级改造取得实效，在初步解决交通、消防隐患的同时，也摘除了"广州十大火灾隐患"的帽子。广州市政府出台了《广州市商业网点发展规划（2003~2010年）》、海珠区政府也编制了《中大布匹市场整治规划方案》，把中大纺织商圈列入升级改造的"重头戏"。在2004年，海珠区政府将布市的管理权正式交由凤阳街道办事处，成立了由区政府办公室、公安、工商、税务、城管、公安、规划、交通、环卫等十几个职能部门组成的"中大布匹市场管理委员会"。此时开始，经营环境较为稳定，呈现一个以瑞康路为轴心、向东晓南路周边发展的趋势。

2004~2009年："全球交易中心"时代。2005年1月1日起，随着我国出口贸易《纺织品与服装协定》的终止，纺织品和服装配额全面取消。后配额时代的来临，意味着企业无论国有还是民营，不论规模大小，都拥有外贸出口权，广州纺织业获得了空前巨大的发展机遇。针对市场快速扩容带来交通、消防、治安等方面的问题，海珠区委、区政府下定决心，在规划、整治、管理、服务和基础设施建设上采取强有力措施促进市场升级。广州国际轻纺城在这天时地利的良好机遇中迅速崛起，为周边的商铺带来更多商机和繁荣，成为中大纺织商业的旗舰。

从2009年至今"中国轻纺总部经济区"逐步建立。中大布市业的发展虽然经历了金融危机的阻碍，但是经营结构的调整使得市场的恢复期大大缩短，再加上内需的进一步扩大，布市交易已经呈现了良性发展，对于品牌企业谋求的总部战略也对现在有布市条件提出了更高的要求，因此总部经济区的出现就是中大布市未来发展的方向。随着广州长江（中国）轻纺城的正式开业，"中国轻纺总部经济区"形成的条件就逐步成熟。定位为"中国轻纺总部经济区"的广州长江（中国）轻纺城以40万平方米的超大规模使得中大纺织商圈的容量再扩大了一倍，是集采购交易、国际商贸、现代物流、会展、信息咨询、技术交流、人才培训等综合配套功能于一体的面料、辅料一站式采购交易中心，其超前的设计和规划领先国内同类市场20年。加上将于明年开业的"珠江纺织城"，中大布市的规模将接近于浙江柯桥纺织圈，将出现真正意义上旗鼓相当的"北柯桥、南中大"的中国轻纺业格局。

二、流花服装市场

20世纪80年代初，地处华南沿海地区的珠江三角洲服装生产加工企业依靠毗邻港澳地区得天独厚的条件，承接了大批海外服装加工订单，迅速形成了完善的纺织品产业链和强大的生产集群。广州流花地区紧邻广州火车站及省、市汽车客运站，为客商和货物的集散提供了十分便捷的条件，经过数十年的发展，逐渐成为具有强大影响力和辐射力的国内第一大服装批发商圈。

20多年来，流花服装批发商圈的发展经历了以下三个阶段：第一阶段，1980～1993年从室外市场交易向室内交易过渡。这个阶段服装市场从路边摊形式的集市走向了专业市场，从个体经营向公司经营转化。第二阶段，1993～2003年，商圈走上了品牌化、规范化、专业化之路，流花商圈的绝大部分商户在经营初期都是由代理产品开始的，从无品牌经营到打造自己的品牌。第三阶段，从2004年起到现在，部分有远见的商户开始从实物交易转化为部分期货交易，通过样板、电子商务、信息聚散等新的商业模式运营。

经过20多年的发展，目前流花服装商圈包括以环市西路为中心，南至流花路、北达广花路、西接广园西路、东连解放北路的广大区域，占地面积超过2.3平方公里，内有白马、红棉、步步高、天马、壹马、广控等30多个经营不同档次、不同种类的服装专业市场，商户达到2万多家，从业人员10万多人，日均人流量达30万人次，每天从流花服装商圈发往国内外的服装平均达50多吨，年交易额在300亿元以上。流花服装商圈已成为目前国内规模最大、成交额最高的服装批发贸易集散地。

广州流花商圈在数量、质量和结构上均具备相当的优势，具有品牌齐全、规模宏大、结构合理和种类繁多等特点。商圈内形成了专业分工相对明确、各具特色的服装专业批发市场集群，其中白马服装市场以经营中高档时尚女装、男装为主；壹马服装广场内汇集了大批国内知名中高档男装品牌加盟店；新大地服装城主打针织毛衫等类型服装；康乐以牛仔服装系列为拳头产品；御龙、迦南等外贸服装市场主要是面向中东和非洲等地的外贸业务；精都休闲服饰商城则以外贸和内销相结合的方式主营各式休闲类服装。此外，商圈还分布着美博城、名商天地等国内顶级的美妆、皮具、钟表市场，初步形成了服饰潮流的延伸聚集。

流花商圈作为全国最大的服装买卖基地，既是全国服装批发商的集散地，也是珠三角服装批发市场的中轴线。流花服装商圈集中了虎门女装、石狮男装、濮院毛衫、沙溪休闲装、织里童装、普宁衬衣、南海内衣等地区优势产品及著名品牌，具有比珠三角地区其他服装商圈（如广州的沙河、十三行，东莞的虎门，中山的沙溪等）规模大、在国内外知名度高、著名服装品牌集中度高、信息快、款式新等特点，是我国华南地区服装流行趋势的"晴雨表"和"风向标"，在国内具有极大的影响力，商圈的繁荣吸引了来自五湖四海的服装经营者。广州流花地区作为广州的交通心脏，凭借其便利的交通条件，内联华南众省各邑，外达我国港澳、欧亚两洲的地理优势，汇聚了来自广州、虎门、中山、福建各地、浙江各地、重庆、沈阳等全国各地的服装生产及批发商家。这里，每天来自全国20多个省、直辖市、自治区以及美洲、俄罗斯、非洲、东欧、东南亚等国家和地区的客商络绎不绝。

随着市场的园区化改造与实施，连锁经营、电子商务、流程标准认证等现代技术手段与先进经营管理已开始得到广泛应用，商圈确立了统一管理、统一形象、统一物流、统一信息化的新型批发产业集群园区发展目标。流花商圈已呈现从单纯的传统服务业向现代服务业过渡的趋势。各市场的经营模式正逐步从过去较为单一的服装批发零售的初级交易形态向集商品与信息集散、会展、物流、商务、设计、策划等综合功能于一体的高级交易形态发展，在品牌的带动下逐步形成了产业群聚效应。

三、广州皮具产业集群

广州集聚了大量的皮具企业，同时拥有号称"中国皮具商贸之都"的三元里皮具商圈和"中国皮具之都"的狮岭皮革皮具生产基地。三元里皮具商圈源于20世纪80年代，凭借临近广州火车站的地理优势，初步形成旅客行李箱包的交易场所，并与服装、鞋业等的批发零售相混杂，后来逐步壮大并脱离出来；到90年代转为做民工包，并进一步发展成为全国闻名的三元里皮具商圈，在梓元岗、桂花岗等地区出现了皮具专业市场34个，场内的店档数量多达上万个，营业额达110亿元，税收高达6000万元以上，三元里皮具商圈占中国皮具产业流通市场40%的市场份额。在这些专业市场的辐射和带动下出现了皮具生产、皮具研发、皮具设计等综合型的行业集群。

20世纪70年代末，改革开放政策刚刚实行，由于花都狮岭当地缺少耕地，民众生活困苦，为了改善村民的生活水平，农民开始生产皮手袋，狮岭皮革皮具产业逐渐萌芽。目前,狮岭已形成大量皮具企业的集聚。建设了金狮工业区、岭南工业区、芙蓉工业区、南方工业区、欧洲工业区等多个基础设施完善、产业链完整的工业园区,总面积超过11635亩。拥有了8000多家企业,18000多家商铺,从业人员达到30多万,产值突破200多亿元;年产包量达到7亿多件,其70%用于出口,狮岭的皮具行业税收也达到8.6亿元。形成完善的皮具皮革上游、下游企业的配套发展的模式;催生出一批有较高科技水平、有较强研发水平的上游、下游企业,如五金厂、皮革厂、拉链厂、打版出格公司、销售贸易公司等专业配套企业。根据产业升级的需要,现已建成了广州狮岭皮革皮具产业研究中心、皮革皮具产业博士后科研工作站、中国(广州)皮革皮具产业TBT研究基地。这些研发中心具备了科研开发、技术推广、产业研究、设计培训、品牌推广、信息交流等方面的功能,成为促进狮岭皮革皮具产业发展提升的中坚力量。

白云区也有产值巨大的皮具产业,根据广州市第三次经济普查数据,白云区皮具规上企业数有94个,占全市同类企业的29.46%;其从业人员有17751人,占全市同类的17.89%;其工业总产值达48亿元,占全市同类的17.55%。针对广州皮革皮具行业按主营业务收入排名前200家企业重点区域分布情况,可以看出,广州皮革皮具行业白云区占比38%,花都的其他地区(不含狮岭)占比25%、花都狮岭占18%。

广州现有的皮具行业企业许多都拥有自己的独立品牌,但是这些品牌的影响力有限,延续时间普遍不长,较难在市场上站稳脚跟并且发育成熟,仿冒产品比较严重。2014年的皮具打假行动中共打掉3个窝点,查获假冒商品1013件,包括仿冒"LV""GUCCI""CHANEL"等知名品牌,按市场同类正品价格估算货值约2107万元。2015年1月,广州市白云区质监局联同区工商、区公安以及石井街道对庆丰广场开展了打击皮鞋皮具制假专项行动,共捣毁20个制假窝点,查获的假冒皮鞋成品共5卡车。2015年12月,白云区打假办组织区市场监管局、公安分局及三元里街道办开展联合执法行动,先后捣毁5个售假出租屋窝点,查获涉嫌假冒"PRADA""LV"等名牌皮具约3600件,涉嫌假冒"江诗丹顿""卡地亚"等国际名牌手表314件,涉案货值约320万元。从多次打假的结果来看,即使是在皮具行业发展较良好的白云区,皮具行业的仿冒现象仍然存在,并且有多次死灰复燃的情况。

四、芳村茶叶市场

芳村茶叶批发市场，位于芳村大道中洞企石路，占地面积 103052 平方米，现有商户 1500 家，专营茶叶商铺 600 余间，汇集了福建、潮阳、浙江、广州、香港、台湾等地区的数百家茶商，年交易额 13 亿元，是全国最大的茶叶专业批发市场和集散地，市场辐射全国各地及东南亚地区。

市场汇集了来自全国各产地的茶叶六大系列 1000 多个品种，主要有江浙龙井，广东红茶，福建铁观音，云南普洱、沱茶，广西的花茶，台湾冻顶乌龙等等各地的系列名茶。除此之外还经营与此相关的茶艺品，诸如茶具，不仅有世界著名的宜兴紫砂壶，而且，随处可见来自于全国各地及东南亚各产地的著名瓷器。

芳村茶叶市场成立了全国首个茶文化展示厅，是一个以弘扬茶文化为主题，集茶文化知识、名茶珍品、精品茶具展览为一体的窗口，具备了品茶识茶，商务服务，会议推广、新闻发布等功能。为商户提供了一个从商贸、会议、办公到品牌推广的一体化平台，为消费者提供一个观光、休憩、辨茶、品茶、体验茶文化的场所。

第四节　专业市场的创新转型发展

从 2010 年起，广州市陆续推出《广州市工业品批发市场建设管理规范》《广州市国内贸易流通体制改革发展综合试点方案》《广州市加快电子商务发展的实施方案》、2012 年推出《广州市委市政府关于建设国际商贸中心的实施意见》以及 2014 年最新推出的《广州市人民政府关于推动专业批发市场转型升级的实施意见》等多个政府文件，文件提出了推动专业市场转型升级的工作思路、目标及任务等，并推动各区政府具体落实，体现了广州市政府对专业市场的关注、重视与政策引导。

专业市场的升级不能简单地理解为建大市场、新市场，而应将目标多元化：升级可根据具体情况分别采取改造、整合、拆迁的方式；整合商流、物流、金融、信息、品牌推广等多种服务功能，成为产业研发、设计、创新的基地，要成为产业链的龙头；重视打造专业市场品牌，提高在国内外同行业中的影响力等。专业批发市场升级改造应因地制宜，按城市规划进行。根据城市空间格局的发展和专业市场的发展需要，中心城区应该控制批发市场，减轻中心城区的用地紧张压力；城市周边的发展区应成为各类批发市场的重点发展区，吸引街铺商户入室经营；村镇区域内大中型批发市场数量较少，应利用土地、交通等优势，有选择有重点地引导发展专业市场园区，发挥专业市场的产业集群作用带动区域经济发展。加强城区内外市场的功能规划和设施配套，推动商流、物流等有序分离；加大对老城区市场的整治，逐步引导城区内中转仓、城市外围公共仓储建设，减轻城中心压力，腾出更多空间用于办公、营销、展示、技术研发、人才培养。

广州现有713个单体专业市场，它们是"千年商都"商贸生态链中最具特色和灵魂性的核心组成部分，是广州成为国际商贸中心城市的标志性品牌元素。然而时至今日，传统专业市场由于交通、环境、治安、经营等问题突出，与现代城市建设与管理的冲突日趋加剧，与广州建设国际商贸中心及国际消费中心的形象定位也日显差距。一直以来广州"以商立市"，走在全国前列，但近几年来感觉后劲不足。在全球经济环境不断变化、消费者需求不断提高的形势下，低端的业态和产品生存空间越来越小。广州的专业市场未来势必面临新一轮大浪淘沙式的洗牌。无论是政府主导的关停并转，还是市场本身的主动求变，专业市场都将进入优胜劣汰的关键阶段。诚然，近年来也有不少有规模、有实力、有前瞻性的专业市场转型升级成功，但大多数市场仍需在粗放式、摊贩式的现状上做出改变，主动突破发展，以适应新时代需求。专业市场会进一步摆脱瓶颈，走上以"质量提升、品牌打造、模式创新"为主的转型之路。同时，随着全球经济一体化，广州专业市场也会进一步依照国家"一带一路"建设部署，拓展国际贸易市场，接轨国际优势资源，通过搭建新型展贸平台、深化国际合作、疏通贸易渠道等方式来强化市场地位，大力拓展国际市场的发展空间。

一、推进专业市场创新升级

推动专业市场向高端服务型、总部型、展贸式、电商化、国际化和创业创新型等现代市场转型发展。引导专业市场接轨电子商务、现代物流、数字会展等新业态，强化展贸、结算、设计、价格形成等高端服务功能，开展示范专业市场创建工作，推动建立专业市场公共服务平台，促进传统市场向产业服务中心转型。引导商业中心、商业街和商业繁华地段的传统中小型专业市场，通过业态转型，促进其向现代购物中心、社区商业中心和购物商场发展。对市场成熟度高、研发设计和供应链整合能力强的市场，引导其向集商品展示交易、时尚发布、品牌聚集、品牌培育、品牌交流推广等功能于一体的品牌孵化中心转型，打造成品牌商品、品牌商家以及总经销商、总代理商云集的商业高地。引导市场推广应用总代理、总经销、远期合约、拍卖制、竞买制、电子交易等新型批发交易方式，推动场内经营业户向公司化发展，提高专业化、组织化水平。以现代分销方式应用为手段，积极引进知名品牌总经销、总代理企业，引入跨国公司和外地企业设立常驻采购分销机构，引导企业进入国际连锁采购分销网络，向国际营销方式转变，积极培育内外贸结合专业市场。引导市场加强与国际采购机构、跨国企业和相关行业协会的战略合作，与国际采购商建立长期稳定的合作关系，构建和延伸国际市场营销网络，拓展国际市场发展空间。完善塑料、浆纸、钢材等大宗商品交易中心的物流配送、金融服务、研发设计等功能，推广互联网与物联网互动结合技术运用，构筑先进交易平台和服务系统，打造国际一流的商品采购中心。坚持一场一策，分类转型升级。一是对服装、鞋业、酒店用品、茶叶、牛仔服等在国内外有较强行业影响力的市场，实施原地转型升级，推进商流物流分离，创新经营业态，提升市场发展水平。二是对皮革皮具、纺织辅料、水产品、化妆品、中药材等在华南地区有较强行业影响力的市场，根据实际情况推进原地转型升级、异地搬迁或业态转营。三是对蛋品、钟表、五金建材、花卉苗木等在市域范围有一定影响力的市场，加强服务与管理，对不符合规划及消防规范要求的，依法予以关闭。

二、开展"互联网+批发市场+综合服务"转型

鼓励专业市场建立专业化垂直电商平台，推动广贸天下网、衣联网、震海批发网等线上服务平台与实体市场对接合作，配套提供仓储、物流、营销和融资等一站式服务，引导专业市场电商展贸化转型发展。鼓励专业市场向内外贸一体化转型发展，支持功能完善、设施齐全、管理规范、辐射面广的专业市场申报国家市场采购贸易方式试点，引导优势行业的专业市场根据国家"一带一路"倡议，抱团出海到其他国家设立海外展销中心，促进广州市场品牌与国际平台合作对接，拓展国际市场发展空间。对于临近高校和科研

院所、产业支撑基础较好的专业市场物业引导其全面改造提升，打造成"大众创业、万众创新"的产业创新园区和创客空间。发挥会展业优势促进转型升级。举办系列大型招商推介会，吸引国内外知名投资商进驻广州市新建的各大展贸中心（园区）；发展"网上交易会"，引导市场实现电子招商招展、网上参展参会，拓展海内外市场。以皮革皮具、茶叶、鞋服等优势行业的龙头市场为依托，推动建立集信息发布、价格指导、在线交易、资源统一配置等支撑辅助功能为一体的行业性电子商务平台。鼓励专业批发市场利用电子商务开展网上贸易，鼓励定位合理、运作规范的行业门户网站发挥集约优势，建成行业性电子商务公共服务平台，整合相关网络资源。推广应用物流信息技术，推进专业批发市场物流外包仓储服务区规划建设，加快市场商流物流分离。引导大型批发市场创办网上市场，建立与现货交易并行的电子商务模式。引导产品标准化程度高、品种单一的市场，试行发展会员制网上交易，完善信息、交易、结算、第三方物流配送、大宗商品现货交易等电子商务平台。探索建立广货B2R模式（通过"互联网+仓储配送"模式将市场商品直接供应给各地零售商），建设全球广货网货中心。利用会展经济优势，大力发展"网上交易会"，引导白马服装市场、步云天地鞋城、白云世界皮具贸易中心等开展电子招商招展，打造永不落幕的"网上广交会"。推广"前展后场"模式，集聚跨国贸易企业、采购商、品牌商，实现展贸联动、以展促贸。

三、引导专业市场优化布局

强化批发市场规划指引。结合城市的功能优化，引导新增专业批发市场在外围城区布局发展。建立专业批发市场负面清单管理目录和管理权责目录，规范市场开办者、管理者及经营者的行为。加快专业批发市场商流、物流分离，选址建设一批现代物流配套公共仓，组织物流园区、货运站场与中心城区专业批发市场融合对接，为市场转型升级提供物流承接载体。加强对专业批发市场周边出租屋的管理和整治，全面清理生产、经营、仓储场所违规住人问题，查处非法"住改商""住改仓"等行为，杜绝消防安全隐患。落实市场监管责任制和责任追究制度，强化专业批发市场的交通整顿，优化市场周边环境。分类推进、系统优化专业批发市场、货运站场规划布局，推进完善公共配套设施和建立信息发布、价格指导、在线交易等行业性公共服务平台，打造精品型的都会区现代展贸市场群。建成以产业为基础、以市场为依托，集批发交易、旅游购物、流行趋势发布和仓储服务、物流配送于一体的专业市场综合体，促进市场集群与产业集群融合发展。

四、加快构建大宗商品交易与定价平台

推动现有大宗商品交易平台做大做强，支持华南有色金属交易中心、广州商品交易中心等新建设平台建设，努力争取组建国家级珠宝玉石交易所、广州钻石交易所等高端交易平台，形成辐射海内外的塑料、煤炭、金属材料、粮食、木材、化工、汽车及零配件、机械、珠宝玉石、医药、服装、皮革皮具、果蔬等重点商品交易平台。建立大宗商品交易价格指数编制与发布机制，打造具有国内外广泛影响力、辐射力的"广州价格"。发挥广州高新区作用，建设高新技术产品国际交易中心，加快高新技术产品贸易发展，实现"制造+贸易"模式创新。发挥南沙自贸试验区政策和临港优势，依托塑料、有色金属、粮油等交易平台（中心），打造临港国际大宗商品交易平台。推进大宗商品交易平台规范化、规模化发展，促进大宗商品交易市场向现代交易场所有序转型，推动具有交易、结算、融资、物流配送等综合功能的电子交易中心建设，使之成为商品集散中心、流通加工中心、价格形成中心和信息发布中心，掌握资源配置主导权。

第五章 发展电子商务，建设网络商都

在信息化、网络化的浪潮推动下，电子商务获得迅猛发展，深刻影响着人们的日常生活方式，代表着未来商业贸易方式的发展方向，已经成为全球经济的最大增长点之一，是信息社会商业贸易活动新的基本形态。十几年来，中国电子商务飞速发展，各城市纷纷打造以电子商务为核心的新商业体系。杭州实施了打造"世界电子商务之都"的宏伟规划，并制定了一系列相关政策措施，已经成为名副其实的世界电子商务中心城市；北京商务部门尝试打造京津冀环渤海电子商务圈以确保自己的优势；上海将"电子商务行业"列为十大重点发展产业之首，以确保其电子商务创新创意继续引领潮流；深圳紧锣密鼓创建"电子商务示范城市"。广州要在激烈的竞争环境中脱颖而出，建成国家级电子商务示范城市和亚太地区重要的电子商务中心，必须认清广州电子商务发展的现状以及在国内所处的发展形势，制定翔实的发展计划，才能全力推动广州从"千年商都"向"现代商都""网络商都"迈进。

第一节 网络商都在时空上的扩展

一、什么是网络商都

随着信息技术在传统商贸流通业的渗透，基于电子信息网络、银行电子支付和结算等电子化手段进行的网络商业活动应运而生。电子商务是指商品买卖双方在不同空间，以互联网作为商品展示与买卖双方沟通平台，以电子支付和结算作为支付方式，以快递等物流体系作为商品配送方式进行的商品交易活动。网络商都则是建立在先进信息互联网技术和电子支付体系基础上，以完善的物流配送体系作支撑的，大型网商企业集聚与网络商业交易活动非常活跃的城市。电子商务除了商业的交易方式与传统商业有巨大的差异外，生产的组织方式、商家的宣传推广模式以及消费者的消费习惯均发生着重大的变革。

网络商都都有以下特征：

一是商业交易电子化。这是网络商都的最基本特征，网络商都是建立在信息技术和互联网技术高度发达和普及程度较高的基础上，商家通过互联网进行商品展示及宣传推广；买卖双方在不需要见面的情况下，通过互联网进行商业沟通洽谈；支付环节也是通过电子支付和结算方式进行，互联网和现代信息技术几乎渗透于商业活动的每一个环节。

二是商业运作高效化。首先，由于互联网及现代信息技术的普及应用，交易双方通过网络进行商业活动，有效消除了时空差距，使商业交易变得更快捷方便。消费者足不出户就可购买到所需商品，因而极大地节省了购物时间，免除了舟车劳顿的痛苦，更可利用工作间隙的少许时间完成商品购买。其次，处于网络端点的商家和消费者可以直接联系，降低了传统的中间商层次存在的必要性，从而显著降低了交易成本，提高了经济效益。此外，生产商可以根据网络订单有效安排生产，能有效减少库存，缩短生产周期，增加商业机会。

三是商业辐射全球化。消除时空差距是互联网使世界发生的根本性变化之一，与传统商都不同，网络商都的辐射力不再受地理距离的因素限制。只要能连上互联网，网络商都的商家可以面对全球的消费者，同样，网络商都的消费者也可以在全球的任何一家商家购物。

四是商品服务个性化。在传统商都经济中，通常以全体顾客为对象的大批量生产、大众化销售方式。而网络商都的生产组织形式则具有需求导向性。由于互联网的互动作用，企业易于了解消费者的个人偏好，可以借助于网络和计算机，适应个人的需要，有针对性地提供低成本、高质量的产品或服务。

五是产业发展融合化。电子商务改变了过去产销分工的格局，生产厂家可以直接上网销售，取消了中间差价，降低了销售价格。拥有设计和销售能力的商家也可以直接下订单代工，降低了进入制造业的投资风险和人力资源成本，产业发展的深度融合是网络商都发展的大趋势。电子商务具有强大的渗透作用，能应用于农业、工业、服务业的多个领域，其现代技术的应用能充分发挥信息资源的倍增作用，深化行业间的有效融合发展。此外，还能整合上下游关联企业的相关资源，促进企业的协同发展。

二、网络商都是商贸产业升级转型的重要步骤

加快网络商都建设对广州商贸业升级转型具有很大的促进作用。

首先是有利于创新商业模式，丰富商业业态。当前，流通业态已经从第一代的百货大楼，第二代的自选商场（超市），第三代的连锁经营，第四代的"shopping mall"为代表的模式向第五代的主题综合体、第六代的体验商业乃至第七代的电子交易转变。电子交易作为传统商业与现代科学技术相结合的一种新的商业模式，主要包含三种商业类型，如B2B（business to business，企业对企业）、B2C（business to customer，商家对顾客）、C2C（customer to customer，消费者间）。通过不断的发展和创新，又逐渐产生了团购、在线旅游、移动电商等多种新的商业业态。发展网络商业，必然使城市的商业业态更丰富多元。在现在这个物品丰盛的消费时代，消费方式的多元化给了人们更多的消费体验，这也是国际"购物天堂"必须具备的条件，能有效增加国际"购物天堂"的吸引力和商业氛围。广州曾经是国内流通新业态发展的领军者，在新的历史时期，特别是进入信息时代后，广州在"千年商都"的基础上全面打造"网络商都"，是顺应电子交易时代的来临，继续抢占流通业态新潮流的引领地位，丰富商业业态，建设国际"购物天堂"的必然要求。

其次是有利于提升商业美誉度和国际知名度。网络商都运行的电子信息化，有效消除了地理空间的限制，其面对全球的消费者，将城市的商品通过网上交易销往世界各地，大大提高了商都的辐射力和商业美誉度。此外，电子互联网除了作为商品展示平台，更具有良好的宣传广告作用，海外消费者只需通过浏览网页就有可能获得商家的信息，其传播范围广泛、交互性强。商品的销售和互联网平台进行的商品展示，使更多的海外消费者通过商品、网商了解和认知商都。而国际"购物天堂"从更高层次而言，主要靠境外游客的强力支撑，网络商都的发展将吸引更多的境外消费者前往城市旅游购物。从千年商都向网络商都发展，是走向国际化商都的转变之一，是助力国际"购物天堂"发展的重要举措。

最后是有利于引领新兴消费潮流，发展时尚产业。网上购物，这个随着互联网的发展而出现的新的购物方式，正逐渐成为消费潮流。无须出门方便

快捷的网络方式正在为越来越多的消费者所热衷，网上购物正在从过去少数人的时髦消费，演变为一种大众化的消费潮流。不论是腰缠万贯的大富翁、时尚的白领丽人还是普通的工薪阶层，其中大部分人可能都有过网上购物的经历。而年轻人较易接受新生事物，因此他们目前仍是网购的"主力军"。与此同时，年轻人还是时尚产品消费的主体。有专家认为，时尚类品牌和时尚产品更加适合国内网络购物市场的未来发展，时尚元素将成为网络购物的核心。因此，发展网络购物有利于引领新兴消费潮流，发展时尚产业。

第二节 规范发展是必由之路

网络商业在近两年得到了较快的发展，但不论是从网络购物用户的角度，还是市场整体发展的角度来看，目前国内网络购物都处于发展初期，市场将经历从产生到发展再到完善的一个过程。结合当前发达城市网络商业的发展历程以及网络商业的行业特征，未来网络商业发展的趋势主要有以下特点：

一、移动电子商务将成为重要模式

移动电子商务就是利用手机、PDA及掌上电脑等无线终端进行的网上商业活动。它将互联网、移动通信技术、短距离通信技术及其他信息处理技术完美地结合，使人们可以在任何时间、任何地点进行各种商贸活动，实现随时随地、线上线下的购物与交易、在线电子支付以及各种交易活动、商务活动、金融活动和相关的综合服务活动等。随着移动终端设备大量普及，移动电子商务市场蓬勃发展，据《中国互联网络发展状况统计报告》统计显示，截至2018年12月，我国网民规模达8.29亿，全年新增网民5653万，互联网普及率为59.6%，较2017年年底提升3.8个百分点。截至2018年6月，中国网民使用手机上网的比例达98.3%，较2017年年末提升了0.8个百分点；使用台式电脑、笔记本电脑上网的比例分别为48.9%、34.5%，较2017年分别下降4.1、1.3个百分点。移动互联网的发展势头已大大超过传统互联网。未来电子商务也将借助移动互联网获得更好的发展，涉足移动电子商务的电商企业会越来越多。移动电子商务不受时间、地点限制，实现随时随地进行各种商贸活动的优势，进一步提升用户的购物体验，将成为网络商业的一大增长点，占据更多的市场份额。

二、网络商业与物流行业将融合发展

随着网络零售市场的高速发展及网络零售商对客户满意度的重视，电商行业对物流的需求及物流服务质量的要求也越来越高，中国消费者将更重视互联网上商家的物流服务及其他增值服务，相比而言，产品种类的丰富程度以及对某项产品的深入程度则略显次要。因此，未来只有把那些物流作为其核心价值组成部分并且已经掌握其中诀窍的企业才能在中国电子商务市场竞争中取胜。目前，我国第三方物流服务体系仍不完善，物流配送效率和服务质量一直是网络商业发展的重要方面和制约因素，电商企业为了获得客户的满意度不得不自建物流。目前，自建物流的有京东商城、凡客诚品、当当网、亚马逊中国等电商企业。出于用户体验度的提高、优质的管理等因素电商自建物流的风潮短期内还将继续。就当前国内发展环境来看，"自建物流"有效提升了电商企业的服务质量，但这并不意味着"自建物流"将成为今后网络商业发展的大势所趋。由于网络商业业态多样，企业规模与实力不一，"自建物流"只是少数有实力的大型电商企业的选择。随着科学技术的不断发展，社会化分工越来越专业和精细，电子商务企业的物流将比第三方物流成本更低、效率更高。电子商务企业物流发展的趋势将会是社会化，向社会开放，成为第三方社会物流，作为物流体系中的一个新宠。

三、网络商业发展将逐渐趋于规范化

网络商业因行业准入门槛低，发展十分迅速。据中国电子商务研究中心监测数据显示，截至2016年12月，中国电子商务服务企业直接从业人员超过305万人，由电子商务间接带动的就业人数，已超过2240万人。过快的发展导致行业暴露出很多问题，也因此引起了有关部门的注意。2015年，国家发布《国务院关于大力发展电子商务加快培育经济新动力的意见》（国发〔2015〕24号），2016年国家发展改革委、中央网信办、商务部等部门联合出台了《促进电子商务发展三年行动实施方案（2016~2018年）》，制定了《电子商务"十三五"发展规划》，部署了加快电子商务提质升级、推进电子商务与传统产业深度融合、发展电子商务要素市场、完善电子商务民生服务体系、优化电子商务治理环境等5项重点任务，围绕加快建设电子商务信息基础设施、加快培育新模式与新业态、加快发展电子商务要素市场、加快创建电子商务新秩序等4个方面提出17项专项行动。《国务院办公厅关于深入实施"互联网+流通"行动计划的意见》明确了加快流通转型升级、推进流通创新发展、加强智慧流通基础设施建设、鼓励拓展智能消费新领域、大力发展绿色流通和消费、深入推进农村电子商务、积极促进电子商务进社区等7项重点任务，强调加快完善流通保障制度等5项保障措施。2016年12月19日，《中华人民共和国电子商务法（草案）》首次提请全国人大常委会审议。草案设总则、电子商务经营主体、电子商务交易与服务、电子商务交易保障、跨境电子商务、监督管理、法律责任和附则八个章节，共九十四条。标志着网络商业将进入法制阶段，未来网购体系将走规范化道路，网络消费者会更有保障。

四、资本市场是电商企业资金扩张的重要渠道

电子商务企业随着战略的扩张，需要不断地消耗资本，融资需求将不断上升。中国网上流通市场正呈现快速增长之势。2012年3月23日，唯品会在美国纽约证券交易所正式挂牌上市。唯品会的上市对于国内电商而言也算是一剂"兴奋剂"，给处于"资本寒冬"中的电商企业们带来信心。大牌B2C电商企业依旧在寻找最佳上市时机如京东商城、凡客诚品。IPO无疑是这些大牌们的目标与衡量成败的一个重要指标。

目前，在中小企业融资难的问题上，各大B2B企业也看准了这一蓝海领域试图率先进入抢占行业制高点。随着阿里巴巴、网盛生意宝、金银岛等在线B2B企业开展网络融资服务的成功，银行也开始加大对在线B2B市场的开拓。现有能提供网络融资的电子商务平台当中，就有中国银行、建设银行、工商银行等国有银行涉足，未来基于第三方电子商务平台的网络贷款将成为B2B企业转型阶段的行业增长点。

在2017年第三季度中国电子商务投融资市场中，电商企业的风险投资金额为34.68亿元，较2016年同期有所下降。这与电商企业估值偏高，回报不

确定以及国际融资环境不佳有关,风险投资机构观望情绪较重。而对于已上市的电商相关企业来说,发行企业债券是个不错的融资手段,中国电子商务研究中心助理分析师周翔认为。2017 年第三季度中,苏宁电器(002024,SZ)和携程网(纳斯达克股票代码:ctrp)先后发行 80 亿元和 1.4 亿美元的企业债券,为企业募集到了长期发展资金,对企业发展非常有利。同时,第三季度电商企业并购也较往期活跃,据中国电子商务研究中心监测显示,第三季度总共 5 起电商并购事件,其中苏宁电器 6600 万亿美元并购母婴 B2C 红孩子最为典型。红孩子被苏宁易购收购,也从侧面反映出资本希望沿袭以往互联网 IPO 经验已经越来越困难。这是资本希望沿袭以往互联网 IPO 经验的一个失败。

第三节 企业实力的逐步提升

应电子商务的迅速发展,广州市制定了《关于加快建设国际商贸中心的实施意见》,要求强化国际商贸中心的电子商务功能和物流功能,采取有力措施促进现代物流、电子商务大发展大繁荣。下一步,将通过资金扶持、人才培养、产业聚集、推动传统厂商"触网"等措施来营造广州电子商务营商环境。

一、广州电子商务的蓬勃发展

广州市不断优化电商产业发展环境,鼓励电子商务企业创新发展,推动电商产业集聚发展,促进电商企业做大做强,产生良好的经济和社会效益。2017 年全市网上商店零售额 786.68 亿元,同比增长 19.3%,高于全社会消费品零售总额增速 11.3 个百分点,与 2016 年同期相比增速有所放缓,但是仍呈快速发展态势。快递业务量 39.33 亿件,连续四年居全国第一。电子商务企业竞争力不断提升,阿里巴巴、慧聪网、京东商城、卓越亚马逊、苏宁易购等一批企业在广州设立区域总部,广州酷狗计算机科技有限公司等 10 家龙头企业被认定为国家电子商务示范企业。认定广州市电子商务示范企业 50 家,全市开展网络销售的电子商务企业超过 20 万家,其中上市企业 16 家,新三板企业 23 家。广州被评为国家移动电子商务试点示范城市、中国电子商务应用示范城市、中国电子商务最具创新活力城市等殊荣。

广州电子商务具有以下特点：

产业集聚已经形成。广州已经成功打造黄埔国家电子商务示范基地，建成华南地区电子商务运营中心，被有关部门评为国家电子商务示范城，中国电子商务最具活力城市和跨境贸易电子商务服务试点城市，培育出5家国家级电子商务示范企业，32家省级电子商务示范企业，9家上市龙头企业，2014年年末，全市开展电子商务的企业单位共有20878户，覆盖批发和零售业、制造业等16个行业，全年电子商务交易额5436.07亿元，其中限额以上批发和零售业法人单位销售额814.16亿元，同比增长86.4%，限额以上网上商店零售额509.74亿元。同比增长63.1%。此外建成的其他知名园区还有海珠区南中轴电子商务产业带，番禺区岭南国际电子商务产业园等。两大国家电子商务示范基地集聚效应明显。广州云埔电子商务园区集聚了120多家品牌电子商务企业和电子商务服务机构，形成了"龙头企业+小微企业"的集聚模式，综合电商、垂直电商、金融电商、跨境电商和传统企业应用电子商务多业态综合发展。广州荔湾区花地河电子商务集聚区规划了10个重点园区，包括唯品会、广新信息大厦、广佛数字园（一、二、三期）、岭南电子商务园（梦芭莎）、广东塑胶交易所（广州圆）等，是国家商务部批准成为第二批"国家电子商务示范基地"，已发展成为千亿级产业集聚区，共聚集电商企业130家，包括唯品会、摩拉、绿瘦、七乐康、广东塑胶交易所等省级电子商务示范企业。

空间布局日趋平衡。电子商务产业园区是电子商务的重要空间形态，也是电子商务产业集聚的主要载体，广州市已经建成或规划筹建的电子商务和移动互联网经济区共11个，形成了1+1+9的布局思路，推动电商集聚区和示范基地建设，逐步形成了"一核引领、两翼齐飞、多区联动"的发展格局。琶洲互联网集聚区初具规模。琶洲互联网创新集聚区是广州"十三五"期间重点打造的城市中心片区，地处琶洲岛西端，西依广州塔，北望珠江新城和金融城，东接琶洲会展中心。2016年8月15日，广州市政府通过《琶洲互联网创新集聚区产业发展规划》，提出建设成为互联网领军企业总部云集、互联网产业服务体系完善、互联网创新创业环境优越的琶洲新型CBD核心区。琶洲互联网创新集聚区坐落于海珠区琶洲岛，总占地面积37万平方米，总建筑面积320万平方米，规划50个地块，分为示范区、配套区、拓展区三个区域。已吸引了腾讯、阿里、复星、国美、小米、YY、唯品会、环球市场、康美药业、粤科金融、粤传媒等企业入驻，项目总投资规模超470亿元。

"淘宝村"四处开花，网络商都生态体系已经建成。依托各区的产业特色和比较优势，广州还形成了一批"淘宝村"，主要集中分布在白云、黄埔、番禺、增城等区。"淘宝村"是大量网商聚集的村落，电子商务年年交易额达到1000万元以上；本村活跃网店数量达到100家以上，活跃网店数量达到当地家庭户数的10%以上。中国淘宝村呈现跨越式发展。这些淘宝村广泛分布于17个省市区，其中，浙江280个，位居榜首。广东157个、广州淘宝村数量为38个，位居全国第6位。其中，广州的番禺区南村镇里仁洞村、白云区京溪街道犀牛角村、白云区太和镇大源村、白云区太和镇龙归村的活跃网店数位居全国前四位，花都区狮岭镇益群村排第六位。大源村位于白云区太和镇东南部，距离广州市中心城区12公里，辖区面积多达25平方公里，被称为广州第一大村。白云区位于广州北部，扼守广州交通要冲，与广州火车站、省市客运站、广州交易会场所毗邻。近年来，白云区成为华南地区物流中转基地，各类物流园区、货运市场达82家。陆港交通四通八达，汇聚了大量人流物流，商贸活跃。白云区规模以上的专业市场达186个。白云区土地租金便宜，吸引了大量从事皮具、服装、鞋业、化妆品、汽车零配件等轻工制造企业快速集聚发展，形成了众多专业零售批发商圈。这与白云区淘宝村经营业态是一致的。

跨境电商规模连续四年全国第一。2017年广东跨境电商进出口达441.9亿元，增长55.1%，连续四年规模居全国第一，广州海关共审核255.4万票跨境电子商务货物电子清单，位列全国第三，是2016年的3倍，货值6.3亿元，是2016年的3.8倍。广州大胆探索、创新发展，出台跨境电商发展政策，商务、税务、财政、旅游等多部门持续优化业务流程和服务，在南沙国际邮轮码头和广州火车东站增加离境口岸，推动线上线下融合发展，促使跨境电商产业取得超常规发展。

移动商务平台迅速发展。广州市较早地开展移动电子商务平台的建设，移动电子商务平台发展迅速，是"国家移动电子商务试点示范城市"。广州大力推进专业市场的移动电子商务应用示范工程，推动广州华南金属材料交易中心、狮岭国际皮革皮具城、广州国际玩具礼品城、广东鱼珠木材市场等建设专业电子商务网站掌上版，推动汽车、电子信息、塑料、钢铁、皮革皮具、玩具礼品、服装、珠宝、中药材、茶叶和农产品等专业市场移动电子商务应用。诞生于广州的微信在支付领域取得了突飞猛进的成绩，2018年第一季度中国移动支付的交易额已经达到了40.6万亿元，同比增长了6.99%，其中，支付宝占据了53.76%的市场份额，微信支付占了38.95%的市场份额，二者的市场份额达到了92.71%，在中国占据了绝对的统治地位。微信支付已经扩张到了40个国家，实现了13种币种结算。移动支付已经渗透到中国商品交易的各个角落，小到超市结算，大到企业货款往来，很多都采用了移动支付这一快捷手段。

批发市场体系依托电子商务实现转型升级。广州作为华南地区的商品流通中心，批发市场体系完善，不但批发市场数量众多，而且商品系统完整，是全国商品的重要集散地。随着电子商务的深入应用，广州市大大小小的专业市场也纷纷开始"触网"，大力发展网上交易。广州专业市场"触网"的模式主要有两种，一是由专业市场管理者为主体，自建电子商务平台。如广东鱼珠国际木材市场是全国最大的木材及制品综合批发市场，该市场依托自身优势，创办了"鱼珠木材网"，成为中国木材行业最大的电子商务网站，也是全球知名的木材资讯和企业展示交易平台。二是由第三方作为主体，整合某一区域或某一类专业市场，建立电子商务交易平台。如"站西鞋城网"，该平台由广州奇码科技有限公司负责技术研发和市场运营，整合了广州火车站以西12家大型的专业鞋业市场，共同组建的网上鞋批发平台，已经成为全球最大的鞋业批发网站，入驻鞋企达到5000家，创造了新产品发布量全球第一、专业询盘量全国第一、网站访问量全国鞋业第一等三项第一。以上两种模式成功发展的基础，除了运营团队的成功运作以外，更加离不开这些专业市场的原有产品基础，它们为电子商务平台的发展提供了赖以生存的用户及渠道资源。

二、广州电子商务存在的问题

广州电子商务产业存在龙头企业不强的问题，与杭州等国内电子商务主要城市相比，没有世界级的电商企业，企业规模、辐射影响力和行业整合能力均存在差距，广州本土电子商务平台数量众多，但不论是B2B还是B2C的本土电子商务平台企业大都规模小、实力和影响力较低。在广州注册的电子商务平台企业，基本没有国内外叫响的品牌平台，一是本土电子商务平台企业建设规模较小,层次较低、商业资源分散,呈现出"数量众多,规模偏小、缺乏龙头"的特点。二是产业梯队尚未有效形成,处于第二梯队的企业尽管发展快速,但在规模与数量上都有待提升。大量的网店竞争激烈,亟待整合与创新。三是专业人才缺口明显,人才培养与产业发展速度不相匹配,高端人才短缺严重,人才流动大。四是电商服务业大而欠强,规模企业偏少,小微企业居多,缺乏创新,新兴网络商业服务发展滞后,缺乏大型物流仓储用地,电商服务企业间合作共赢模式有待探索,电商服务的标准化与透明化程度还需提升。五是电子商务与产业融合亟待有效创新,制造业企业的电子商务深度应用缺乏有效的发展战略,专业市场等流通业态与电子商务的融合模式尚处于不断探索之中。六是体制创新任重道远,政府监管面临挑战,管理机构设置与协作尚待进一步优化。

第四节 全面覆盖和集聚发展

一、推动电子商务集聚区、平台、龙头企业规范化发展

加快建设电子商务产业集聚区。强化电子商务产业园分类规划,依据错位发展、分层次建设的原则,加快推进"1+1+9电子商务与移动互联网集聚区"规划建设,即海珠区琶洲电子商务与移动互联网产业总部区、荔湾区白鹅潭电子商务与移动互联网产业集聚发展区以及越秀、天河、白云、黄埔、花都、番禺、南沙、从化、增城等9个产业基地等,形成总部引领、集聚发展、各具特色、优势互补、协同发展的电子商务和移动互联网产业集群。对于合乎条件的基地、园区等电子商务集聚区,按规定给予相应的资金扶持,支持集聚区基础设施建设和公共服务平台建设;分层次对电子商务园区管理机构进行专项补贴,支持园区为入驻企业完善电子商务配套设施,提供信息服务、宣传推介、培训交流等服务。建设广州国际电子商务总门户网络交易平台,提供政务、商务、信用、撮合、交易、结算、保险、物流等多种网络服务及多语种服务。建设"网上广交会",与实体广交会高效联接,把实体会展延伸到"全天候"采购交易。依托专业市场和产业集群,进一步整合行业电子商务平台的资源,培育若干集交易、物流、支付等服务于一体的行业

电子商务平台，推进现有行业电子商务平台由信息流服务向信息流、商流、物流和资金流综合服务发展。规范发展大宗商品电子商务交易平台，支持有条件的生产资料流通企业和专业批发市场开展大宗商品网上交易，提供网上交易、银行结算、联盟仓储、物流加工、质押融资、咨询发布等全方位一体化服务的区域性、社会化的电子交易平台，打造"广州价格"指数。培育和引进综合性电子商务平台，重点支持综合性电子商务平台提升服务能力、延伸服务功能，拓展业务范围，加快形成向中小企业提供电子商务应用服务的普及覆盖。积极引进国际国内电子商务龙头企业的区域总部、营销中心、数据中心、结算中心、研发中心等高端项目。

二、深化电子商务应用，推动传统产业转型升级

推动传统商贸企业借助第三方电商交易平台或自建电商平台开展O2O模式营销，鼓励做大B2C（企业对消费者）、B2B（企业对企业）、C2B（消费者对企业）等方式网络营销。支持工业骨干企业通过专业化网络平台向品牌化、规模化发展。发挥专业市场集群优势，重点支持服装、医药、茶叶、玉器、花卉、生鲜、水产干货、家居建材等专业市场发展电子商务平台，打造一批垂直领域电商平台。鼓励文化、旅游、物流、医疗、金融、餐饮等服务领域打造一批专业性电子商务平台。推动制造企业电子商务应用。重点发挥支柱制造业企业供应链一体化电子商务应用的示范带动作用，构建采、产、供协同电子商务信息平台，推动企业内部网络资源整合及与外部电子商务平台对接；推动战略性新兴产业相关领域在供应链一体化与标准认证的信息应用服务相互对接。推进商贸企业电子商务应用。鼓励传统零售企业、贸易企业建立或应用现有网络购物平台，发展线上线下联动的新型营销模式。按照"区区有特色、区区有亮点"的原则，依托建材、木材、茶叶、鞋业、服装、皮革皮具、汽配、电子数码产品、酒店用品、农产品等专业市场，引导市场商户开展在线洽谈、网上贸易，推进商品交付标准化、交易透明化和监管规范化。加快发展网络营销。鼓励大中型零售企业和生产企业创新发展B2C网络营销，组织参加"广货网上行"活动。积极发展数字影视、网络音乐、网络文学、网络广告等网络新媒体，提升数字出版、游戏动漫的网络销售比重。鼓励发展网络零售平台和生活服务业综合消费平台，建立虚拟特色商业街区。建立完善信息全面及时、服务渠道多元化的旅游信息公共服务体系，大力发

展电子客票、电子货单等，整合优质旅游资源，扶持具有实力和发展潜力的电子商务企业发展壮大。推动移动电子商务发展。加快国家移动电子商务试点示范工程建设，在手机浏览器、手机购物、手机订票、手机预约、手机广告媒体、手机游戏等应用领域，

三、完善电子商务，支撑基础设施建设

完善电子商务信用体系。推动信用市场和企业经营取得新发展，发挥广州信用网平台作用，整合红盾信息网、银行征信系统及税务、质监等市相关部门的信用信息和质量追溯网站（平台），形成企业信用信息平台，实现信用信息平台与电子商务网站信用信息的交换和共享。加强电子商务信用资源开发利用，建立权威、公正的信用评估机构，发展在线信用服务。建立电子商务企业联盟，抵制不诚信经营，鼓励企业联合建立电子商务信用风险赔偿机制。健全电子商务支付体系。引导和鼓励互联网支付、移动支付、电话支付、数字电视支付等新型支付方式加快发展；推动行业支付平台、第三方支付平台建设，支持有实力的电子商务企业申请第三方支付牌照。增强电子商务安全认证能力，鼓励电子认证的技术研发，加大电子商务认证机构（CA）认证的应用推广力度。增强物流配套支撑能力。利用物联网技术和信息化手段推动产业升级换代，推动广州物流公共信息平台等公共平台服务功能拓展。鼓励电子商务和物流企业运用城市配送运营管理平台，充分运用运输管理系统（TMS）、全球定位系统（GPS）、地理系统（GIS）、仓储管理系统（WMS）等信息化管理手段及智能标签、无线射频识别（RFID）等物流信息化技术，提高物流效率、降低物流成本。

四、实施电子商务技术，创新发展工程

鼓励电商示范企业创新服务、创新技术、创新商业模式和改制上市，合力培育一批具有市场竞争力的"千百十亿"电商龙头企业。引导电子商务企业持续创新电子商务经营模式、盈利模式、服务模式和产业链合作模式等，探索移动电子商务应用、O2O模式、网络社区电子商务、微商、易货交易、旧货交易、网络定制等商业新模式。推动电子商务产业链与应用领域相关主体深入合作，加快商业模式创新和社会化协作机制创新。鼓励电子支付、仓

储物流、安全认证、技术外包等电子商务支撑及衍生服务企业创新技术和服务模式，促进电子商务创新发展。

加强技术应用与商务模式创新的有效结合。推动新一代移动通信、物联网、云计算、三网融合、移动互联网、下一代互联网等信息技术在电子商务的集成应用，支持利用微信、微博、社交网络等创新电子商务服务模式，催生电子商务新业态。完善信息网络基础设施。支持基础电信运营商加快宽带互联网建设，推广宽带网络新技术应用，降低信息化建设和电子商务应用成本。推动新一代移动通信网络、下一代互联网、无线宽带城域网等信息网络发展。

五、加快发展跨境贸易电子商务

以建设国家跨境电子商务综合试验区（以下简称综试区）为契机，发挥广州区位优势、政策优势与产业优势，采用"平台+机制"的建设思路，构建具有"广州元素、中国特色"的跨境电子商务发展促进体系，将综试区打造成为外贸优化升级的加速器和网上"一带一路"的主枢纽，把广州建成中国跨境电子商务发展高地和跨境电子商务中心城市。优化跨境电商模式。以做大做强B2B为重点推进方向，大力推进跨境电子商务零售业务（B2C）、保税网购进口业务（B2B2C），鼓励和支持跨境电子商务多种经营模式的建立和发展，积极构建跨境电商发展服务机制。完善"海外仓"运营机制，建立线上线下融合机制，推进跨境电商公共服务平台建设，提升完善广州国际贸易"单一窗口"平台，优化产业发展保障机制。建设跨境贸易电子商务公共服务平台。引导跨境贸易电子商务经营主体平台与公共服务平台实现对接，对跨境贸易电子商务全流程实现有效监管，将公共服务平台建设纳入电子商务专项资金扶持范围。完善跨境电商仓储物流体系。根据跨境贸易电子商务发展需求，在海关特殊监管区域、保税监管场所或有条件的跨境贸易电子商务园区等区域内设立跨境贸易电子商务仓储物流中心，为经营主体提供入区即退税、仓储、配送、分拣、加工和邮递等服务。推动制订电子商务国际业务合作与行业标准。提升跨境电商的第三方服务。鼓励建设面向细分行业的专业国际贸易平台，为企业提供海外推广、物流、融资等一站式服务；鼓励跨境贸易电子商务第三方交易平台、通关服务平台进行技术改造和技术升级，帮助这些平台在境内外进行推广和宣传。

六、完善电子商务支撑服务体系

完善电子商务信用和支付体系。加强电子商务信用资源开发利用,建立权威、公正的信用评估机构,发展在线信用服务。引导和鼓励互联网支付、移动支付、电话支付、数字电视支付等新型支付方式加快发展;推动行业支付平台、第三方支付平台建设,支持有实力的电子商务企业申请第三方支付牌照。增强电子商务安全认证能力。鼓励电子认证的技术研发,加大电子商务认证机构(CA)认证的应用推广力度。依托广州电子认证和电子签名应用支撑服务平台,建设我市电子商务电子认证公共服务平台。增强物流配套支撑能力。鼓励物流快递企业运用信息化管理手段和物流信息化技术,提高物流效率、降低物流成本。拓宽电子商务投融资渠道。引导金融机构开展多种有针对性的投融资服务,充分发挥市创业投资引导基金的杠杆作用,支持和引导电子商务企业引入风险投资(VC)、战略投资、私募股权投资基金(PE)等资本,发行电子商务中小企业集合债券,推动设立广州市电子商务风险投资基金。支持电子商务企业通过境内外证券市场融资,筛选本土优秀电子商务企业作为重点培养对象,引导和支持企业改制上市。强化电子商务人才培养和引进机制。鼓励高校、中等职校、园区和企业开展合作,加强电子商务职业教育培训。结合国内和海外高层次人才引进计划,建立有效的人才引育和奖励机制。

第六章　构筑外贸优势，提升服务贸易

2018年，美国普遍上调了中国出口美国商品的关税，并威胁继续上调，虽然对部分商品出口的未来预期造成了沉重的压力，但是在2018年中期，中国出口数据继续增长。商务部宣布，2018年外贸进出口较快增长，创同期历史最高水平，前11月规模超去年全年，结构进一步优化，新动能不断积聚。但是总体来说，中国货物出口的增长已触及"天花板"，未来中长期内出口增速上升空间有限，将在低水平企稳，中国和其他新兴工业国贸易顺差将随之减少。我国出口竞争力正处在稳步下滑通道之中，以大宗商品进口为主的一般贸易逆差将持续扩大，总体顺差将呈收窄趋势，贸易顺差占GDP的比例将进一步下行。国际环境倒逼我国要扩大内需、提高创新能力、促进外贸发展方式转变。要由以劳动密集型为主的产业结构向资本和技术密集型的产业结构转变，扩大高新技术产业的外向程度，培育品牌、营销网络和研发设计，由"中国制造"向"中国创造"转变，由单纯货物出口向货物和服务贸易双驱动转变。要继续稳定和扩大中国出口在国际市场中份额，发挥进口对结构调整的支持作用，促进国际收支平衡。

第一节　贸易战背景下国际贸易

一、货物贸易的增长

2018年3月9日，特朗普正式签署关税法令，"对进口钢铁和铝分别征收25%和10%的关税"。2018年3月23日北京时间凌晨，特朗普在白宫正式签署对华贸易备忘录，宣布将有可能对从中国进口的600亿美元商品加征关税,并限制中国企业对美投资并购。2018年7月6日,美国对第一轮价值340亿美元的中国商品正式征收25%的关税。2018年4月2日起,中国对原产于美国的7类128项进口商品中止关税减让义务,在现行适用关税税率基础上加征关税。4月4日,经国务院批准,国务院关税税则委员会决定对原产于美国的大豆、汽车、化工品等14类106项商品加征25%的关税。12月1日晚,国家主席习近平与美国总统特朗普在阿根廷布宜诺斯艾利斯举行会晤。两国元首指示双方经贸团队加紧磋商,达成协议,暂时取消2019年继续加征关税,推动双边经贸关系尽快回到正常轨道,实现双赢。达成共识为双方带来90天窗口期,但贸易谈判仍然存在不确定性。贸易摩擦缓解短期内有望提振国内市场情绪,但未来贸易摩擦演变仍取决于谈判进程。美方除了提出让中国购买更多美国商品外,还在"强制技术转让、知识产权保护、非关税壁垒、网络入侵和网络盗窃、服务业和农业方面的结构性转变"等方面提出了诉求。

据中国海关总署公布的数据显示,2018年前三季度,中国进出口值逐季提升,分别为6.76万亿元、7.35万亿元和8.17万亿元,分别增长9.4%、6.4%和13.8%。2018年中国前三季度进出口情况呈现出七大特点:进出口值逐季提升,第三季度同比增速明显走高;一般贸易进出口快速增长,比重上升;对主要贸易伙伴进出口增长,与部分"一带一路"沿线国家进出口增势较好;民营企业进出口增长,比重提升。金融危机后的10年,中国出口出现了稳步增长,自2009年超越德国成为全球头号商品出口国之后,中国出口以5%的年均速度保持增长,而同期全球出口年增长率不足2%。过去10年间,中国制造业出口份额从12%增加到18%。在中国的出口产品中,外资企业的出口占比较大,约占45%;民营企业出口占比也很高,几乎达到45%;而国企出口的占比仅为10%。由此看来,贸易摩擦和征收关税对我国不同所有制企业出口规模影响不同,外资企业与民营企业遭受更大压力。

上海首届中国国际进口博览会交易采购成果丰硕,累计意向成交578.3亿美元,共吸引了172个国家、地区和国际组织参会,3600多家企业参展,超过40万名境内外采购商到会洽谈采购,展览总面积达30万平方米。2017年,我国货物贸易进出口总值27.79万亿元人民币,比2016年增长14.2%,扭转了此前连续两年下降的局面。其中,出口15.33万亿元,增长10.8%;进口12.46万亿元,增长18.7%;贸易顺差2.87万亿元,收窄14.2%。我国对前三大贸易伙伴进出口同步增长,与部分"一带一路"沿线国家进出口增势较好。同时,从出口企业比重上来看,民企进出口增长,比重提升,进出口总额10.7万亿元,增长15.3%,占我国进出口总值的38.5%。另外,从地域上看分布,中西部和东三省出口增速高于全国整体。

中国货物贸易稳中有进的主要原因有:一是中国经济保持总体平稳、稳中向好的发展态势,多项经济指标总体稳定,带动了中国进口需求的增加。二是国际市场布局更加优化。海关统计数据显示,前三季度中国在与传统贸易伙伴保持良好增长的同时,与"一带一路"沿线国家,与非洲、拉丁美洲进出口贸易均保持了较快增长速度。三是一系列稳定外贸增长措施效应逐步显现。四是外贸增长主要由数量增长推动,也有价格因素拉动。

二、服务贸易增速可观

中国服务贸易近年来保持平稳较快增长态势。2012~2017年,服务贸易年均增长7.8%,规模跃居世界第二位;新兴服务出口占比提高15个百分点;离岸服务外包年均增长近20%;技术出口年均增长超过30%。服务贸易已成为对外贸易发展的新引擎。2018年我国服务进出口保持较快增长,结构持续优化,稳中向好态势进一步巩固。1~10月,服务进出口总额43022.4亿元人民币,同比增长11.1%。其中,出口14211.8亿元,增长14.3%;进口28810.6亿元,增长9.6%;逆差14598.9亿元。从进出口结构看,新兴服务快速增长有力地推动了服务贸易高质量发展。1~10月,新兴服务进出口总额14181.6亿元,增长20.4%,高于整体增速9.3个百分点,高于传统服务进出口增速13.6个百分点,拉动新兴服务占比提升2.6个百分点至33%。其中,新兴服务出口7415亿元,增长25.8%,高于传统服务出口增速22个百分点;进口6766.6亿元,增长15%,高于传统服务进口增速7.2个百分点。但从规模上看,传统服务进出口仍占主体地位,其中旅行17521.8亿元、运输8191.6亿元、建筑1825.6亿元,三者合计占比达到64%。从服务出口看,"中国服务"国家品牌建设带动高端生产性服务出口快速增长。1~10月,服务出口同比增长14.3%,增速高于进口4.7个百分点,其中计算机和信息服务、保险服务、研发成果转让费及委托研发等高端生产性服务出口增长迅速,增幅分别达到66.7%、20.5%和18.3%。从服务进口看,服务消费加速升级推动高附加值服务进口需求不断扩大。随着国内供给侧结构性改革持续推进,制造业转型升级步伐显著加快,我国生产性服务消费正加速升级,对高附加值服务的进口需求持续释放。1~10月,知识产权使用费进口1948.6亿元,增长22.5%;金融服务进口108.8亿元,增长22.1%;计算机和信息服务进口1195.2亿元,增长24.3%;研发成果转让费及委托研发进口368.6亿元,增长18.6%。

中国服务贸易发展向好,主要有三个方面的原因:一是中国经济发展从投资驱动向消费驱动转换的趋势明显,内生动力不断增强;二是服务贸易管理体制机制不断创新,营商环境不断改善;三是数字技术的应用和发展提高了服务的可贸易性,互联网、云计算、大数据等数字技术手段,极大促进了要素跨境流动。

2013年,中国提出了共建"一带一路"的倡议,经过5年的发展,中国与"一带一路"沿线国家服务贸易合作持续推进、势头良好。2017年,中国与"一带一路"沿线国家服务贸易总额达977.6亿美元,同比增长18.4%。中国承接"一带一路"沿线国家服务外包执行额为152.7亿美元,增长26.0%,以数据处理、呼叫中心和供应链管理服务等为主的业务流程外包快速增长。新一代信息技术与实体经济快速融合,加快了对传统服务业进行信息化、数字化改造,企业形态、商业模式、交易方式发生深刻变革,提高了传统服务可贸易性,实现了数据作为新型资源禀赋的跨境流动,使得服务的远程交付更容易实现,出现了在线旅游、远程医疗、网络教育等新型服务模式。

第二节 国内外影响因素和形势分析

一、中国对外贸易战略的不断调整

2008年金融危机之后,世界经济面临前所未有的挑战,而这一背景下中国的外贸政策的调整和变化幅度也相应较大。在金融危机的影响下,中国对外贸易的增长速度大幅下降,全球贸易保护主义也开始盛行,在这一背景下,中国贸易政策设计更多关注政策的稳定性,贸易目标也更为注重长短期结合。2009年国务院第66次常务会议提出"保市场、保份额、稳外需"的目标,而支持企业"走出去"和促进产品内销的长期政策与企业出口投融资支持的短期政策相结合，是中国在金融危机之后贸易政策稳定实施的重要保证。进入 2010 年之后，伴随着金融市场的企稳和实体经济的复苏，"调结构""促平衡"成为这一时期对外贸易政策的主要目标。进入 2013 年特别是 2014 年后，中国对外贸易面临世界经济持续低迷与中国经济增速放缓的严峻形势。一方面，欧美等发达国家和地区推行的跨太平洋伙伴关系协定（TPP）和跨大西洋贸易与投资伙伴协定（TTIP），进一步提高贸易政策标准，企图通过高标准贸易政策将中国经济边缘化；另一方面，伴随着国内经济的发展，中国国内的土地与劳动力要素价格也进一步上升，劳动密集型产品面临东南亚等国家的外在挤压。在这一时期，在中国经济新常态的背景下，积极主动的各项贸易政策应运而生，并通过"高铁出海""核电出海"等措施积极布局对外贸易战略；此外，2013 年 8 月，国务院正式批复设立中国（上海）自由贸易试验区，也成为中国积极开放战略的伟大尝试；同年 9 月和 10 月，习主席分别提出共建"丝绸之路经济带"和"21 世纪海上丝绸之路"的重大倡议，"一带一路"重大构想初步形成。

中国经济在全球经济的份额现在占到 15% 以上，每年世界经济增长的增量中间，中国的贡献率在 30% 以上，无论投资股票市场、外汇市场、债券市场还有大宗商品都要看看中国经济的走势，也就是说中国经济如果不好，全球经济都会受到拖累。近年来中国经济增长中内需特别是消费的贡献率已经大幅度上升。在 2017 年全年 GDP 增长中，消费开支贡献率占 58.8%，资本形成占 32.1%，货物与服务净出口占 9.1%。中国经济增长从过去过度依赖投资和出口向消费投资出口协调拉动的局面转变。

二、我国外贸动力、结构的调整和优化

2017 年以来，中国外贸加快竞争新优势的培育形成，转动力、调结构的特点愈发明显，进出口增长率实现快速增长，连续两年负增长的情况得以扭转。同时，外贸结构优化，国际市场多元化特征逐步凸显，具体表现为：首先，商品结构得到一定程度的改善，高技术含量、高附加值的高新技术产品带头实现快速的出口增长，占产品出口的比重逐渐攀升；其次，贸易方式得到优化，一般贸易出口地位逐渐提高。然而，中国现阶段面临的国内外贸易环境仍较为复杂，世界经济复苏基础并不稳定，贸易保护主义在"逆全球化"浪潮之下逐渐滋生，国际政治局势不稳定，仍存在极大程度的

贸易不确定性。

海关统计显示，2017年，中国对传统市场进出口额回升；同时随着进出口企业积极开拓新兴市场，市场多元化取得新进展。从具体数据上来看，欧盟、美国、东盟和日本进出口额分别增长15.5%、15.2%、16.6%和12.8%，四者进出口额合计占中国进出口总额的49.16%；中国对拉美、非洲国家进出口额分别增长22%和17.3%，分别高于进出口额总体增速（14.2%）7.8个和3.1个百分点。其中，对巴西的出口增速高达32.7%。巴西成为中国第十大贸易伙伴。说明我国"一带一路"倡议开始发挥作用，在出口领域逐渐开始形成多样化格局。2008年以来，中国对"一带一路"沿线国家的出口占比逐渐上升，2013年后这一上升趋势更为明显，截至2016年，中国对"一带一路"沿线国家的出口比重达到27.7%。商务部最新统计数据显示，2017年，中国与"一带一路"沿线国家贸易额为7.4万亿元人民币，同比增长17.8%，增速高于全国外贸增速3.6个百分点。其中，出口额为4.3万亿元人民币，增长12.1%，进口额为3.1万亿元人民币，增长26.8%；中国企业对"一带一路"沿线国家直接投资为144亿美元，在沿线国家新签承包工程合同额为1443亿美元，同比增长14.5%；中国—白俄罗斯工业园等多项重大项目扎实推进，成为"一带一路"经贸合作的典范。

三、劳动密集型产品面临严峻竞争

中国目前在劳动密集型产业的竞争力依然很强，2017年我国传统的劳动密集型产品合计出口为3.08万亿元人民币，增长6.9%，占出口总值的20.1%，仍然是我国的出口主力产品之一。按照美元计算就是4547.13亿美元。劳动密集型产业包括七大类：纺织品、服装、箱包、鞋类、玩具、家具、塑料制品。在这个领域，世界上其他国家的劳动密集型产业也在迅速发展，并且增速还比我国要快，根据有关数据，2013年中国纺织品、服装、箱包、鞋类、玩具、家具、塑料制品等七大类劳动密集型产品出口4618.4亿美元，而到了2017年为4547.13亿美元，总量处于下降状态。海关总局统计数据显示，越南鞋类企业的出口总值一直保持增长态势。具体为，2013年出口额为84亿美元，2014年为103亿美元，2015年为120亿美元，2016年达到了130亿美元，2017年达到了146亿美元。中国的鞋类出口金额，2012年443.64亿美元，2013年481.48亿美元，2014年538.38亿美元，2015年511.12亿美元，2016 年 448.78 亿美元，2017 年为 456.6 亿美元。从 2014 年开始就出现了连续的下滑，过去的五年基本上没有增长。除了越南和印度尼西亚，土耳其、孟加拉国、柬埔寨、巴基斯坦也加入了国际竞争。根据世界贸易组织数据，2017 年，孟加拉国出口成衣 290 亿美元，占世界成衣市场份额由 2016 年的 6.4% 提升至 6.5%，保持世界第二大成衣出口国地位。2017 年，中国出口成衣 1580 亿美元，位居世界第一，越南（270 亿美元）和印度（180 亿美元）成衣出口分别位居第三和第四。2017 年，越南鞋类出口金额已经达到中国的 32%，服装成衣出口金额占到中国的 17.1%，这对人口只有中国 10% 都不到的越南来说，是很了不起的成就。

四、贸易战的中长期影响分析

贸易战的影响不容小视。短期来看，尽管 2018 年 7 月、8 月对美出口未受影响，但与出口商担忧贸易战不确定性较大，提前抢出口的现象有关。2018 年美东、美西运价指数大涨，赴美航班爆仓、运力不足，恰恰反映出中国对美出口"较好"数据背后的隐忧。2017 年中国对美商品出口占中国商品总出口的 19%，对美商品出口不仅集中在传统的劳动密集型产业上，随着中国制造业的升级，资本密集型产业如电子机械等产品对美出口也大幅增加。对美出口为中国创造不少就业机会，贸易战越演越烈可能引发失业问题。虽然从理论上，中美爆发贸易战后，中国对美国的商品出口可以转向其他国家地区。但当前中国主要出口商品在其他几大出口国的进口额中所占的比重已相当之高，进一步提高出口比例和市场占有率的空间极其有限，要想找到美国市场的替代市场是十分困难的。近期新兴市场风险加大，中国向新兴市场国家进一步出口转移的难度不小。出于对中美贸易战前景不确定的担心，越来越多跨国企业对中国投资存在迟疑，并在逐步调整其全球布局。对待贸易战，既不要谈虎色变，也不能小视蔑视。虽然贸易战的显性影响可以推算，但贸易战升级，其对投资前景、企业家信心、产业链以及上下游行业的影响都是难于估算的。因此，保持警惕，做好积极应对仍是必要的。

对于中国对美国出口创历史新高、对美贸易顺差也创历史新高的原因，部分分析人士认为是中国企业预感到美国对中国产品加征关税可能造成影响，因而竭力赶在美国对另外 2000 亿美元中国产品加收 10% 关税之前大规模抛售产品。另外，人民币持续贬值，以及圣诞节和万圣节即将来临等利好因素，缓解了美国惩罚性关税导致的中国商品价格上涨。中国企业转向生产更复杂的产品，改变了中国与发达国家之间的贸易。过去十年中，中国出口美国的商品中电信和运输设备以及汽车零部件所占比例增长，而纺织品和鞋类所占比例缩减。尽管中国在中等技术产品上的表现日益突出，但中国离高科技制造业前沿仍有很大距离。在计算机芯片、柴油发动机和乘用车的出口市场上，中国还有很大的开拓空间。

中国对美国在关键技术进口以及融资上也有一定的依赖。例如，中国进口美国的高科技产品如芯片类，其关键技术只有美国持有，一旦美国停止此类核心技术的对华出口，可能会对中国的产业供应链有所冲击。例如，英特尔和 AMD 在个人电脑 CPU 使用中非常普及，中国手机绝大多数亦安装 GPS 全球定位系统，一旦爆发贸易战，中国在寻找此类技术的替代时将会十分困难。而之前美国对中兴的制裁，让极度依赖美国芯片的中兴通讯几乎陷入了停滞的状态。可见，在芯片等核心技术领域，中国还没有拥有自主研发和生产的能力，一旦贸易战演变成科技战，上述领域的企业负面冲击也将十分巨大。对美国出口量最大的电子机械与设备，日本从中国的进口已占其全部进口的 49.6%，韩国从中国的进口占其全部进口的 40.7%，德国占 23.0%，英国占 22.7%，想要依靠这些国家来消化更多的中国进口商品其实相对困难，而非主要贸易国的市场规模又相对有限。此外，受美元走强的影响，近期新兴市场风险加大，中国向新兴市场国家进一步出口转移的难度不小。对待贸易战，既不要谈虎色变，也不能小视蔑视。虽然贸易战的显性影响可以推算，但贸易战升级，其对投资前景、企业家信心、产业链以及上下游行业的影响都是难于估算的。在外部压力加大的当下，加快改革开放，将中美贸易战当作中国"二次入世"的外在动力，是以不变应万变之法。

第三节　总体向好的广州外贸

一、总体态势向好

近些年来，广州外贸增速处于频繁波动态势，2009 年和 2016 年跌入波谷，出现了两次负增长，2010 年和 2017 年反弹上升，出现了新的峰值。从出口看,2009年和2016年出现负增长。从进口看,2012~2013年和2015~2016年出现负增长。2017年,广州外贸出现恢复性增长的转机,实现了比较快的增长,按照美元计价进出口贸易达到10.77%的增速,其中,出口为9.13%,进口为13.27%,出现了少有的进口增速超过出口增速(见表6-1)。按人民币计价,广州外贸增速为13.74%,其中出口增速为12.28%,进口增速为15.96%。其进出口增速远远高于广东(8.0%),略低于全国(14.2%),其中出口增速都高于广东(6.7%)和全国(10.8%),进口高于广东(10.1%),低于全国(18.7%)。

表6-1 广州进出口贸易额及增速 单位:亿美元,%

年份	进出口		出口		进口		顺差
	贸易值	增速	出口值	增速	进口值	增速	
2011	1161.71	11.94	564.73	16.73	596.98	7.78	-32.25
2012	1171.31	0.83	589.12	4.33	582.19	-2.47	6.93
2013	1188.89	1.50	628.07	6.61	560.82	-3.67	67.25
2014	1306.00	9.85	727.15	15.78	578.85	3.20	148.30
2015	1339.24	2.55	811.89	11.66	527.35	-8.89	284.54
2016	1297.06	-3.10	786.07	-3.16	510.99	-3.01	275.08
2017	1432.33	10.77	853.16	9.13	579.17	13.27	273.99

资料来源:根据《广州外经贸白皮书》(历年)、广州市商务委"广州进出口统计简报(月报)"等资料整理。

民营企业持续表现活跃。在总的外贸增速回升的形势下,各类主体增速分化比较大。2017年,国有企业外贸增长2.62%,外资企业外贸增长2.01%,民营企业高速增长21.12%。由此引起各类主体份额的变化,广州国有企业进出口份额为14.82%,外资企业份额为42.67%,民营企业份额为41.28%,分别比2016年下降1.13个、上升3.65个和下降3.52个百分点。从总的趋势看,国有企业参与外贸的优势逐步下降,近几年的份额逐步下滑;外资企业外贸份额同样是逐步下滑,自2015年跌破50%以后,连续三年下降;民营企业外贸份额自2009年国际金融危机后稳步上升,表明民营企业逐步获得外贸竞争新优势,表现出强劲增长。

2017年,广州外贸市场多元化水平有所提升,前五大贸易伙伴依然是欧盟(14.89%)、美国(12.84%)、东盟(12.75%)、日本(9.62%)和中国香港(9.09%),合计占比为59.19%,比2016年的60.44%下降1.25个百分点。2017年，广州与欧盟的外贸值同比增长18.81%，对欧盟进出口值比重上升1.05个百分点，欧盟继续保持广州的第一大贸易伙伴地位；广州与美国外贸值同比增长8.36%，低于广州外贸值平均增速，拉低市场份额0.24个百分点；广州与东盟外贸值同比增长16.99%，提升市场份额0.71个百分点；广州与日本外贸值同比增长7.93%，低于广州平均外贸增速，拉低市场份额0.22个百分点；广州与中国香港外贸值同比增长-13.77%，市场份额下降2.55个百分点，从第4位降到第5位。广州与非洲外贸规模稳居第六，进出口总值同比上升10.76%，比重达到8.98%；广州与拉美进出口值同比增长14.16%，市场份额为4.70%，提升了0.15个百分点；与印度外贸值增长18.35%，市场份额为3.07%，提升了0.2个百分点。这说明欧洲经济有所复苏，东盟、印度、拉美和非洲等新兴市场是广州进出口保增长的重要市场。

"一带一路"沿线国家经济和需求逐步回升。广州与"一带一路"沿线75个国家进出口贸易达到427.09亿美元，同比增长13.66%，其中，出口293.03亿美元，同比增长16.83%；进口134.05亿美元，同比增长7.31%。从"一带"看，进出口增长23.76%，出口增长20.45%，进口增长50.03%；从"一路"看，进出口增长12.26%，出口增长16.12%，进口增长5.49%。可见，陆上"丝绸之路经济带"特别是中亚和俄罗斯成为广州进口增长重要来源地，其次是东欧国家对广州进口做出了较大贡献。总体来看，中亚、西亚、南亚、俄罗斯等成为广州拓展"一带一路"贸易市场的重要目标。

2017年，广州一般贸易出口值同比增长4.58%，加工贸易出口值同比增长-2.59%，都低于广州出口贸易值的平均增速（9.13%），由此引起份额下降，一般贸易出口份额为35.39%，加工贸易出口份额跌破30%，仅为29.07%，分别比2016年少1.34和3.34个百分点。这说明广州其他的新兴贸易方式和贸易业态继续扩大，贸易方式更加多样化，特别是保税贸易、跨境电商、市场采购等方式的兴起，缓解了贸易增速下降趋势。

2015年是广州外贸顺差较多的一年，顺差达到285亿美元。2016年和2017年顺差都在275亿美元左右，2018年1~11月，出口萎缩1.8%，进口增长9.4%，广州1~11月实现的顺差规模同比萎缩了24.4%。广交会的年成交额从2011年的747.6亿美元，下降到2017年的601.80亿美元。在进出口贸易总额连续下降的2015年和2016年，广交会的年成交额分别只有

550.66 亿美元和 559.74 亿美元。最主要的竞争者来自以阿里巴巴为代表的跨境电商，跨境电商在 2015 年达到了近 7000 亿美元的交易规模，是那一年广交会成交额的十多倍。

外贸综合服务、市场采购等方式进出口快速增长。跨境电商进出口、快递业务量位居全国第一，广州跨境电商继续领跑全国。据海关统计，2016 年广州跨境电商业务进出口总值达 146.8 亿元，增长 120%，在中国跨境电商贸易总额（499.6 亿元）中占 29.4%。其中，广州跨境电商出口 86.5 亿元，增长 1.5 倍；进口 60.3 亿元，增长 83.2%。2017 年跨境电商进出口 227.7 亿元，增长 55.1%，保持全国第一的优势，占全市进出口总值的 2.3%。其中出口 75.8 亿元，下降 12.3%；进口 151.9 亿元，增长 151.8%。

广州外贸进出口总额，多年以来一直排在全省第三的位置，不但和深圳存在巨量的差距，而且一直赶不上东莞，以 2017 年为例，1~11 月广州出口总额 791.6 亿美元，深圳是 2166.1 亿美元，东莞是 911.9 亿美元。广州出口额没有深圳的一半。

二、服务贸易质优量增

广州近几年服务贸易呈现快速发展态势，服务贸易规模在全国各城市中名列第 5 位（如图 6-1 所示），而服务外包规模连续 5 年居华南地区各城市首位，在 21 个服务外包示范城市综合评比中排名第二。2014 年，广州服务贸易进出口总额 243.6 亿美元，同比增长 22.5%；2015 年为 291.72 亿美元，同比增长 19.8%，占比 21.78%；2016 年为 378.1 亿美元，同比增长 29.61%；2017 年为 457.5 亿美元，同比增长 21.00%，其中，出口 174.6 亿美元，增长 14.34%，进口 282.9 亿美元，增长 25.48%。在服务贸易 11 大领域中，规模排前三位的分别是"旅行"（占 44.8%）、"电信、计算机和信息服务"（占 17.1%）和"运输服务"（占 13.5%）。中国香港、美国和日本成为广州服务贸易主要市场，服务贸易额合计超过全市总额 80%。旅游、运输、文化等传统服务领域向高端价值链延伸发展，供应链管理、跨境电商、"互联网+"服务贸易等新业态新领域不断涌现，会展、高端家政服务、中医药服务等特色服务领域凸显潜力。

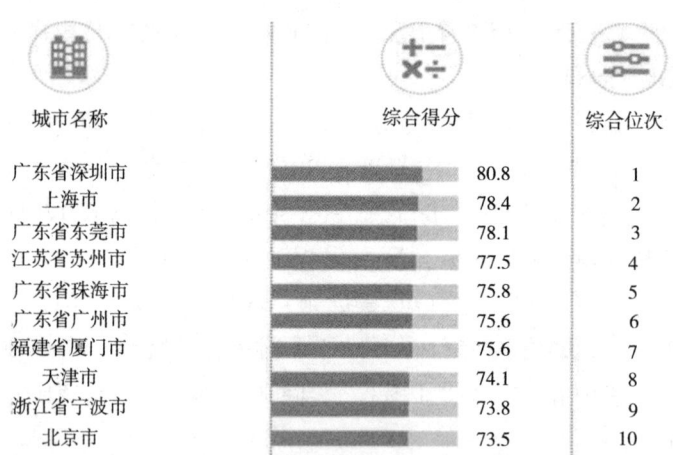

图 6-1 2016 年中国外贸百强城市排行榜

注：海关总署发布的"2016 年中国外贸百强城市排行榜"，广州综合得分位居全国第 6，排在深圳、上海、东莞、苏州、珠海之后。

广州积极促进和引导文化娱乐、体育健身、医疗保健等新兴服务业的外资进入，把金融、商贸、物流、会展、酒店、旅游和中介咨询等现代服务业作为吸引外资的重点，服务业日益成为外商投资的主要领域，外资以商业存在的模式进入广州发展的比例不断增加。2016 年全市服务业新设外商投资企业 1648 家、吸收合同外资 88.52 亿美元、实际使用外资 50.63 亿美元，分别增长 26.67%、21.25%、20.22%。信息传输、计算机服务和软件业，科学研究、技术服务和地质勘查业及交通运输、仓储和邮政业等保持增长，医疗养老及居家服务等日趋活跃。作为中国服务外包示范城市，广州现已形成以软件、电信、金融、工业设计、供应链管理、对外承包设计和生物医药等七大重点领域为主，共享服务中心、航空服务、供应链管理和生物医药外包等新兴领域不断发展的多元化新局面。2016 年服务外包全口径合同额、离岸合同额和离岸执行额分别比 2010 年增长了 4.7 倍、4.36 倍和 4.9 倍。与 2010 年相比，从业人员由 13.11 万人增长到 53.84 万人，服务外包企业数量由不足 400 家增长到 1236 家。服务外包人才培训培养与就业走在全国前列，全市服务外包培训机构已达 34 家，是拥有最多大学生实习基地、服务外包培训机构，培训和实训人员最多的示范城市，每年培训服务外包专业人才近 6 万人。

第四节 推动长期稳定发展

一、推动外贸结构优化调整

推动贸易方式优化。做强一般贸易,扩大一般贸易规模,提升一般贸易出口产品的附加值,增加品牌产品出口,发挥品牌增值效应,提高盈利能力。创新加工贸易模式,促进加工贸易转型升级。大力培育新型贸易,积极发展跨境电子商务贸易、市场采购、保税贸易、租赁贸易、离岸贸易、转口贸易等新型贸易方式,努力扩大进出口规模。

优化外贸商品结构。继续巩固和提升纺织、服装、箱包、音响、珠宝玉石、塑料制品、医药等传统优势产品竞争力,推动出口产品向优质优价转变。强化汽车、轨道交通、通信设备、船舶、工程机械、海洋工程等装备制造业和大型成套设备出口的综合竞争优势,着力扩大投资品和机电产品出口。进一步提高新一代信息技术、生物与健康、新材料与高端装备制造、新能源与节能环保等战略性新兴产业的国际竞争力。鼓励先进技术、关键设备和零部件进口,推动我市制造业提升装备水平和国际发展能力。以满足国内消费需求为导向,合理增加一般消费品进口品种和数量,鼓励本市商贸企业经营代理国外品牌,引导境外消费回流。

发展新型贸易方式。积极推进市场采购、国际中转、离岸贸易、融资租赁、跨境贸易电子商务、保税贸易、检测维修等新型贸易发展。培育和新引进一批外贸综合服务企业、大型供应链企业和贸易集成商,开展国际贸易服务、分拨、中转、销售、结算业务。加强行业跟踪研究,加大对外贸新业态代表企业政策扶持、政务服务和招商力度,研究制定外贸新业态企业的认定办法。争取外贸新业态企业享受市总部企业、服务业新业态和外贸新业态培育专项支持政策。

积极发展现代服务贸易。巩固提升服务贸易优势领域,引进经济社会发展亟须的金融服务、科技服务、健康服务等服务,拓展国际金融、文化体育、医疗保健、建筑与劳务服务等。着力推动服务贸易创新发展,扩大保税功能对华南地区辐射力,建设数据特区,实现引进国外科研机构、金融机构、健康服务机构等方面取得新突破。提高优势服务业的技术含量，推进服务外包、国际物流、国际金融等服务领域标准化建设，培养一批熟悉世界贸易组织规则、精通现代服务贸易、具有良好外语能力和国际协作能力的人才，提升现代服务贸易发展水平。拓展与港澳服务贸易自由化。按照CEPA框架协议，落实关于内地在广东与香港、澳门基本实现服务贸易自由化的协议，建立对接港澳服务业的市场准入、职业资格和监管标准制度，在航运、金融、商贸、专业服务、社会公共服务、电信、科技和文化等领域加快服务贸易自由化进程。继续探索实施CEPA下负面清单管理模式，对港澳服务提供者投资负面清单以外领域改审批制为备案制。

构建服务外包行业发展梯次。发展软件开发、金融服务、工业设计研发、电信服务、供应链服务、对外工程承包服务、生物医药研发等传统优势行业，突破检验检测服务、云服务、电子商务、专业服务、动漫和游戏等潜在优势行业，培育知识产权、影视等具备未来优势行业。壮大本土企业规模，吸引行业龙头企业和国内外总部机构，培育新兴领域明星企业，提升广州服务外包企业竞争力。优化服务外包园区布局，打造服务外包发展的新增长极，形成一批具有广州特色的服务外包产业示范园区。围绕服务外包产业发展的关键环节，加大政策创新扶持力度，完善资金、人才、园区等扶持政策体系。拓展区域合作空间，推动珠三角联动发展，深化与港澳地区合作，开拓与东盟地区合作领域，发挥带动全省、辐射华南、影响东南亚的重要作用。

稳固传统市场，拓展新兴市场。鼓励拥有自主品牌、自主知识产权企业向发达国家市场进军，重点开拓传统市场中新的细分市场和中高端市场。支持企业与当地营销渠道对接，提高贸易效率，实现优势互补。鼓励企业通过国际知名展会等平台积极参与市场竞争。实施一系列有针对性的新兴市场开拓活动，支持企业大力开拓"一带一路"沿线国家和地区等新兴市场，抓住沿线国家基础设施建设机遇带动大型成套设备及技术、标准、服务出口。

二、提升外贸国际竞争力

提升出口产品技术含量。鼓励企业从引进、模仿技术阶段向自主创新驱动阶段升级，逐步实现从"广州制造"向"广州智造"转变。实施国际品牌化战略，提升"三自三高"产品出口比重。加大科技创新投入，支持外贸企业原始创新。鼓励外贸企业、跨国公司和境外科研机构在穗设立研发机构。

鼓励企业以进口、境外并购、国际招标、招才引智等方式引进先进技术,促进消化吸收再创新。支持外贸企业通过自建、合资、合作等方式设立海外研发中心。加快运用现代技术改造传统产业,提升劳动密集型产品质量、档次和技术含量,推动传统产业向中高端迈进。

扩大服务贸易规模。巩固广州旅游、运输服务、建筑等传统服务贸易优势,发挥国际商贸、国际物流、国际会展、中医药、文化产业等产业比较优势,推动"广州服务"走向世界。深化现有服务贸易伙伴合作基础上,加大对新兴服务贸易市场的挖掘和拓展,扩大服务贸易规模。扩大服务贸易出口,重点拓展软件、电信、金融、保险、中医药服务、管理咨询、法律和会计等服务贸易领域在境外的投资合作,带动服务和技术出口。发展白云机场综合保税区和广州保税港区,做强一批运营模式先进、海外网络健全、具有较强竞争力的大型国际物流企业,发挥白云国际机场国际航线丰富的优势,推动航空经济产业发展。支持国际运输企业参与服务外包、工程物流、跨境电子商务、国际快递、市场采购、保税物流、汽车进出口、航运金融等业务,推动运输企业从物流链向产业链、价值链转型升级。培育具有国际竞争力的综合服务型物流企业。加强与"一带一路"沿线国家港口城市的运输合作,建立国际友好港,鼓励国内企业参与"一带一路"沿线国家港口建设和营运。鼓励商业银行等金融机构创新供应链融资,为中小国际货运代理企业提供融资支持。

大力提高出口产品质量。积极采用国际质量标准,建立国际认可的产品检测和认证体系,鼓励企业按照国际标准组织生产和质量检验。建设完善出口产品质量检测公共平台,支持出口企业开展质量管理体系认证。打击出口侵犯知识产权和假冒伪劣商品违法行为。加快构建海外自主营销和服务体系。支持企业通过自建、并购和联合等方式,在海外设立批发展示中心、商品市场、专卖店、"海外仓"等线上线下的国际营销网络。鼓励企业将售后服务作为开拓国际市场的重要途径,提升服务质量,完善服务体系。鼓励企业有计划地针对不同市场、不同产品,采取与国外渠道商合作、自建等方式,建设服务保障支撑体系,完善售后服务标准,提高用户满意度。

大力培育外贸龙头企业。着力培育发展一批拥有自主知识产权和知名品牌、主业突出、带动作用明显、具有国际竞争力的总部型企业,形成研发设计、销售结算、生产服务发展模式。鼓励行业龙头企业延长产业链,加快形成一批在全球范围内配置要素资源、布局市场网络、具有跨国经营能力的大企业。培育一批新型外贸综合服务企业，提升其为中小企业提供通关、物流、退税、金融、保险等综合服务能力。吸引境内外企业来穗开展进出口业务，积极引进央企、跨国采购商和供应链集成商落户。

支持企业扩大进口。推进飞机、船舶、大型装备等国际融资租赁业态加快发展，形成进口新增长点。完善南沙港区汽车物流聚散功能，以汽车平行进口试点为抓手，推动汽车进口业务发展。促进跨境电子商务贸易形成进口增长新动力。加快培育进口商品交易中心。强化进口跨国经营主体培育，力争形成若干个先进技术装备、大宗原材料、日用消费品领域运营能力较强、市场覆盖较宽的综合性龙头企业和专业市场。支持大宗商品、资源性产品等重要物资进口，鼓励企业开展商业储备和境外能源资源开发，适度扩大再生资源进口。

三、推动加工贸易转型发展

延伸加工贸易产业链。推动加工贸易企业由单纯的贴牌生产（OEM）向委托设计（ODM）、自主品牌（OBM）方式发展。支持企业创建和收购品牌，拓展营销渠道，从被动接单转向主动营销。促进加工贸易与服务贸易深度融合，鼓励加工贸易企业承接研发设计、检测维修、物流配送、财务结算、分销仓储等服务外包业务，大力吸引加工贸易境外母公司在穗设立采购中心、内销中心、分拨中心和结算中心。

促进转型升级提质增效。在珠三角加工贸易转型升级示范区建设中发挥示范带动作用，提升传统劳动密集型加工贸易产业层次，推动先进制造业和新兴产业加工贸易集群发展。支持加工贸易企业进入关键零部件和系统集成制造领域，掌握核心技术，提升整体制造水平。支持企业与科研院所、商协会以及国家级、省级示范企业为载体，建立生产力提升辅导服务平台、技术创新平台以及品牌推广平台。引导加工贸易企业在穗设立内销中心，通过线上线下多种方式建立内销网络。

引导加工贸易开展国际产能合作。引导企业依托境外经贸合作区、工业园区、经济特区等合作园区，实现链条式转移、集群式发展。支持传统优势产业到劳动力和能源资源丰富的国家建立生产基地，发展转口贸易和加工贸易。

四、加强外贸发展平台建设

探索自由贸易港建设。对自贸区进行升级建设，优化资源配置，进一步推动高水平的对外开放，与国际贸易新规则接轨。学习上海自贸区，加大全面深化改革的力度，同时实施高质量的贸易监管制度，实行国家授权下的集约式管理，探索国际通行的金融、外汇、投资和出入境管理制度，建设完善的风险防控体系。在深入推进自贸区开放试点试验、建设自由贸易港的基础上，形成可复制的成熟经验，在全国适时推开，带动全面开放。

加快海关特殊监管区域功能拓展和创新。推动自贸试验区先行先试制度和政策在海关特殊监管区域复制推广，在自贸试验区内的海关特殊监管区域内积极开展内销选择性征收关税、货物状态分类监管、融资租赁大型设备跨关区异地委托监管等政策先行先试。鼓励辐射带动能力强的大型项目入区发展，促进与制造业关联的销售、结算、物流、检测、维修和研发等生产性服务业有序发展。促进海关特殊监管区域发展保税加工、保税物流和保税服务等多元化业务，开展期货保税交割、仓单质押融资等业务，支持设立保税展示交易平台。积极推进国际贸易、现代物流、国际中转、融资租赁、检测维修、国际航运、研发设计、高端制造、跨境贸易电子商务和市场采购等新型业务在海关特殊监管区域发展，实现区域内国内与国际贸易互动发展，在岸与离岸贸易并重发展。整合优化全市海关特殊监管区域，推进广州白云机场综合保税区、南沙保税港区区域调整和建设验收。继续优化广州保税区、广州保税物流园区和广州出口加工区的功能布局，围绕广州开发区经济发展要求进行产业升级和创新发展，并逐步向综合保税区转型。

推进外贸转型升级基地建设。通过市、区和企业共建，积极推进汽车、船舶、摩托车、医药、软件、箱包、珠宝首饰、牛仔服装、科技兴贸等9个国家级外贸基地转型升级，完善金融、商贸、物流等政策支撑体系，积极培育一批综合型、专业型和企业型基地。推动外贸出口基地扩大出口，大力支持出口企业发展产品展示、新产品研发、产品性能测试、市场营销、认证注册、公共培训、供应链管理、公共信息等功能。依托南沙自贸试验区、南沙新区和南沙港的综合优势，吸引装备制造业骨干企业和总部企业集聚，大力建设高铁、船舶、海工装备、汽车等装备制造业出口基地。

加快建设进口载体。利用南沙保税港区、白云机场综保区、广州保税区的政策优势，推进红酒、食品、水果、日化商品、化妆品等优质消费品进口口岸分拨、展示、体验中心建设。扩大大宗商品和资源性产品进口，积极打造重要资源性产品国内分拨、国际转口和储备交易中心。充分利用我国自贸区网络，依托空港经济区、南沙自贸试验区等载体，探索建立中国—东盟等自贸产业园区，扩大税收优惠力度和国内市场潜力大的优质产品进口。

五、推动出口外贸创新发展

推进中国（广州）跨境电子商务综合试验区建设，推广开展跨境电子商务出口业务。落实限时办结制，加快出口退税进度，提高退税审核审批效率；完善出口退税分类管理办法，逐步提高出口退税一类企业比例；扩大出口退（免）税无纸化管理试点范围，全面实施出口退税网上预申报。完善差别准备金、利率、再贷款、再贴现等政策，引导金融机构加大对小微外贸企业的支持力度。深化广州国际贸易"单一窗口"建设，深入推进"互联网＋易通关"改革，全面推广"三互"大通关模式；运用顺势监管理念，优化查验方式，加大科技装备和信息化手段应用力度，提高通关便利化水平。加大进出口环节收费的清理整顿力度，取消越权审批的收费项目和自立收费项目；深入推进免除海关查验没有问题外贸企业吊装移位仓储费用全面试点工作，降低外贸企业通关成本。着力完善知识产权维权援助工作体系，积极帮助企业有效应对知识产权纠纷和对外贸易摩擦。

推动技术和服务创新，创造新的竞争优势，努力提升中国服务业的国际竞争力。扩大工程承包、设计咨询、技术转让、金融保险、国际运输、教育培训、信息技术、民族文化等服务贸易出口；充分利用外资，利用外资企业在新型服务贸易部门的示范、人员培训和产业前后向关联等途径实现的技术外溢效应，提高我国服务企业的技术水平和管理手段，优化服务贸易结构。

进行管理体制、促进机制、政策体系和监管模式方面的改革。建立与国际服务贸易通行规则相衔接的促进、服务和监管体系，探索适应服务贸易创新发展的体制机制。建立服务贸易信息交流共享机制和统计平台，建立重点联系企业制度。探索提升服务贸易便利化水平。探索便利跨境电子商务、供应链管理等新型服务模式发展的监管方式,建立医疗检验检测、会展服务和跨境电子商务服务等服务贸易业务的便捷通关机制,推动境内外专业人才和专业服务便利流动。完善服务贸易促进体系。争取扩大技术先进型服务企业认定范围政策落地,充分利用服务贸易创新发展引导基金支持,积极发展服务贸易出口信保、供应链融资和融资租赁等金融支持体系。

第七章 打造国际会议展览之都

广州是"广交会"的永久所在地,中国会议展览业的发源地之一,堪称中国会展之都。会展业是广州的传统优势产业,但是,广州与北京、杭州、厦门等城市相比,展览能力比较强、会议能力比较弱。2017 年后,《财富》全球论坛、金砖国家运动会、世界航线发展大会、世界港口大会、世界大都市协会世界大会等国际性会议相继落户广州,代表着广州市会展会议业转型发展迈向一个新趋势。会展业是否发达是检验一个城市服务业水平高低的标杆,国际会议和展览的举行不仅可以促进本地旅游业的发展,更能显著提高城市知名度和美誉度,提升城市的整体公共服务能力。举办大型国际化会展等活动,通过媒体报道与人员流动,可以给城市带来更正面、更国际化的形象;大型活动的举办也会带来新的城市消费与城市体验,有利于推动城市重构和城市转型;大型活动的举办将会吸引旅游人流,创造旅游业就业岗位,给可能的投资者留下深刻形象。根据有关研究成果,会展业的投入拉动比为1∶9,会展业对于住宿餐饮、交通物流等行业的带动作用非常直接,也带动其他相关行业如金融、进出口、总部经济、航运航空等产业的发展。充分利用"广交会"的影响带动力,大力发展广州会展业,是广州建设国际商贸中心的重要途径。

第一节 会展业的国际形势

国际展览业协会(UFI)发布的一份报告显示,2017 年全球共有 1212 个 5000 平方米以上的展览场地,室内展场总面积为 3480 万平方米,比 2011 年增加约 7.7%;10 万平方米以上的展场则有 62 个,增加约 29%。其中,2017 年欧洲地区的展览场地占全球展览场地的约 45%(相较于 2011 年减少约 2

个百分点），亚洲地区占 23.6%（增加约 3.2 个百分点），北美地区则占 23.5%（减少约 1 个百分点）。相对于欧美市场的萎缩，亚洲是全球展览场地占有率唯一增加的地区，凸显亚洲地区会展产业的前景乐观。

《亚洲会展产业年度报告》（The Trade Fair Industry in Asia, 13th edition）的统计数据显示，2016 年亚洲展览总销售面积超过 2085 万平方米，相较于 2015 年的 1969 万平方米，年成长率为 5.5%，可见亚洲地区的会展产业持续发展中。其中，中国占了总销售面积的 58%（约 1205 万平方米），是亚洲排名第二的日本（约 206 万平方米，占 10%）的 6 倍。2016 年亚洲共举办 2270 个专业展。其中，中国大陆有 662 个，日本的 333 个；2016 年亚洲展览产业营收超过 52 亿美元，成长率为 7%。亚洲展览产业营收前 3 名依序分别为中国大陆（超过 21 亿美元）、日本（将近 10 亿美元）和中国香港（超过 4 亿美元）。而日本、新加坡及中国香港等地区的展览场地，每平方米平均售价超过 400 美元，显现其经营绩效优异。

根据 2014~2017 年 ICCA 发布的统计资料，近 4 年中国大陆举办协会型国际会议场次逐年增加，2016 年共举办 410 场，在亚太及中东地区排名第 1，与日本相同；全球排名则列第 7 位。其次依次为韩国（267 场）、澳大利亚（211 场）、泰国（174 场）、新加坡（151 场）、印度（143 场）、中国台湾（141 场）、马来西亚（115 场）以及中国香港（99 场）。自 2014 年起日本、中国大陆、韩国、泰国、印度等国家举办协会型国际会议的场次逐年成长。

西欧国家最早实施工业化，经济发达，服务业占国民经济的比例高，会展产业成熟，其会展业拥有发达的历史，是亚洲国家学习和对标的对象。

欧洲知名国际商贸中心城市不仅是国际展览中心，还是国际会议之都，发达的会展业对提升这些城市的全球影响力起到了重要作用。米兰是世界著名展览中心，米兰国际家具展、米兰三年展、米兰时装周、米兰设计周、米兰建筑设计展等一系列世界级展览均在此举办。法兰克福拥有国际汽车展、全球最大的图书展和全球最大的消费品展等知名展会。纽约、伦敦、巴黎、东京、新加坡、中国香港等城市是著名的国际会议之都，每年举办的国际会议数量名列世界前茅。实际上，会展不仅具有促进贸易、拉动经济发展的作用，更是对外开放的窗口、桥梁和平台。法兰克福市政府长期资助会展企业做宣传推广，协助和配合会展企业推广本地会展活动；新加坡采取政府搭台模式，由会议展览局和贸易发展局负责推广本地会展项目，连续多年被评为亚洲首选会展举办地城市。国际会展业格局如图 7-1 所示。

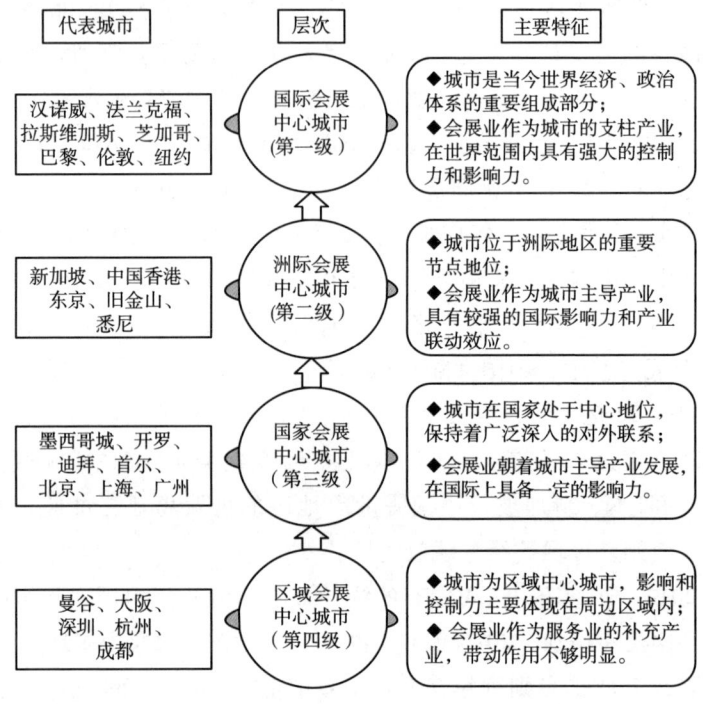

图 7-1 国际会展业格局一览

第二节 中国会展业的发展格局

根据《2017 年度中国展览数据统计报告》，2017 年，中国经济贸易展览总数达 10358 场，展览总面积为 14285 万平方米，较 2016 年分别增长 4.7% 和 9.3%。全年净增展览 466 场、展览总面积 1210 万平方米。2017 年，全国所有城市按展览面积排名，前三位分别为上海、广州、重庆（见图 7-2）；全国所有城市按办展数量排名，前三甲分别为：上海，广州，南京（见图 7-3）。2017 年上海以 1689 万平方米的展览总面积蝉联全国第一，展览面积占全国总面积的 11.82%；广州全年展览总面积为 976 万平方米，位列全国第二，展览面积占全国总面积的 6.83%；重庆以 876.5 万平方米的展览总面积位列全国第三，展览面积占全国总面积的 6.14%；北京全年展览总面积为 595.5 万平方米，位列全国第四。从展馆面积来看，上海国家会展中心以40万平方米的室内展览面积占全国十大室内展览面积展馆榜首，广州的中国进出口商品交易会展馆位列全国第二，室内展览面积为33.8万平方米。

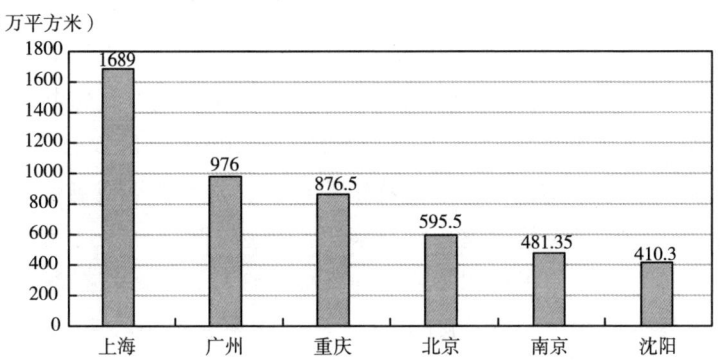

图7-2　2017年上海、广州、重庆、北京等地展览面积

排名	城市	城市展览业发展指数	展览数量（场）	展览面积	专业展馆数（个）	专业展馆室内面积	展览管理机构（个）	UFI会员单位（个）	UFI认证项目（个）	TOP100展览项目数（个）	TOP3展览项目数（个）
1	上海	335.65	769	1279.00	12	84.48	3	22	20	29	50
2	广州	189.21	392	858.57	6	53.48	2	8	8	23	19
3	北京	184.40	431	608.19	9	44.79	1	27	17	11	20
4	重庆	141.18	662	601.30	4	32.5	2	2	1	4	4
5	南京	87.85	394	398.00	4	19.5	3	1	1	0	4
6	深圳	69.87	79	256.23	1	10.5	2	11	11	6	7

图7-3　2014年中国城市展览业发展指数

在世界会展城市实力排行榜上，根据展馆面积、展会项目和组展商营业额三个维度，上海综合排名位居全球第三，仅次于巴黎和法兰克福，在全球各大会展城市中，上海是成长最快的城市之一；从国内来看，上海的办展数量和办展面积始终居国内各城市首位，会展经济呈现良好发展态势。上海市重点打造了"上海家博会""中国（上海）国际建筑节能及新型建材展览会""上海国际广告印刷包装纸业展览会""上海国际汽车工业展览会"等数十个优秀品牌展会项目。到2017年年底，上海共有UFI认证展会项目20个，占比25.0%，位居中国境内城市第一。2018年11月在上海举办的首届中国国际进口博览会受到了国内外的广泛关注。该博览会是中国发起、多个国际

组织和多个国家共同参与的国际性博览会,是2018年中国四场主场外交活动之一,是中国市场主动向世界开放的重大举措,它为全球贸易发展搭建了公共平台。2002~2018年的16年间,上海展馆数量从最初的7个变为12个,室内展馆面积从15万平方米扩大到80万平方米。2017年上海共举办展览会项目767个,总展出面积1689万平方米。其中,9个主要场馆共举办展览会项目561个,总展出面积1544.5万平方米,另有合计144.5万平方米的206个项目在科技馆、中华艺术宫、博物馆等科技、艺术类小型场馆举办。在展览场地上,上海的展览场馆室内外总展出面积达100多万平方米,已然居于全国第一、全球前列。根据国际公认的指标来细分,上海拥有两个"超级场馆"(室内展览面积10万平方米以上)——国家会展中心40万平方米、新国际博览中心20万平方米。两个场馆均跻身世界超级场馆55强排行榜,其中国家会展中心位居世界第二,新国际博览中心位居世界第18。2017年,上海展览业直接带动相关产业收入超过1200亿元,上海展览数量和展览面积等多项指标均居国内首位、跻身世界前列。2017年"世界商业展100大"排行榜中,上海有13个展会入选,居全球城市第一。

上海市发布《上海市建设国际会展之都专项行动计划(2018—2020)》,根据这一计划,到2020年全年展览总面积达到2000万平方米,国际展占展览总面积的比重达到80%,单次展览面积在10万平方米以上的展会项目达到50个,入选世界百强商展的展会数量超过15个,进入国际展览业协会的机构数量争取超过35家。上海积极推动本市会展业地方立法,建立与国际接轨的事中事后监管机制、知识产权保护机制、纠纷解决机制等;发挥本市服务业引导资金等专项资金作用,对本市会展业发展予以支持;依托上海市展览业公共信息平台,建立信用档案和违法违规信息披露制度,加强行业信用监管和知识产权保护。进一步简化办展备案审核程序,对同一家主办方当年在同一展馆内举办的多次展览活动实现"一次备案登记";研究推动针对重点企业、重点展会参展嘉宾、客商进出境的便利化服务措施等等。用最高标准、最好水平,为上海会展业的健康发展提供一系列旨在优化公共服务,创造良好营商环境的政策制度供给,重点是破解管理机制不健全、专业人才不足等"瓶颈"。

根据香港会议展览业协会HKECIA公布的报告,香港特别行政区会展经济持续增长,继续当之无愧为"亚洲贸易展会之都"的地位,同时也是世界五大会展中心之一。2017年香港共举办了135场展览,总展览面积超过2000

万平方米。从经济角度来看，全年的总展位收入增长了近12%，达38亿港元；参展企业数量和观众，分别同比增长5.2%和11.8%。香港现有50多个会展场地，其中三大展馆（香港国际会展中心、亚洲国际博览馆、国际展贸中心）可展览面积超过15万平方米。然而随着会展经济规模进一步扩大，尤其是每年展会旺季，香港展览面积供应还是非常紧张，不少展览甚至难以拿到排期。

深圳正在强势加入会展业的竞争。深圳已经拥有高交会等有世界影响力的强势展会，目前正在硬件建设方面争分夺秒地赶超。2015年11月9日，深圳启动深圳国际会展中心项目，投资超800亿元，建设50万平方米的会展综合体，2019年一期将正式投入使用。深圳国际会展中心由两大央企华侨城和招商蛇口联手打造，并联合全球场馆运营管理机构SMG公司，采用"建设、运营加综合开发（BO+D）"一体化运作模式，将在会展产业方面发挥龙头引领作用。

珠三角其他城市的会展业也不甘落后。2018年11月6日，第十二届中国国际航空航天博览会在珠海国际航展中心开幕。航展的室内展览面积超过10万平方米，比上届的8.2万平方米增长22%，增设了10号馆，室外展览面积近40万平方米，地面装备动态演示区面积由上届的7万平方米扩大至近11万平方米，参展的中国国内外各型飞机超100架；航展紧贴行业热点，按照民航客机、航空发动机及MRO、公务机和通航、无人机、军民融合等领域设立专题展区；国内的五个门类十大军工企业大规模参展，波音、空客等世界知名航空航天企业基本到场，世界"百强"航空航天企业参展比例有较大幅度提高，美国、俄罗斯、法国、加拿大、意大利、乌克兰、捷克、荷兰等传统欧美国家展团继续参展，德国、英国展团回归，白俄罗斯首次组织国家展团参展。

珠海会展业依托中国航展，坚持创新推动，坚定不移从"一展"向"多展"迈进。目前，珠海会展业已初步形成以中国航展为龙头，国际打印耗材展览会、绿色创新电力大会暨展览会、军民融合展、无人机展、汽车主题展等为补充，"海、陆、空"齐备的系列品牌会展"矩阵"，提升珠海在粤港澳大湾区的会展行业实力和城市竞争力。一是围绕"大航展"的核心概念，谋划更多具有专业性强、关联性高、成长性好的细分展会，衍生出子母展、系列展，培育和发展新的会展品牌，形成包括军民融合展、通用航空展、公务机展、无人系统展等在内的航空会展集群；二是向珠海现有的优势产业靠拢，发展新的展会。依托打印耗材产业和游艇产业，举办国际打印耗材展览会、国际游艇展览会；三是建设城际轨道交通、会展中心等交通、场地、酒店等硬件设施，提升办展能力；四是出台会展业支持政策，以资金支持鼓励会议举办，提高初创展会补助标准，加大会展从业人员的培养力度。在质量和规模上，珠海会展经济近年来均呈现出快速增长的良好态势。2017年非"航展年"，珠海共举办各类展览23场，举办会议3554场，会展业总经济效益达126.57亿元，占珠海市GDP的比重为4.94%，总体竞争优势正在形成。

东莞也是会展的重要舞台。2017年东莞举办展览规模在3000平方米以上的展览会共64场，总展出面积逾300万平方米，总参展商超过1.4万家，共吸引采购商和观众逾310万人次，参展产品涉及电子机械、纺织服装、家具、造纸印刷、五金模具、食品饮料、动漫、汽车、文化等多个行业。其中工业类展览会以"名家具展""广印展""智博会"最具代表性和影响力，其中"名家具展"获得全球展览业协会（UFI）认证，最大规模达91万平方米，成为世界著名的家具专业展；"广印展"在莞每四年举办一届，展览面积达14万平方米，成为中国第二大、世界第三大国际印刷展；"智博会"展览面积达11万平方米，是全球最具影响力的机械展之一。消费类展览会如"台博会""道滘美食节""汽车展""茶博会""农博会""龟展"等则刺激消费、拉动内需。除了上述国家级、省级的专业展会外，还有各个镇街的专业展会，1996年11月，虎门举办了第一届服装国际交易会，并大获成功，一年一度的中国（虎门）国际服装交易会成了虎门的国际性商贸平台。各种专业展会在东莞镇街遍地开花，涌现出长安五金模具展、大朗织交会、塘厦高尔夫球博览会、横沥模具展、寮步香博会等一批特色展会。一些国内知名展会纷纷落户甚至移师东莞。北京埃森焊接与切割展览会登陆东莞厚街，展览规模近10万平方米。东莞良好的会展环境，也吸引了中印协国际展览有限公司、香港讯通、中国机械国际合作股份有限公司等知名企业在莞注册，广东现代会展管理有限公司、东莞讯通会议展览有限公司、东莞市永冠物业投资有限公司被确定为商务部首批展览业重点联系企业之一，有力提升了东莞办展的水平和会展业发展的支撑。

粤港澳大湾区的香港、广州、深圳将在会展舞台上展开不可避免的竞争。大湾区内各城市几乎汇集了所有类型的国际展览和国内展会，湾区内展会题材同质化问题有所显现。以创新类展会为例，深圳有高新技术成果交易会，广州有创新创业成果交易会，香港有设计及创新科技博览会等，题材重复率较高，竞争也愈加激烈。广州、深圳和香港的会展业均有国际化、规模大等特点，背靠的珠三角腹地的产业基础也相似。三地之间会展业竞争激烈。广东会展业的发展主要集中在广州、深圳、东莞珠三角地区，竞争激烈。在发展过程中各区域错位发展，所以粤港澳大湾区各城市会展产业有各自的特色。广东省以广交会为龙头；深圳则更强调信息技术和物化产业，特别是高交会，以高交会引领的科技信息化产业；东莞和佛山则主要强调工业展，东莞曾定位为'华南工业展览之都'，佛山以顺德的工业为主；香港的展览以贸易展为主，主要是因为没有关税；澳门主要强调的是泛娱乐领域。目前，内地赴港参展企业不断增多，据香港展览会议协会统计，1990年赴港参展的内地企业寥寥无几，目前有一万多家，其中，绝大部分是珠三角企业。

第三节　广州会展业的历史和现实

1957年春天，我国决定在广州创办中国出口商品交易会，周恩来总理亲自定下展会的简称为"广交会"。从20世纪五六十年代创办初期的冲破封锁、增收外汇，到今天引领开放经济，广交会已成为中国对外贸易的风向标、指南针与晴雨表。习近平总书记给第120届广交会发来贺信提出："新形势下，广交会要贯彻创新、协调、绿色、开放、共享的发展理念，创新体制机制、商务模式，更好发挥全方位对外开放平台作用，在更高层次上运用两个市场、两种资源，为推动我国开放型经济发展、促进开放型世界经济发展做出新的更大的贡献"。

广交会的交易量进入"瓶颈"期。随着国际贸易形势进一步复杂化，也由于网络商业的发达以及义乌等外省专业市场集群的分流，广交会的交易量进入波动期。广交会成交额在2011年达到峰值后进入波动期。从创办之初1957年的8700万美元，到1971年（12.01亿美元）首次突破10亿美元大关，到1989年（108.95亿美元）首次突破100亿美元大关，2000年达到286.02亿美元，广交会成交额一路上扬并在2011年达到峰值747.6亿美元，随后出现回落，2015年为550.66亿美元，随后企稳回升，2017年成交额为601.8亿美元。参会的采购商人数也根据这个节奏浮动涨跌。到会采购商人数在2011年达到峰值后回落。截至第122届广交会，累计到会采购商人数超过800万。从创办之初1957年的3146人，到1971年首次突破2万人大关，到 1992 年首次突破 10 万人大关，再到 2000 年突破 20 万人大关，并在 2011 年达到峰值 41.63 万人，随后出现回落，2015 年 36.23 万人，随后企稳回升，2017 年为 38.84 万人。受到迅速发展的跨境电商的影响，广交会传统的会展式贸易模式受到了一定程度的挑战，发展活力、竞争力、吸引力和成交额面临不断下降的窘境。广交会成交额占全国出口贸易额的比重已锐减到 0.27%，广交会对我国对外开放影响力正在弱化，"中国第一展"的地位正遭受严峻考验。

除了广交会外，广州也在发展其他专业展会，发展势头也颇为可观。近年来，广州面对部分展会外迁的不利局面，通过加大会展财政资金支持力度，切实加大引进和培育力度，扩大会展品牌整体宣传等措施，兼顾保有存量和扩大增量，促使专业展览稳中有升、继续保持增长。2016 年广州荣获商务部中国会展经济研究会颁发的"中国最具竞争力会展城市"称号，显示广州市品牌展览综合实力全国排名靠前，行业影响力持续提升。一批国内外知名的品牌展会已成为全市展览业的"风向标"和"晴雨表"，既发挥了中流砥柱的作用，也提升了行业综合实力。2017 年，广州重点场馆共举办展览场次 662 场，占全国展览数量比重 6.39%，同比增长 23%；展览面积 976 万平方米，位居全国第二，同比增长 8.9%；会议场次 7759 场，同比增长 9.1%；参展参观参会人次超过 1555 万，同比增长 4.3%。从展览类别来看，广交会作为龙头，是实力最强的展览，其余展览的行业分布很广。琶洲国际会议展览中心 2018 年共办展 64 场，类别涉及电子、建筑装饰、服装、艺术、科技和医学等。目前，广州的展览业正逐步向专业品牌展会的方向转变，涉及各个产业的上下游环节，如在制造业方面，既有建材展、设备展，也有家具展、智能科技展等等。2017 年，中国会展经济研究院主导的中国城市会展业竞争力指数评选榜单显示，广州位列华南第一，全国第三。

顺应互联网发展态势，近年来广州市会展企业大力发展线上平台，目前全市大多数品牌展会拥有网络运营平台。充分发挥网络展会突破传统实体展会时间地域限制的优势，开发线上线下融合互动的会展新模式，为参展商和采购方提供更多的便利和选择，极大提升了会展业的服务水平。琶洲会展商圈吸引了包括阿里巴巴、腾讯、唯品会、复星、国美、小米、YY、环球市场等电商巨头进驻，助力广州"会展+互联网"蓬勃发展。

广州的会展基础设施完善，展馆规模和硬件水平已超过或接近汉诺威、米兰、法兰克福等国际一流会展中心水平。全市 20 个重点场馆可供专业展览和会议的面积超过 50 万平方米（见表 7-1），拥有可以承办特大型展会的广交会展馆（琶洲国际会展中心），运营效率及服务质量较高。

表 7-1　　　　　　　　　现状五个展馆指标一览

序号	项目	用地面积（万 m²）	总建筑面积（万 m²）	展览面积（万 m²）	室外展场面积（万 m²）	停车位（个）
1	广交会	77	82	34	6	3700
2	保利世贸	11	36	7	—	1450
3	中洲中心	2	7	4	—	442
4	南丰会展中心	3	8	2	—	500
5	国际采购中心	10	18	3（短期展）	—	1300
6	其他（道路等）	27	—	—	—	—
	合计	130	151	50	6	7392

注：用地及总建筑数据根据规划局管理平台统计，其他由相关部门提供。

广州的会展业呈现出"展强会弱"的特点，尤其是在"十二五"期间，对比起广州展览业在全国维持三甲的水平，会议的功能稍有弱化。中国会议酒店联盟发布的《2016 年中国会议统计分析报告》指出，2010~2015 年，广州的国际会议数量水平在全国各大城市中的排名徘徊在第五至第九位，2011 年甚至跌出前十。近两年，广州越来越重视会议功能，举办了一些和重点发展产业有关的国际会议，如 2017 年的《财富》论坛、2018 年陆续召开的国际投资年会、世界港口大会、世界航线发展大会等。2017 年广州举办会议场次共 7768 场，同比增长 9.0%。"在广州大量的展览当中，也有许多'展中会议'，这也加速了广州会议经济的发展。"

随着我国经济进入"新常态"，广州会展业面临复杂多变的发展形势。从地域上看，除上海市因"国家会展中心"的虹吸效应促使上海会展业仍保持大幅度增长外，以珠三角、京津冀为中心的会展经济带均将告别多年来两位数的高速增长，进入平稳发展的阶段。同时，随着内外部条件不断变化，城市间的会展业竞争越来越激烈，展业的主办、场馆、服务等产业链条上的各环节也面临着重新洗牌，全国会展业呈现以"增速减缓、结构优化、竞争加剧、治理细化"为特点的"新常态"。"一带一路"倡议重视中国与沿线国家的贸易往来和经济合作，注重与沿线国家开展政治对话、人文交流和科技等领域的合作，这种全方位的对外交流合作为会展业国际化发展带来了新契机。新一代信息技术的发展，互联网、大数据、云计算等信息技术为广州传统展会注入新活力。"互联网+"推动广州传统线下展会向线上线下相结合的方向发展，催生新型会展模式，为广州会展业带来新的发展机遇。大数据、云计算等新技术有助于会展业实现供需对接、信息匹配、精准营销、精细客户管理和跨境售后服务，为传统展会升级改造提供新的技术手段。新技术与会展业的深度融合，正在衍生或即将衍生的新兴会展业态，为广州会展业注入新元素，推动广州现代会展体系逐步完善。

第四节　做强做大现代会展业

广州一直以来非常重视广交会的健康运行和良性发展，根据广交会存在的问题和面临的挑战出台过许多政策性措施。2012年，广州市制定了《关于支持广交会做大做强的工作意见》，从总体目标、统筹协调、功能配套、合资合作、城市管理、政策扶持等六个方面提出20条措施，推动广交会实现"五个转变"。其后，通过一系列政府的政策和规划推进了对广交会的各种实体性支持，以期发挥广交会"中国第一展"的龙头带动作用，推动广州成为辐射长三角、环渤海的国际会展中心城市，加快建设国际商贸中心，助推新型城市化发展。其整体思路是：从货物贸易为主，向货物、服务、技术全方位贸易转变；从出口促进为主，向进口和出口并重促进贸易平衡转变；从外贸为主，向内、外贸相结合促进贸易和国内消费转变；从展览为主，向展览与会议综合运作转变；从线下为主向"线上+线下"融合转变，成为世界顶级品牌展会。清醒认识广州会展业面临的竞争环境，理清广州会展业的发展思路，找准政策着力点，优化展览市场环境，建立会展业人才公共服务平台，采取有力措施振兴广州会展业。

一、大力培育和引进国内外品牌展会

广州做大做强品牌展会，必须坚持自主培育与积极引进相结合，大力支持本土展会做大做强，培育一批具备国际竞争力的品牌展会。要支持广交会朝国际化、专业化、品牌化方向发展，促进"智慧广交会"和"绿色广交会"建设，形成出口价格形成中心，打造进口和展示中心。联动国际性、国

家性行业协会、商会，支持有实力的商协会在穗办展。梳理筛选国内外知名会展集团及品牌展会，建立会展招商目标库。积极推进与国际展览业组织、会展跨国公司的交流合作，引进国际知名品牌展会来穗办展，引进励展集团、博闻集团、杜塞多夫集团等国际知名会展企业旗下的品牌展会来穗举办，与国内会展企业在穗开展合作经营。

大力拓展会展题材。继续做强广州博览会、广州美博会、广州国际酒店用品展、广州国际照明展、广州建博会等特色品牌展览，并结合珠三角充足的货源生成量，大力拓展相关题材展会的联合运作，重点推进纺织服装、美容美发、家居用品、酒店用品、家具建材、皮具和礼品等消费类展览联合运作。不断延伸会展产业链。以市场为主要维度转变展会主题和运营方式，不断调整展会方向和重点，不断延伸会展产业链，策划培育区域特色鲜明的新型会展活动，抢抓会展产业链关键环节和重要节点。培育与发展新兴产业类展览。密切跟踪全球经济、技术新趋势，发展与先进制造业、现代服务业和新兴战略性产业相关联的专业展会，做大一批金融、现代物流、创意设计、文化旅游等现代服务业展览会，培育一批新一代信息技术、高端装备、生物医药、节能环保、新能源、新材料、3D打印等战略性新兴产业专业展。大力推动广交会与专业市场、连锁、电商、物流、汽车销售等各行业协会联合举办行业洽谈会，组织花都狮岭皮革皮具、新塘牛仔、番禺珠宝、电子信息、装备制造等优势产业集群和专业镇的企业组团参展，发挥广交会的服务优势，提供商品展示、洽谈、电子商务、考察等有针对性的贸易服务，推动产业基地、专业市场与全球经销商之间形成资源的有效对接。支持广交会做大做强进口展区，协助邀请进口商品全国省级总代理、境外企业直营等机构参展，组织大型零售企业与相关产品的国际经销商开展贸易配对活动。

大力发展会展总部经济，充分利用当前全球会展业整合契机，有计划分步骤吸引国际展览业协会（UFI）、国际展览与项目协会（IAEE）和独立组展商协会（SISO）等知名会展企业、机构来穗设立区域总部和办展机构。按照会展业向专业化、市场化、国际化发展方向，支持和鼓励我市会展龙头企业以多种形式整合打造会展业航母级企业，探索组建市属国有会展集团，进一步提升我市会展企业整体实力。大力培育现代服务业、先进制造业和高新技术产业三大领域的专业会展，认真办好创交会、中博会、广博会、留交会、金交会等品牌会展。积极申办承办国际国内高端会展活动，推进筹办2017年《财富》全球论坛、2018年世界航线发展大会和2019年国际港口大会。

二、推动国际性会议业发展

主动发起和吸引国际会议。支持引进中国橡胶年会、国际电信标准化年会等一批高端论坛、行业会议在穗举办，继续发展中国（广州）国际投资年会、全球会展（广州）圆桌会议，积极引进跨国公司年会落户。将广州国际城市创新奖纳入世界城市和地方政府组织（UCLG）、世界大都市协会体系，逐步实现"广州奖"社会化运作，提升广州在世界城市网络体系中的发展地位、城市形象和国际影响力。

积极探索各种行之有效的制度，对接知名国际会议组织。研究聘请学术领域带头人、跨国公司高层、国际机构及协会代表等作为广州"会议大使"。以会议大使在行业的领头地位引进高端会议和行业会议在穗举办。主动配合国家"一带一路"倡议，加强与西亚国家、上合组织成员国和亚信峰会成员国的合作，策划和承办海上丝绸之路主题的高级别国际会议。结合广州发展实际，承接联合国专门机构会议，积极与联合国专门机构进行对接，承接相关会议。

创新会议业经营模式。整合会议产业链资源，聚焦会议细分市场，做强会议新兴市场。鼓励品牌展会以展促会，在大型专业展览同期创设或套开行业高端论坛、会议。通过发展会议产业创新产业招商模式，以国际高端会议传播广州城市形象，提升广州国际影响力。推动全方位城市营销，与面向国际投资者的主流媒体合作，开展高端宣传，吸引更多国际性专业研讨交流活动、国际会议在穗举办。

三、优化会展业空间布局和配套设施

高起点推进琶洲国际会展中心区、流花专业会展区、白云新城国际会议活动聚集区、花都航空会展功能区以及各区专业化展贸集聚区建设。深化打造琶洲国际商务会展核心功能区，完善广州国际展览品监管仓、物流转运中心，优化展馆周边地区交通配套设施，推动琶洲港澳码头、航站楼建设，支持广交会做大做强。提升建设流花展贸功能区、白云新城会议功能区，在明珠湾起步区高标准规划建设国际会议会展中心。推进流花展馆的盘活工作，复兴传统流花会展集聚区，重点依托流花展馆、广州越秀展览中心（在建）、中国大酒店、东方宾馆，打造流花地区承办中小型专业展、消费展和巡回展的展会孵化功能。依托现有白云国际会议中心等会展专业场馆，形成"以展带会、以会促展"的会议与展览融合发展模式，打造集国际会议、主题展览为一体的会展综合功能区。探索设立南沙临港会展集聚区及空港会展功能区，通过会展区域一体化配套设施建设，带动自贸区、空港区功能开发，促进会展业进一步与国际接轨。完善会展所需的海关、检验检疫以及交通、商务、酒店、餐饮、购物、旅游、休闲、居住服务等配套设施及服务建设。加强行业监管力度，充分发挥行业协会作用，强化会展业行业自律和行业管理，构建"广州会展"立体化推广网络。

四、营造促进会展业发展的市场环境

落实国家促进展览业发展的税收优惠政策，对企业发生符合政策条件的创意和设计费用，执行研究开发费用税前加计扣除政策。完善展馆互动机制，加强展馆间信息互通，提高展馆设施综合使用率。探索建立会展纠纷、侵权投诉的仲裁、诉讼、审批、执行快速处理机制，营造公平、公正的市场秩序。创新展品入境查验监管模式，提高展品通关便利化水平。积极争取游艇自由行、世界珠宝展等高端会展业的配套政策，吸引国际性社团组织在南沙办展。

支持各类展会拓展业务范围，推动展会从以货物贸易为主向货物贸易与服务贸易、技术贸易并重转变，以交易为主向展览综合运作转变。大力发展数字会展新业态，鼓励传统展会借助电子商务与移动互联网向展商互动、商务对接、线上交易等平台化功能的新型会展模式转变，打造行业展览、行业网站、行业电子商务平台三位一体的数字会展系统化运营模式。

五、打造会展业影响力和创新力

加强广州会展业整体宣传，提升广州国际会展之都的知名度。营造适合会展业发展的氛围，大力培育、引进品牌展览和高级别国际会议。充分运用网络优势，开展广州会展城市品牌整合性宣传，促进国际会议、展览项目的申办与海外宣传促销有机结合。加强与国际知名会展企业及国际展览业组织交流，积极推介广州的城市环境、办展环境、服务设施和政府扶持政策。加强与中国港、澳地区会展业界的联系，参加中国港澳两地举办的展会及论坛活动,为进一步扩大合作打好基础。赴欧美会展业发达国家开展国际会展业推介,进一步加强与国外会展机构的联系。借广州市重点会展企业到境外办展契机,在国外举办的展会上整体推介广州会展业。继续办好全球会展(广州)圆桌会议,进一步扩大会议知名度和行业影响力。

加快推进"互联网+会展"战略。利用新一代电子信息技术深度改造传统会展业,支持会展企业搭建线上会展平台,依托实体会展项目发展"网上交易会",打造线上+线下、全天候营商的网上展会。凭借广州市制造业和现代服务业产业较为雄厚的发展基础,强化"产业+会展"模式,支持央企、行业龙头企业在穗举办汽车产业、机器人及智能装备等领域的品牌展会,在强化广州市先进制造业产业全链条的同时,形成以业带展、以展促业的良性发展格局。探索"新业态+会展"模式,借鉴国内外信息技术等战略性新兴行业的办展模式,促进会展业与战略性新兴产业融合发展。

第八章 适应消费升级，做强时尚产业

时尚产业是世界上最强劲的行业之一，占全球消费的6%，并一直在稳步增长。从20世纪末开始，随着我国整体实力不断增强，人民消费能力不断提升，时尚产业在国内快速崛起，到21世纪第一个十年，我国成为世界第二大经济体，经济快速发展形成强大的消费能力，中国已经成为世界上最大的时尚消费市场之一。一方面，大量的国民通过出国旅游的方式到世界各地购置各种时尚产品，成为国际时尚市场非常重要的消费力量；另一方面，各国时尚产品在纷纷进入中国，攻城略地，占领中国市场，我国成为国际时尚界聚焦的中心，也成为全球最活跃的时尚市场。随着中国消费者购买力的提高，以化妆品、消费类电子产品、服装、珠宝首饰等为代表的产业呈现出快速增长态势，成为富有巨大潜力的新经济增长点。广州要在时尚产业中赶上世界先进水平，必须要改善时尚产业的供给侧结构，满足消费者不断提升的对于时尚产业产品的需求，逐步引导时尚消费，打造立足国内、辐射周边、面向世界的国际消费中心。

第一节 时尚产业的理论分析

一、时尚产业的基本内涵

"时尚"英文为fashion，所谓时，乃时间，时下，即在一个时间段内；尚，则有崇尚，高尚，高品位，领先。俞文豹（宋）《吹剑四录》："夫道学者，学士大夫所当讲明，岂以时尚为兴废"。钱泳（清）《履园丛话·艺能·成衣》："今之成衣者，辄以旧衣定尺寸，以新样为时尚，不知短长之理"。时尚,就是人们对社会某项事物一时的崇尚,这里的"尚"是指一种高度,多指流行得体的一些东西。时尚的事物可以指任何生活中的事物,例如时尚发型、时尚人物、时尚生活、潮流品牌、潮流服饰等。时尚是一个时期内社会环境崇尚的流行文化,特点是年轻、个性、多变和公众认同和仿效。时尚就是在特定时段内率先由少数人尝试、后来成为社会大众所崇尚和仿效的生活样式,时尚就是"时间"与"崇尚"的相加,是短时间里一些人所崇尚的生活。这种时尚涉及生活的各个方面,如衣着打扮、饮食、行为、居住、消费、甚至情感表达与思考方式等。它的触角深入生活的方方面面,带给人的是一种愉悦的心情和优雅、纯粹、品味与不凡感受,赋予人们不同的气质和神韵,能体现不凡的生活品位,精致、展露个性。人类对时尚的追求,在精神和物质两个层面促进了人类生活更加美好。

时尚产业就是以时尚为特色和内核的社会财富创造方式。其内在的内涵非常宽泛,时尚不是一个独立的产业门类,它是通过各种技艺、创意、传播、消费的因素,对各类传统产业资源要素,进行整合、提升、组合后形成的一种较为独特的产品、商品运作模式。时尚产业既是先进制造业的概念,也有传统手工业的技艺;既有现代审美的需求,也有传统文化的利用;是融合了第二产业的制造、第三产业中的商业、媒介、媒体、设计等一系列的业态,是创意性、生产性的新兴产业运作方式。其形式是一种有机组成,各类产品都可以纳入到这种表现形式当中。在产业形式上,是跨越高附加值先进制造业与现代服务业产业界限的多产业集群组合。在产业层次上,主要表现为以下三个层次:核心层,对人体进行装饰和美化的个人时尚用品,包括时装、鞋帽、皮具、服饰配品、美容美发,乃至珠宝首饰等;扩展层,对人在生活所处的小环境进行装饰和美化的家居时尚用品,包括家居用具、家居装潢、家具寝具等;延伸层,对人生存和发展中相关的事物、情状进行装饰和美化的环境时尚化工程,包括时尚社区、时尚街区,乃至时尚城市的营造。在产品表现上,主要提供体现流行审美情趣和消费理念的精致化、美化的消费品或消费服务;在产业特点上,突出表现为引领时尚消费,包容多元文化价值观,随着社会生活潮流的变化而不断创新、丰富和发展;在产业目标上,为人们带来优美的生活。

二、时尚产业的特点

短期需求弹性小。时尚最根本的特征是既希望与流行群体一致,又希望与众不同,是一种矛盾的混合体。时尚与自我密切相关,时尚背后是自我主义的冲动。为满足消费者的这种个性需求,时尚产品生产者所生产的时尚产品既具有与同时期的同类产品不同的特征,又具有与不同时期的同类产品不同的特征,这使时尚产品在流行的时期需求价格弹性很小。在时尚产品流行的短期内,这种产品对消费者而言是稀缺的,因此其需求对价格的变化不敏感。正因为如此,时尚产品的生产者可以对时尚产品制定较高的价格而不用担心需求量减少的问题,所以时尚产业经营者可以在短期内获得垄断利润。

创意密集型产业。时尚产业的重要特征是它能满足消费者的审美需要,装饰消费者的生活。时尚产品的创造者运用自己的创意将时尚的元素、符号、内容加入时尚产品,让消费者的审美需要得到满足、生活得到美化。因此"创意"是时尚产业的灵魂,是时尚产业生产要素中最重要的生产要素,时尚产业是创意密集型产业。

高附加值产业。产品附加值是劳动者在利用原材料和生产工具生产产品的过程中附加于原材料之上的价值,它来源于劳动者的无差别人类劳动。普通商品的生产者只需要使用简单的体力劳动就可以,因此创造的产品附加值并不高,而时尚产品的生产者不仅要使用简单的体力劳动,而且要使用复杂的脑力劳动,特别是创意劳动,因此创造的产品附加值较高。

产业链长。时尚产业的核心要素是创意,时尚产品的核心内容往往是一个创意,而这一创意不仅可以用于一种时尚产业,而且可以用于其他时尚产业。一个好的创意可以运用在服装、鞋帽、饰品、箱包、家纺等领域,这使得时尚产业具有较长的产业链。正因为如此,一种时尚产业的发展可以带动其他众多时尚产业的发展,并形成产业集群,发挥规模经济和范围经济的作用。

第二节 时尚产业引领消费升级

经济的提升带动时尚产业发展,而时尚氛围的建设相应也会促进市场的发展,推动经济建设,这是一个循环的过程,彼此相得益彰。随着经济的发展,人们收入不断增加,城市里中产阶级的范围逐渐扩大,他们的消费水平及生活品质均有了大幅提升,成长为时尚消费的主要力量。这一力量的逐渐壮大带动着社会主流生活方式的风向,因而,经济的发展为时尚产业孕育了潜在的巨大市场,促进了时尚消费的发展,并显示出时尚产业在北京将有令人期待的前景。时尚需要经济作后盾,但还需政府投入更大的精力来提高人民整体的生活水平,消费者的购买力才会提高,从而促进时尚产业的良性、快速发展。

一、消费模式的转型

随着科技、产业变革和文化多元发展,凝聚东方理念和优质制造的中国时尚产业正展现出新优势,为全球时尚产业注入多元化价值体系和新生力量。根据贝恩公司发布的《2018年中国奢侈品市场研究》显示,2018年中国大陆奢侈品市场的增速已经超过国外市场,达到20%,其中年轻消费者已经成为推动奢侈品市场增长的主要动力。随着社会经济的发展与收入水平的增长,中产阶级的群体边界不断扩张,中国9.4亿城市人口中已经有多达3亿的中产阶级群体,这为时尚产业的迅猛发展奠定了足够优渥的用户基数。而这些年轻一代消费者群体不仅对于时尚消费品的需求更加旺盛,其强调个性化和独立性的导向也助推了时尚产业本身的内涵和外延不断扩大,从某种程度上来说,过去高高在上的奢侈品、时尚品随着消费端的多元变化正在趋于日常消费品,而大众消费品也通过注入更多时尚元素完成了升级换代。

从规模化到精致化的转型。过去,时尚产业一直被冠以规模至上的理念,通过塑造品牌的符号化、奢侈感,制造与消费者的距离,来赢得高的溢价空间,赚取规模化利润,但是,随着互联网时代的到来,新生代人群的成长,碎片化需求和细分人群的分化,时尚消费的长尾效应正在发挥着前所未有的威力,时尚产业正在经历着从大众品牌—小众品牌的精致化转型期。信息商业社会将个性化的时尚需求激发,同时也将个性化的创造力充分释放,时尚的产业因此从买得到,买得起到买得好的方向转变。在精致时尚消费需求的驱动下,工业经济时代的规模化的时尚商业,正在演变为一个个满足人们细微的时尚生活需求的,小而美的精致化的微经济体。只有那些个性化,能够承载特定群体感情寄托的东西才有生存空间,小即是美的时尚沃土已然开始产生,基于生活方式的微商业生态系统开始形成。

随着我国经济持续稳定增长，居民收入水平不断提高、闲暇时间增加、艺术教育普及等经济社会因素的变化，人们的消费模式和消费习惯发生了深刻变化，消费时尚化的趋势日益明显。消费者需求逐步高级化，更加追求高品质、高档化的名牌商品，表现自己个性、品位等文化精神需求。而且时尚消费市场的深度也在拓展，随着价值观的多样化和服装、皮具、饰物等商品穿着使用机会、场合的增加，再也不会出现一件衣服、一种样式适用于所有场合，而是根据各种职业、娱乐、运动、社交等不同场合需要添置不同类别、款式的服装和用品。受需求的个性化、多样化以及传媒传播速度加快的影响，不仅服装等传统时尚商品的流行周期越来越短，电脑、手机等也成为时尚商品，形成了流行周期，并且周期越来越短。总的来看，越来越多的消费群体的消费模式趋向于追求时尚，越来越多的商品具备了时尚商品的特征，使得时尚消费的市场空间日益增长。

二、产业力量的崛起

时尚设计领域中国力量和原创设计的崛起。逐渐成长起来的中国时尚消费者拥有越来越开放的心态，他们欣赏那些具有质感，又拥有设计特色的时尚产品，更加追求有品质有文化的低调的奢华，而越来越多的奢侈品消费者正抛开对奢侈品的盲目迷恋，开始青睐中国文化元素。尤其是年轻的"80后""90后"群体，更加追求时尚是否能够彰显个性和自我风格，而不希望"满大街随处可见"，或者是"动不动就撞衫"。在消费者从盲目地崇拜大牌向潮流个性化转型的趋势指引下，中国的本土设计师品牌也迎来了机会，设计师品牌从仅仅是被消费者"欣赏"和"观摩"，开始走进他们的时尚生活，一些名不见经传的原创设计师品牌所具有的新颖性和独特元素，让人耳目一新。调查显示，中国时尚人群中，过去一年有48.7%的消费者购买过的设计师品牌服饰的件数在2~5件，平均购买过4.4件，设计师品牌已经走进人们的时尚生活。而很多国外留学的设计师归国开创自己的设计师品牌，这让中国设计师成为一股新锐的时尚力量，在影响和改变着时尚产业的格局。

时尚媒体成为潮流的引领者。过去在服饰和妆容为主的时尚消费阶段，时尚媒体往往停留在以传播服饰、装扮等内容为主，时尚人群通常是通过仰视传统媒体来获得权威的精英化的时尚内容，随着时尚所指向的内涵与外延的扩展，行为举止、生活方式、人生态度也成为时尚人群对于时尚媒体的需求，时尚媒体囊括的内容更加丰富，如拓展到居家、旅游、美食、音乐、电影、体育、艺术、设计等和现代生活方式息息相关的方面，消费者通过移动互联网、社交媒体等方式参与到了时尚生活化内容的创造中，时尚媒体从提供精英阶层的时尚话语，转向提供生活方式和生活态度。时尚媒体今天和受众的关系不再是传统意义上的看与被看的关系，而更多体现为生活方式的共建、生活方式的融入，媒体越来越需要传递生活价值观，借此来激发受众和媒体之间的共鸣共振，而媒体的粘性，也越来越依赖于多大程度能够提供消费者所需要的生活方式的解决方案。此外，媒体与渠道的融合趋势也在塑造新的媒体形态，媒体电商化、电商时尚化、渠道媒体化、品牌媒体化都将成为新的趋势。对于"80后"和"90后"而言，国内导购类时尚媒体（如美丽说、蘑菇街）也成为他们直达时尚消费的重要渠道，将内容与渠道进行一站式衔接，电视节目、视频行业也在与时尚紧密捆绑，内容即渠道的时代到来。

时尚产业正在进行供给侧结构性改革。面对全球经济一体化竞争的加剧，城市角色如何定位，城市如何走差异化发展战略，已成了城市参与全球经济一体化竞争最重要的手段。过去，城市只注重的是从政治层面的大规划、大布局，而今天，越来越多的城市开始思考如何将时尚元素作为推动城市转型的新抓手，时尚产业是提升城市品位的新标志，也是强化区域影响力的新举措，同时是强化城市功能结构的新平台。近年来，上海、深圳、广州、厦门、武汉等大城市十分注重时尚产业发展，积极通过时尚产业发展规划制定、时尚产业园区建设、时尚潮流信息发布、时尚品牌培育、时尚大师工作室设立等来发展时尚产业。对于城市而言，在规划时尚产业时，不仅需要关注城市时尚人群的时尚需求，同时也需要专业特色化的产业规划方案与配套扶持，而时尚也包含了比较大的范畴，包含餐饮业、服装业、美容、珠宝、汽车、科技、手表等多个行业，每个行业内又有显著的定位差异，如大众时尚产品、奢侈品、设计师品牌之别，男、女、童的细分等。对于城市而言，如何将时尚元素注入相关传统产业之中，整合、提升、组合各类传统产业资源，形成较为独特的产业链，以实现其市场价值的提升和商业模式的创新，为传统产业结构升级注入源源不断的活力，时尚产业正日益成为提升城市影响力、发展新经济的重要着力点和支撑点。

随着中国经济实力的不断提升，文化对外传播的增强，宏观环境基础已经为中国品牌走向世界时尚体系提供了有力支撑。中国国内已经培养出了一批紧跟国际时尚脚步、拥有自己特色的时尚设计师，同时形成了一批具有较强市场开拓能力的时尚品牌企业，开始走上国际秀场，展示中国时尚风格。在这些领先品牌的带动下，越来越多的企业开始树立自己的时尚品牌、传播自己的时尚风格，影响力也不断提升。就像中国经济对世界经济的影响一样，中国时尚也将对整个世界时尚产业产生深远影响，也许会让世界时尚产业重新洗牌。广州及珠三角地区作为中国改革开放的前沿阵地，较早接触国际时尚潮流信息，时尚相关行业正在走向以设计开发与品牌经营为竞争手段的高级阶段。广州作为岭南文化的中心地，也逐步兴起具有岭南风格特征的新时尚，将作为中国时尚的重要组成，进入世界时尚的舞台。

三、时尚文化的流行

时尚品牌从奢侈品与快时尚的两元格局到多元并举。在中国的时尚消费领域，一直有两股重要的消费潮流和文化，一种潮流是纯粹的奢侈，也就是大牌追逐，另外一种是"快时尚"，即更新频率快、款式众多。但是，随着人们消费能力增强和消费心理日渐成熟，时尚的消费需求正朝着多样化、个性化的方向发展，深度挖掘细分市场，采取差异化的竞争策略，已成为时尚品牌顺应市场新形势的必然选择。自2013年以来，轻奢侈成为新的趋势，而其核心推动力，则是来自成熟的中产阶层的崛起，数据显示，"60后"和"70后"对轻奢侈的服装品牌更为偏好。近两年，Michael Kors、Tory Burch、Kate Spade这些轻奢品牌在代替Chanel、Dior、Louis Vuitton等成为海淘、代购"扫货"的最大热门后，早已将战线直接切入中国这个肥沃的市场。轻奢侈对于时尚服装行业带来最大的影响是奢侈品大牌的去LOGO化，LV、Gucci等奢侈品牌近期争相推出去Logo产品，世界奢侈品巨头Kering集团2014年第二季度财报显示，无Logo的Gucci皮具产品获得双位数增长，而带Logo的织物面料配饰销售下跌。而对于年轻人而言，更看重快时尚和设计师品牌。2014年，ZARA、H&M、优衣库、mango、UR、forever21快时尚品牌的店铺在中国不断地扩张，越来越多的国产品牌也盯上了"快时尚"巨大的市场容量，美特斯邦威、班尼路、佐丹奴、李宁等都试图转型，时尚品牌开始进入多元绽放的局面。

四、时尚流通渠道的便捷

时尚流通渠道从售卖经济到体验经济的变迁。今天，随着电商的发展，时尚消费渠道也呈现出多元化趋势，时尚购物中心不再是简单的交易场所，而演变成了生活方式的场所，《2014中国时尚指数》显示，中国时尚人群在休闲时间中，去的很多场所都是具有时尚的生活方式标志的场所，无论是中高端商场、时尚餐厅、咖啡馆、电影院、奢侈品店或者是健身会所，都不是简单地去"消费"或者"购买"行为的场所，而更代表一种休闲的时尚生活方式。未来的消费者会更愿意为体验、环境、情感和服务买单。越来越多的商场和百货零售业注意到这一趋势，纷纷开打"体验牌"，调整业态，增加休闲、餐饮、娱乐，甚至体育场馆、博物馆、儿童游乐设施、博物馆、水族馆、体验式运动城等业态的比重，透过轻松愉悦的购物环境，以实现对客流的重新集聚。从整体来看，驱动不同消费者选择不同的渠道的原因，最终都归结于极致的体验：实体带来的是品牌体验，消费者享受近距离与品牌的互动；电商带来的是便捷性体验，消费者抖动指尖就可以在家门口收货；海淘带来的是全球化体验，有实力的消费者选择商品时视野不再囿于一国，可以在全球范围内选择优质商品；社交类消费者注重的是关系型体验，通过意见领袖的指导以及朋友间的交流，消费者能够自信地选择适合自己的风格；直达型消费者注重的是与品牌的直接对话，减少中介环节，消费者可以与品牌更亲密的互动，感受优质的近距离服务。而所有渠道要购买消费欲望，都和时尚的生活方式紧密相关，不能传递生活方式的渠道，无论是线上还是线下都不可持续，时尚渠道开始从流量经济到体验经济和娱乐经济的转变。

随着互联网、移动通信等技术的普及，网络传播、网购等新商业模式的兴起，也在逐步改变时尚产业的模式，尤其是对时尚话语权的传播方式产生了巨大影响，打破了原来传统时尚品牌垄断话语权的局面，为新兴的小众时尚拓展了成长空间。名气还不大的新锐设计师可以超越传统媒体的限制通过网络把自己的设计、品牌、产品展示给更多的消费者，能够与更多的潜在消费者沟通。对于传统意义上比较小众的设计师品牌，可以通过网络渠道更便捷地定位目标消费群体，加快了其设计风格、品牌文化的传播速度，扩大了其时尚话语的传播半径。网络为新兴时尚品牌的成长拓展了空间，也为后起发展中国家的时尚企业避开已有知名品牌的直接竞争，逐步提升时尚知名度、积累忠实消费者提供了战略机遇，对于扩大时尚消费群体和整体市场的规模，也有积极的作用。

五、奢侈品成为引领力量

中国奢侈品产业的发展状况与中国经济发展一直保持着紧密联系，随着中国改革开放进程的不断加深，经济稳步增长，中国奢侈品经济的销售和企业数量一直随着经济增长而不断上升，中国奢侈品经济发展在近年逐步居于全球领先地位。总体来看，中国奢侈品经济仍然保持着持续上升的势头，但受关税的影响和政策的需要，未来的奢侈品经济增长不会有十分好的表现，总体处于平稳的态势。

总结中国奢侈品市场四十多年的发展状况，大体上可以分为快速增长、激烈增长和平稳增长几个阶段。在 2007 年之前是较为快速的增长；2007~2011 年仅仅四年内增长迅猛；在 2011 年之后由于经济趋缓和税收的加重，增长趋于缓慢，并且在其增长的末端也出现了一系列的分化，如轻奢品牌的出现等。中国的 CBD 和奢侈品或者说当下流行的轻奢品牌进行了相当大的融合，未来必然会成为世界 CBD 和轻奢的领跑者，即便当下还没有成为，但未来是一种必然的趋势。相对而言，西方国家的市场基本已经开发殆尽，而中国的市场还处于蓬勃向上的趋势，发展势头良好。加之中国人口众多，经济发展推动了人们消费力的提升，所以更容易打开市场。

中国衍生出了轻奢品牌这一个特殊的系列。由于价格昂贵，奢侈品往往不适合广大工薪阶层，近年来，轻奢品牌应运而生，它不仅可以满足奢侈品的高端享受，而且也可以满足较低消费的需求。中国在奢侈品品牌的发展中还出现了很多具有本土特色的创意和创新点，这些创新点颇具吸引力，并且创新点与相关富有创新的企业数量，仍在不断的增长中，而保持创新就是时尚产业发展的必备首选。因此，中国的时尚产业，时尚轻奢品牌的产业未来将会成为中国时尚产业的引领者，而 CBD 的商业也将形成以时尚产业为核心的业态分布。

六、CBD、MALL 成为时尚载体

中国时尚产业的发展要早于 CBD 的规划与建设，但由于没有合适的发展

空间，发展速度相对缓慢，当首批 CBD 规划与建设后，时尚产业与 CBD 就产生了紧密的联系，究其原因，CBD 的存在与发展为时尚产业提供了更好的环境与氛围，成为时尚产业发展的沃土。

CBD 和 MALL 集中了百货、专卖店、精品店、餐饮、休闲、酒吧、文化、旅游、娱乐、健身等多种元素的集聚地。各种类型商业企业在空间上的联合，会产生"1＋1＞2"的综合经济效应。对于消费者而言，他们的各种消费会在这个区域实现，而且在该地区的消费要超过在一般地区的消费，因而产生消费带动效应。此外，产业集聚通过集中化大规模的商业活动和提供相关服务，将会带动所在地区的金融、房地产、建筑、广告、装饰装修及交通运输的发展，促进该区域的产业规模化和专业化。而当产业集聚规模、专业程度达到一定水平，还会引起周围人们的思想和消费观念的变化，甚至消费结构的改变，从而促进消费环境和商业经营的进一步提升。CBD 的规划建设受到产业集聚理论的影响，其基础设施为区域内的商业活动创造了良好的集聚条件，尤其是受产业集聚影响较多的时尚产业，受到这一因素的影响更多。

在城市规划还在初期的时代，城市内能够满足时尚品牌对硬件条件要求的区域较少。在 20 世纪 80 年代，中国时尚产业起步的初期，国际品牌多依托高档酒店设立销售柜台，一方面，是因为在当时酒店的环境相对较好；另一方面，也是因为当时国人购买国际品牌需要外汇票，国际品牌的消费者多为外国人。20 世纪 90 年代，一线城市 CBD 开始了快速的规划与建设，因为采用了更为先进的理念，同时 CBD 在城市发展中起到先导作用，所以 CBD 迅速成为一个城市交通与建筑空间等硬件条件最为领先与完备的地区。时尚产业因其特点对交通、建筑空间等硬件要求较高，这与 CBD 高质量的环境建设要求不谋而合。时尚产业逐步走出酒店，依托于 CBD 的建设发展走进了大众视野。

第三节　国内外时尚产业的经验探索

一、国际案例：曼哈顿第五大道

曼哈顿被认为是整个美国的经济和文化中心。这里是世界上摩天大楼最集中的地区。它汇集了世界 500 强企业的总部，也是联合国总部的所在地。

曼哈顿华尔街是全球最重要的金融中心，纽约证券交易所和纳斯达克证券交易所落户于此，而曼哈顿的房地产市场也是全球最昂贵的地区之一。曼哈顿是纽约市的中心。纽约的主要商业、贸易、金融和保险公司位于曼哈顿，大型企业总部和数十万就业人口已成为全球就业密度最高的地区。由于曼哈顿从事金融业务，在保险业有很多公司，在曼哈顿下城有一个只有1.54公里长的华尔街金融区，面积不到1平方公里。它集中了数十家大型银行、保险公司、交易所和数百家公司。

曼哈顿的时代广场，被称为"世界的十字路口"和"世界的中心"。它是百老汇戏剧剧院的核心，它是世界上最繁忙的人行横道之一，也是世界娱乐业的中心。曼哈顿还拥有许多世界知名的桥梁、摩天大楼和公园，曼哈顿华裕是整个西半球最大的中国人定居点。这里还有大量的顶尖高中和大学，包括世界前50名最著名的大学，如哥伦比亚大学、纽约大学和洛克菲勒大学。曼哈顿CBD是纽约市发展的催化剂。国际和跨国行业组织在纽约市已经非常成功。早在1979年，就有277家公司。在纽约市有277家日本公司，213家英国公司，175家法国公司，80家瑞士公司和许多其他国家综合性分支机构；曼哈顿CBD商品房住宅和商品住宅营业额在美国房地产市场的这类住房占营业额的40%；美国有21%的电话来自纽约；房地产增长，政府税收增长，曼哈顿房地产评估约占纽约市房地产评估的53%，曼哈顿房地产价格1969~1983年增长约58%。曼哈顿的经济增长占纽约市总经济增长的82%，CBD及其衍生品促进了纽约市的繁荣。1978年，纽约市的机场接待了150万游客。

19世纪早期，在纽约曼哈顿的第五大道只是空的农地。随着曼哈顿CBD的崛起，它逐渐成为纽约高级住宅区和名流绅士聚集的地方，逐渐成为时尚界的中心。从南到北有许多文化地标，如帝国大厦、纽约公共图书馆、洛克菲勒中心、圣帕特里克教堂和中央公园。此外，还有大都会艺术博物馆、惠特尼博物馆、中央公园附近的所罗门古代博物馆。因此，盖姆海姆博物馆、库珀休伊特设计博物馆和其他著名的美术博物馆等被称为"艺术画廊"。第60街与第34街之间的第五大街被称为"梦之街"。这里汇聚了很多知名品牌，是世界著名的购物区。根据英国一家咨询公司在全球45个国家进行的年度调查，第五大道仍然是全球最昂贵的零售地。第五大道已经成为世界级的时尚中心，并补充了曼哈顿的发展。曼哈顿为第五大道提供了优质的交通条件，一流的建筑空间，并且能够遍布全球各地，并拥有高度匹配的消费群体。

反过来,第五大道的存在也为曼哈顿成为世界重要的商业和文化中心提供了必要的帮助。

二、上海推动成为"设计和时尚之都"

作为中国时尚业的重要发源地,也是中国时尚品牌培育诞生的摇篮,上海在历史上涌现出了一大批享誉全国、蜚声海外的知名时尚品牌。当前重提时尚之都建设,是上海建设全球卓越城市的必然选择。

2015年,上海市政府与中国纺织工业联合会签署《共建上海国际时尚之都战略合作框架协议》,共同推进国家级时尚产业基地"中国纺织服装品牌创业园"等载体建设,打造了新天地、田子坊、8号桥等时尚创意地标,设立中国时尚趋势研究院,引入了中国国际服装服饰博览会等一批重点展会。在各方的努力下,上海正在成为国内时尚企业、时尚人才向世界进军的舞台,成为海外时尚企业拓展国内市场的"桥头堡"。2016年,上海市被国际时尚联盟认定为全球成长最快的时尚之都,被中国品牌促进会认定为品牌经济发展要素最好省市。

上海时尚之都建设主要是树立"大时尚"产业及消费概念,涵盖服装服饰、家具家居、工艺美术、健康运动、美丽保健五大行业,通过需求的时尚化倒逼消费品等传统产业转型升级,通过科技、资本与时尚产业融合,推进消费品工业"增品种、提品质、创品牌"。

具体看,转型升级时尚服装饰品业,鼓励龙头企业加大原创设计力度,支持中小企业加快营销模式创新和自主品牌创建,重点布局环东华时尚创意产业集聚区、上海国际时尚中心、时尚谷、上海家纺园等;提升发展工艺美术业,推动黄金珠宝首饰业由规模化向精品化、高端化发展,推动应用艺术瓷产业做大做强,支持琉璃类艺术作品创新应用,推进中国艺术研究院上海研究院、中国轻工业联合会"国匠杯"手工艺精品评选工作落户上海,支持上海工美艺术品交易中心等要素平台建设;延伸发展美丽健康业,重点布局以"东方美谷"为核心的"一核二片五联动"美丽健康产业集群等;创新发展时尚智能家居业,不断扩大AI在该领域的场景应用,形成具有国内强大影响力的品牌智能家居平台企业;培育发展时尚数码业,重点布局张江文化创意产业基地、金桥出口加工区、松江G60科创走廊;推进上海时尚之都促进中心等公共服务平台建设,引导各类市场资本组建上海科技时尚、上海都市产业转型等基金服务时尚产业升级。

到 2020 年，消费品工业占全市工业比重超过 20%，利润和纳税高于全市工业平均水平十个百分点以上。推进时尚产业价值链中设计、品牌、贸易、市场、零售、展示、人才等各环节有机融合。进一步提升上海在全球时尚领域的地位，基本建成品牌荟萃、市场活跃、风投云集、消费集聚、影响广泛的国际时尚之都。

近年来，上海集聚各方力量推进创意设计产业发展，营造了良好的城市创意氛围。通过与科技融合应用前沿技术，与实体制造融合实现共同发展，与金融、贸易融合获得服务支撑，与旅游、体育、农业等融合促进城市宜居。创意设计产业涵盖设计产业、时尚产业、软件及信息服务业、文创产品及设备制造等行业，创意设计还融入到了产业转型升级、城市建设更新、关爱改善民生、国际交流合作、促进可持续发展等方方面面，成为相关产业发展的粘合剂、催化剂。同时，上海通过每年举办设计之都活动周、上海时装周、中国国际工业博览会设计创新展等主题活动，从不同角度和行业需求，为企业搭建产业合作交流平台。中国国际服装服饰博览会自 2015 年起移师上海，是亚洲地区最具规模与影响力的时尚服装专业展会。被誉为中国室内设计发展"风向标"的中国室内设计周自 2017 年起由北京移师上海，与上海国际室内设计节合并举办，这是继上海与国际室内建筑师设计师团体联盟共同发布《IFI（上海）设计宣言》后，上海"设计之都"建设在家居行业再迈新台阶。目前，上海集聚了国际、国内具有影响力的高端工业设计人才约 40 万，涵盖工业设计、建筑设计、规划设计、服务设计、时尚设计等十大领域，每年新增约 1 万个设计就业岗位，服务以长三角为核心辐射的区域产业发展。

通过大力促进文化创意和设计服务与实体经济深度融合，"互联网+"行动和"文化+"思维双管齐下，抢占产业制高点，推进供给侧结构性改革，促进传统产业改造提升，培育实体经济发展的新动能。具体来说，就是要发挥创意设计贯穿于经济社会多行业多领域的特点，强化创意设计的引领和支撑作用，提高创意设计产业整体效益和国际竞争力，加快实现由"中国制造"向"中国创造"的转变。

三、米兰——时尚之都

米兰（Milan），因建筑、时装、设计、艺术、绘画、歌剧、经济、足球、商业、旅游、媒体、制造业、金融等闻名于世,古罗马时期被称为米迪欧兰尼恩(Mediolanium),是意大利第二大城市,米兰省省会和伦巴第大区首府,位于伦巴第平原上。米兰也是世界著名的国际大都市之一,世界八大都会区之一,意大利最发达的城市和欧洲四大经济中心(法国巴黎,英国伦敦,德国柏林,意大利米兰)之一,世界时尚与设计之都和时尚界最有影响力的城市,世界历史文化名城、世界歌剧圣地、世界艺术之都。米兰拥有世界半数以上的时装著名品牌,世界所有著名时装在此设立机构,半数以上时装大牌的总部所在地,是世界四大时尚之都之首,著名的历史文化名城,这里是全球设计师向往的地方。米兰亦是名副其实的金融中心,集中了全国90%的金融交易。这里有欧洲闻名的全意证券交易所-米兰证券交易所、意大利商业银行、意大利信贷银行及伦巴第储蓄银行等总部都设在米兰。除此以外,还有130家各类银行、900家银行分支机构、46家外国银行分行(包括中国银行米兰分行,中国工商银行)在此营业。

米兰是世界上展览、展会最多的城市之一,米兰曾承办过1906年世界博览会并且已主办2015年世界博览会,米兰国际展览中心是世界最大的展览中心。米兰设计周、米兰家具展、米兰建筑双年展等固定展览在世界具有重要影响,全世界各地展品源源不断地在米兰进行展览。一年一度的米兰国际博览会是世界第四大博览会,对促进意大利对外贸易有极其重要的作用。每年举办各类展览80多个,参展商30000家左右,参观者达250万人次,展出面积37万平方米。米兰汇聚了众多世界时尚名品,阿玛尼、范思哲、普拉达、杜嘉班纳、华伦天奴、古奇、莫斯奇诺等。米兰时装周是世界最为重要的时装周之一,有世界时装晴雨表之称。蒙提拿破仑街是世界最为著名的奢侈品大道。

五十多年前,意大利毫无时装业可言,"MadeinItaly"的标签只是"廉价、仿冒、劣质品"的代名词,但是,米兰的崛起使意大利摆脱了巴黎加工厂的命运。随着第二次世界大战后经济繁荣发展,以中产阶级为市场定位的高级成衣开始成为主流。1962年,在意大利时装局的支持与协调之下,意大利设计师在罗马成立全国性时装协会。20世纪70年代后期,意大利政府决定把政府时装局成衣时装部从佛罗伦萨迁至意大利北部的米兰,使米兰迅速上升为国际时装设计和贸易的重镇。米兰的时装展逐渐成为意大利新一代时装设计师崭露头角的起点与舞台,使意大利的时装设计师开始超越国界。政府的管理机构、时装公司和厂商云集,大力推动发展的意大利时装协会,基础良好的产业结构支持,充足浓厚的设计文化底蕴以及方便的交通物流,推动意大利时尚产业在设计上展现出鲜明的风格,也使米兰发展成为时尚之都。

第四节 发展时尚产业的路径

改革开放以来,广州以及珠三角地区得改革风气之先,"广货"誉满全国。广州是一座具有悠久设计历史的城市,古香古色的南越王宫、黄埔古港、六榕寺,浸透着简练、朴素、通透的设计智慧,广州大剧院、广州图书馆、琶洲展馆,表达了国际都市的时尚气息,承载着"千年商都"和"国际化大都市"的城市光影。人们对时尚的喜爱,表达了对美的追求、对美好生活的信心。时尚产业已经成为广州经济的重要组成部分。广州两千多年的商都历史和文化为广州树立了鲜明的城市品牌和深厚的文化底蕴,有助于提升广州时尚产业的品牌知名度和影响力,浓厚的商都文化氛围既是本地时尚产业蓬勃发展的沃土,也有利于吸引国际知名品牌和高端人才集聚。

一、广州拥有发展时尚产业的良好基础

较强的辐射力。广州具备发展时尚产业的发展条件。广州作为国家重要的中心城市、"一带一路"倡议枢纽城市,拥有世界级空港、海港、铁路港、信息港,1小时城市圈覆盖珠三角,能够满足时尚产业发展对人流、物流、资金流、信息流进行快速交换的要求。2017年前三季度,广州市实现社会消费品零售总额6888.89亿元,同比增长8.4%。其中,批发和零售业、住宿和餐饮业分别增长8.7%和6.2%。从消费能力看,广州新消费新业态加快发展,2017年前三季度,与居民消费质量提升和品质改善相关行业的零售额都保持较快增长。金银珠宝类、中西药品类、通讯器材类、日用品类零售额同比分别增长18.4%、16.4%、13.5%和12.4%。从新业态看,在京东商城华南总部、"天猫超市"等电商龙头带动下,限额以上网上商店零售额继续快速发展,增速达17.6%。经济的发展和消费能力的提升,为时尚产业的发展奠定基础。

完备的产业链。广州市时尚产业链十分完备,广州拥有从服饰、箱包、鞋帽、配饰、珠宝、化妆品的设计、制造、品牌推介等一系列完整的时尚产

业链条，拥有全球最大的纺织辅料市场——广州国际轻纺城，流花板块、十三行板块、沙河板块等服装批发市场群也已构成全球最大的服装流通中心，广州还拥有狮岭、三元里等皮革皮具市场集群，美博城、兴发广场等美容美发市场集群，以及解放南、站西路等鞋类市场集群，坚实的产业基础为时尚业提供了广阔空间和有力支撑。广州是全国服装行业优秀设计师最为集中的城市，拥有从设计、板型、材料、制作到发布、交易、物流、电商等服装行业全产业链，拥有例外、哥弟、卡奴迪路、MO&CO等知名服装品牌，在全国首创纺织服装时尚买手协会，助推时尚产业发展。彭丽媛出访时选择了国产服装品牌"无用"和"例外"就来自广州，彭丽媛演绎出大气的东方美，衣着时尚得体、举止大方、加上本身的艺术家气质，每每出现都给世界一个精彩的"亮相"，是广州时尚产业的最有影响力的推广宣传员。此外，广州与珠三角地区如虎门的服装、均安的牛仔、小榄的内衣、沙溪的休闲服等构成产业集群，有利于强化集群优势。从服饰、箱包、鞋帽、配饰、珠宝、化妆品的设计制造到品牌推介运营、会展商贸物流，广州提供满足全产业链需求的产业支撑和优良营商环境。作为中国的"时尚之城"，这里有丰富的资源，各类人才密集，创新创业活跃，全球最大的VR泛娱乐设备制造基地正在崛起；这里有全球最大的纺织辅料市场和服装流通中心，有成熟的珠宝钻石产业集群，钻石进出口额居全国各口岸首位，钻石首饰零售市场份额占全国70%以上，年打磨钻石价值超过10亿美元，带动广东省形成近2000亿元人民币的珠宝产业规模，影响辐射"一带一路"沿线及欧美发达国家，坚实的产业基础，为时尚在广州的发展提供了有利的支撑。皮革皮具、美容美发等市场集群生机勃勃，是重要的消费窗口和商品集散地；这里交通便利，链接全球的枢纽网络正在成型。广州是"千年商都"，商业历史源远流长，商业氛围浓厚，五次夺得"福布斯中国最佳商业城市"桂冠，2016年又被评为"机遇之城2016"第一名。在5个国家中心城市中，广州商贸服务业增加值占GDP的比重居第一位，人均社会消费品零售总额高于北京、上海，商贸服务业的比较优势明显。天河路商圈社会零售销售额不断上升，2016年超过9500亿元，2017年超过1万亿元，是名副其实的全国第一商圈。其中，正佳、天河城和太古汇的销售额在全国商业载体中分列第三、第四、第九名，在45平方公里范围的同一商圈中有三家商业综合体入围全国前十，充分说明了广州市具备良好的商贸环境和浓厚的商业氛围。此外，在时尚产业发展重要的传播展示环节，广州在全国具有较大影响力，是全国新闻媒体最发达的地区之一，是国内会展业发展最早、会展经济最活跃的地区之一。中国进出口商品交易会号称中国第一展，流花国际服装节、广东时装周等时尚型展会在国内具有较大影响力。

较强的创新能力。根据广东省科技情报研究所对外发布的2018年《广东省区域创新能力评价报告》，2016年广州创新能力全省排名第2，多数指标稳居前列。其中，第三产业增加值占GDP比重、产业创新环境、科研机构数量排名第1。国际时尚之都引领时尚的能力与其创新创造能力是需要匹配的。广州高度重视创新驱动发展，2015年广州13家企业入选美国《快公司》评选的"2015年中国最佳创新公司50强"，其中很多企业都与时尚产业、时尚生活相关。腾讯、阿里巴巴、唯品会等10多家互联网龙头企业入驻琶洲互联网创新集聚区，更是为推动时尚产业发展和传播提供了广阔的平台和空间。

时尚商品制造产业基础。改革开放之初，来自香港的服装、鞋类等与时尚相关的生产企业北移到毗邻的珠三角，迅速规模化、产业化，并将国际前沿的时尚信息传递到全国，广州及珠三角地区成为中国改革开放之后，最先吹起时尚之风的地方。来自广州的服装、化妆品、皮鞋等商品以及流行歌曲在全国都是最具有吸引力的，"广州"成为时代的时尚代名词。在多年的发展中，以广州为核心的大都市圈的时尚产业已非常完整，涉及女装、男装、婚纱等纺织服装领域，以及珠宝首饰、鞋业、皮具、美妆等产业，时尚相关商品的产销量在这一时期占据全国领先位置，这样完整的时尚产业基础在全国是非常少有的。珠三角地区如虎门的服装、均安的牛仔服、盐步、小榄的内衣、沙溪的休闲服等产业集群，进一步强化了时尚商品制造的集群优势。

时尚传播展示力。作为时尚产业重要的时尚传播展示环节，广州在全国也具有较大的影响。广州是全国新闻媒体最发达的地区之一，全市共有各类报刊69家，年发行总量超过8亿份，先后孕育产生广州日报报业集团，南方日报报业集团和羊城晚报报业集团，均具有较高的全国影响力。广州是国内会展业发展最早、会展经济最活跃的地区之一，展览的数量，展览面积，名展、大展的规模和影响力，都位居全国前茅。中国出口交易会号称中国第一展，在中国外经贸发展中地位举足轻重，在世界上也很有影响力。随着琶洲会展中心投入使用以及"广交会"的更名转型，综合拉动效应进一步扩展。在"广交会"的带动作用下，大量专业性展览具备了全国性甚至世界性的影响力,例如广州博览会、美博会、中国(广州)国际汽车展等大大小小的各种展示会、招商会、博览会在广州长年不断,同时,流花国际服装节、广东时装周等时尚型展会和节事活动的影响力也不断增强。

二、短板因素制约广州时尚产业发展

时尚消费市场有待进一步拓展。消费者的需求决定市场面貌,消费者群体的消费习惯很大程度上也影响着市场结构。世界著名时尚之都如巴黎、伦敦、纽约都处于经济发达国家,消费者群体中中产阶级队伍最庞大,是时尚市场的主要目标人群。这个群体具有很强的购买力,同时普遍受教育程度比较高、具有较高的文化艺术素质;由于处在社会中层,这个人群的自我认同需求很大,时尚模仿能力也较强,对时尚商品的需求也就相应较高。市场为了满足这些群体对时尚的需要,在设计过程中对时尚元素的运用非常重视,相应成熟起来的众多时尚品牌不仅满足了国内的时尚需求,而且大量进入国外市场。与之相比较,我国经济近年来高速发展,城市人口的生活水平提高突出,也有一部分富裕群体消费能力较强,愿意投入时尚消费。但是广州居民的生活态度率直,消费习惯注重实际,穿着比较随意,对服装等时尚商品的追求程度没有国内其他一些城市居民强烈,这是时尚产业发展的一个制约因素,也是国际时尚巨头进入中国市场时对广州市场的重视程度相对不够的重要原因之一。

高端时尚消费场所相对不足。广州的高端时尚消费场所相对不足,导致广州的时尚消费辐射力也显得相对不强,吸引广州以及珠三角居民消费的能力不够。与国内其他地区的中心城市相比,北京在环渤海经济圈中的地位和上海在长三角经济圈的中心地位非常明显,大量高端商业平台也吸引了一大批国际高端品牌选择进驻。广州的高端商业平台相对比较缺乏,吸引国际高端品牌远远少于北京、上海,甚至连杭州、成都等城市都有所不如。随着珠三角周边城市消费环境的不断改善,广州在珠三角地区中的消费辐射力在逐渐下降,特别是中国港澳自由行之后,珠三角居民前往香港购物非常方便,因此时尚消费转移现象较为明显。

缺少时尚龙头企业。广州拥有强大影响力的时尚龙头企业还比较缺少。一方面,广州虽已引进部分国际时尚品牌,但是世界顶级品牌仍然相对较少,也缺少国际时尚品牌的总部和地区总部以及总代理、总经销机构入驻。很多国际时尚品牌进入中国首选并不是广州,虽然在广州也开设专卖店,但是数量相对不多,规模相对不大。另一方面,本土时尚企业知名度和影响力相对不高。服装、美妆、皮具等行业尽管聚集了大量的生产企业,但是多数规模较小、实力较弱,在全国的品牌知名度不高和影响力相对不足,更不必说与国际知名品牌竞争。作为中国历史最悠久的大型商业城市,尽管广州商贸经济总量不小,但是数量远不及上海、北京甚至内地一些城市,还没有形成能够真正主导珠三角乃至全国市场的商贸龙头企业。

三、广州发展时尚产业的重点领域

时尚创意设计。时尚设计是构建时尚产业核心竞争力的重要环节,国际时尚品牌的影响力和知名度就体现在其设计引导了产品的未来流行趋势。国外很多著名时尚企业如香奈尔、阿玛尼都是设计师品牌,以创始设计师为名,设计师就是名牌的象征,而我国的时尚企业大多是工业品牌,在企业中起主导作用的并不是设计师。广州发展时尚产业应该以发展创意设计作为辅翼,走"时尚+创意"的发展路径,以独特的创意氛围激发时尚设计与营销的灵感,建立独树一帜的时尚风格。积极争取加入联合国教科文组织(UNESCO)以及国际设计联盟(IDA)等国际组织的"创意之都"联盟网络,扩大广州设计的影响,营造鼓励设计发展的良好氛围。鼓励行业协会或者龙头企业牵头组织举办各类时尚产品的设计专业赛事,加强赛事的规范化、市场化和国际化运作,树立广州时尚设计的品牌。充分利用广州创意产业园区,将其作为时尚设计人才的培养基地,大力开展设计的教育和培训。结合广州会展业优势,积极谋划在展会活动中建立设计交易市场,包括交易服务区、设计招商区等,提供优秀设计成果展示、设计信息交流、设计业务对接与交易、设计企业投融资等服务,吸引国际设计公司与组织、高端人才,同时带动和培养一批有较强影响力的本土设计企业。

时尚商品制造。在原有纺织服装、皮具、珠宝等传统优势时尚商品制造业的基础上,大力推进技术改造和升级,依靠品牌和科技,提高产品附加值,实现制造业质的转变。按照"强化上下游、拉长产业链、提高附加值"的思路,支持和鼓励有一定规模、品牌和市场的企业利用高新技术改造提升产品质量,增加产品附加值,变单纯加工为品牌生产、创新增效。大力建设研发中心、检测中心、信息中心等公共技术创新服务平台,努力营造鼓励自主创新和自主设计的环境,争创一批国家和省市驰名商标。鼓励企业通过购并、兼并、买壳、注资等方式间接或直接上市,促进优势资源向名牌企业集中,通过大集团的吸引、带动和辐射,提升产业整体竞争力。鼓励企业做大之后,逐步将生产制造环节向生产成本较低的其他地区转移,将广州变为时尚企业的总部基地,合理分工品牌运营、创意设计、产品研发、市场推广等总部性职能中心。

时尚商品流通。时尚商品流通是时尚产业的重要环节,时尚之都也是时尚商品集散和商流辐射功能的主要承担者,时尚商品的交易和采购也是时尚之都最具战略性的功能之一。广州已经拥有一些时尚商品的著名交易市场,如全国闻名的玉器交易场所和集散地华林玉器街囊括了广州玉器交易总量的90%以上,大批国内外包括缅甸、泰国等地玉器商来此经营,其交易辐射至大陆、香港、台湾等地区,以及日本、韩国及东南亚等国家。流花地区的服装批发市场、番禺的钻石交易中心等都具有全国性的影响力,但是批发市场特别是服装批发市场小、散、乱现象仍然比较严重。从广州的实际看,打造时尚商品流通和交易中心要切实加大批发市场的改造升级力度,促使批发市场向现代展贸中心和采购配送中心转型,依托广州批发交易市场的优势及一系列商品展贸中心、交易中心、采购物流配送中心等载体,大力发展时尚商品的展示和交易,打造"广州价格"体系,构建具有远程控制和辐射能力的时尚商品采购与商品定价中心。同时,积极引导大型批发市场设立国际商品集聚区和进口商品采购区,使之成为国内外商品的综合交易中心。

时尚传播展示。时尚的传播和展示是扩大消费市场,树立时尚品牌的重要途径。时尚杂志在传播时尚和扩大影响上发挥着重要作用,广州可以在发达的新闻媒体基础上,重点扶持一批本土时尚传媒,鼓励新闻媒体设置时尚专版或专刊,充分利用卫星电视的传播途径,积极打造时尚电视频道,提高时尚流行信息发布的专业性和权威性,建设具有强大话语权的时尚信息发布平台。邀请国内外著名品牌设计师来广州召开新品发布会,新锐设计师举行设计作品展,时尚媒体和专业人士召开时尚产品论坛等。推动时尚专刊、时尚电视频道在介绍国际流行趋势的同时也要加大介绍本土设计品牌的篇幅,加强与本土时尚企业的合作,积极推广广州知名时尚企业,使更多潜在消费者认识广州的时尚品牌。加快时尚会展业专业化、品牌化和信息化发展,积极支持小型、高端、精品的时尚展示发布会,包括高端设计作品的会展、国际品牌专家论坛、国际模特大赛、国际流行时尚发布,让广州的时尚展示会成为引领潮流的风向标。

时尚品牌推广。制订时尚之都的品牌营销推广计划,借助千年商都和广交会品牌效应,加大对广州时尚之都的城市品牌营销推广力度,在全国乃至世界树立广州时尚之都的品牌形象,提升知名度和影响力。大力鼓励时尚企业实施品牌战略,争创世界、国家、区域著名品牌等战略目标,有针对地推进企业成长升级,形成有特色的品牌创新体系,培育一批在国内外具有影响力的龙头企业和时尚品牌。加强时尚品牌企业与时尚传媒与广告、会展行业的合作,加大对本土时尚品牌、时尚企业、时尚专业人士的宣传和推介,树立一批典型成功范例。积极利用网络等新媒体的力量,宣传广州时尚产业的文化底蕴,引导消费者增强时尚品牌意识,营造自主时尚品牌发展的良好市场氛围,助推广州的时尚品牌企业走向全国乃至全世界。健全时尚品牌保护机制,加强对国内外时尚品牌的保护,严厉打击各种假冒伪劣产品和侵犯知识产权行为。

时尚商品消费。广州应全面提升购物环境、品牌、价格、服务、载体等要素竞争力,切实提高广州在全国的消费示范与时尚引领功能,努力打造时尚"购物天堂"。针对消费潮流新趋势,积极推进太古汇、万菱汇、白云万达广场、友谊国金店、五号停机坪、高德置地广场等一批新的大型高端购物中心或现代城市商业综合体的宣传推广,重点招商引进国际著名商贸企业和时尚品牌的总部或地区总部以及旗舰店、专卖店,并通过旗舰店,联动这一品牌在珠三角乃至华南地区的总开发、总经销、总代理,加速网点布局。要优化提升体育中心、北京路、上下九、环市东等传统商圈,改善基础设施和环境品质,增强文化特色和综合服务功能;随着城市空间布局的拓展,番禺、南沙、萝岗、白云等地区经济社会发展不断发展,居民消费水平不断提升,需要加快推进布局建设相应的高端商圈。要结合城市空间布局的拓展,在传统商业中心之外,拓展高端商业网点布局,打造珠江新城、白云新城、番禺新城、白鹅潭等高端商贸集聚区,形成更广泛的高端商业网络,树立和提升"千年商都、购物天堂"的形象。

四、广州发展时尚产业的路径探索

坚持"创新、协调、绿色、开放、共享"的发展理念,以建设国际商贸中心和重塑产业经济为总目标,依托广州时尚产业在制造、流通、消费等领域的传统优势,加快培育时尚创意设计、时尚发布、国际协作、产业发展等领域的竞争新优势,进一步促进时尚产业与相关产业深度融合,实现再构广州时尚产业。加速形成广州集设计、生产、交易、发布、销售、展示、培训、品牌管理、知识产权保护、仓储物流、通关便利化、金融服务等全链条为一体的时尚产业体系,把时尚产业打造成为广州现代服务业发展的新示范产业,带动产业要素的集聚和发散。进而推动国际商贸中心的建设。建设"国际设计之都、时尚之都"。

明确发展定位。广州推进时尚产业发展要依托繁荣的商贸物流和庞大的消费市场,借助珠三角地区发达的制造业,强化设计和展示传播能力,着力打造国内先进、具有一定国际影响力的时尚贸易中心、时尚展示中心、时尚创意设计中心和时尚创意人才培养中心。具体而言,时尚贸易中心,就是要依托广州市商贸基础和载体条件,以国际化为特征,构建地标式商圈、特色商业街、文商旅结合示范圈,吸引国际商业品牌、新型商业业态集聚,提升广州在国内和国际时尚贸易领域的交易份额和市场发言权。时尚展示中心,就是要整合提升现有分散的各类品牌发布会、时尚展览会,集中打造国内一流大型时尚发布和国际文化交流活动,引进国际著名品牌发布会、国际流行趋势作品发布会、国际时尚论坛入驻广州,提升广州时尚展示和文化交流功能。时尚创意设计中心,就是要鼓励创新、创意、创造,充分挖掘岭南特色,与现代时尚元素相融合,形成现代经典时尚。时尚创意人才培养中心,就是依托广州良好的生活、创业、服务环境,加大人才培养和引进力度,吸引国内外知名时尚设计师、时尚引领者、时尚产业企业家集聚广州干事创业。在政府强有力的引导下,以发展创意产业作为辅翼,以创意产业园为依托,走"时尚+创意"的发展路径,大力发展时尚设计、展示、传播等相关支撑产业,加强时尚资讯、时尚品牌、时尚人士的传播推介,助推广州及周边的品牌企业走向全国乃至全世界。通过加强自主品牌建设和开展商业模式创新,实现品牌企业由时尚生产型为主向时尚设计、开发、品牌营销为主的现代商业模式转变;加大对珠三角及周边地区的辐射能力,让广州与周边的制造基地形成良性互动和分工。

把握重点领域。依托广州时尚产业发展基础,把时尚产业发展重点聚焦到时尚服装服饰业、时尚皮革制品业、珠宝首饰和时尚消费电子产业上来。时尚服装服饰业,要紧跟国际时尚流行趋势,设计具有时代特色的时尚服装,将广州市打造成为全国时尚纺织面料中心、国内领先的时尚服装交易基地和人才集聚地。时尚皮革制品业，在花都、白云皮革制品业现有基础上，加快提升皮革制品的设计水平，打造自主品牌。倡导使用生态皮革、特殊效应革和特种皮革作为皮革制品原料。融入中华文化元素，提升产品的设计感、艺术感和民族感，打造国内珠宝首饰知名品牌。站在科技发展前沿，积极发展可穿戴电子产品等新型电子终端产品、数字家庭产业和动漫产业，加快提升动漫产业设计创意能力，培育一批动漫产业基地。突破设计、营销两端，建立新型时尚产业发展架构。坚持引进与吸收创新和自主创新相结合，打破广州在设计和营销方面的天然瓶颈，逐步摆脱原有加工制作型轻纺产业发展的旧结构，着力向创意型、营销型时尚产业结构模式转变。统一维护时尚产业载体资源，将时尚资源的保护性开发与时尚产业培育有机结合起来，增强对时尚要素资源的集聚能力，努力成为国际时尚信息、时尚人才和时尚品牌企业的汇集地。

强优时尚载体。推进时尚产业基地建设，依托现有生产性服务业园区、创意产业园区等各类载体，加强时尚购物空间建设，汇集海外异域风情商品、动漫延伸产品、中国传统文化用品、节庆用品、本土创意作品等时尚商品，打造城市时尚地标，建成广州的时尚中心。充分发挥广州产业集群优势，提升产业集群设计创新能力和品牌创新能力，建设一批特色时尚产业基地。加强时尚产业园区建设。结合现有的商圈、创意文化产业园区和"三旧"改造项目，规划建设一批集研发设计、总部经济、时尚展示和信息服务、技术服务、检测服务等公共服务为一体的时尚产业园。强化培育时尚重点企业，形成一批拥有自主知识产权和国际竞争力的知名品牌企业。鼓励龙头企业对接多层次资本市场，利用产品、品牌经营与资本运作做大做强。扶持发展时尚传播展示平台，做强广州国际购物节、广东时装周等时尚消费博览会，鼓励行业协会和龙头企业牵头组织流行趋势发布、设计师大赛、时尚品牌展示等时尚活动，依托行业协会组织举办时尚产业高端圆桌论坛会议，促进国内外创意设计人才交流、创意设计产品与时尚企业对接，提升广州时尚产业在国内外的影响力。

促进融合发展。加强时尚产业内部融合，对现有发展模式陈旧、功能单一的商业体进行改造提升，建设商业集时尚服装、时尚餐饮、时尚休闲为一体的商业综合体，增强体验式、参与性、综合性功能，传播时尚理念和生活方式。加强传统优势产业与时尚元素融合，对服装、皮具、珠宝等传统优势产业，融入传统文化和现代时尚元素，强化创意设计、产品创新、品牌建设等，鼓励企业开展个性化定制、柔性化生产，提高产品附加值，提升产业竞争力。加强时尚产业与文化、旅游等产业融合，依托广州市丰富的历史文化旅游资源，将"三雕一彩一绣"、岭南书画艺术等非物质文化遗产和历史文化景观、历史文化街区等旅游资源与时尚产品、时尚元素相融合，拓宽产业链，实现时尚产业发展、传统历史文化保护、旅游业发展"共赢"。

加强时尚领导。做强全球原创设计联盟，支持"全球原创设计联盟"发展，支持其整合全球原创设计产业资源，加强与国际时尚界对接，成为广州吸引全球设计师的抓手。对原创设计师进行评选、认定等形式，扩大宣传，实现其事业的发展。向全球征集广州建设国际时尚之都的意见建议，构建全球时尚指数，集聚研究、发布、推广等要素机构，面向全球发布"广州时尚指数"。利用大数据技术，编制"广州时尚指数"体系，包括时尚都市指数、时尚品牌指数、时尚产业（包括产品）指数、时尚设计师指数等，并面向全球发布。与纽约、巴黎、伦敦、米兰以及全球其他城市的合作，建立"全球时尚城际联盟"，推动各城市时尚业界加强交流对接。

集聚时尚人才。开展招才引智，加大对全球原创设计师、时尚摄影师、化妆造型师、职业时装模特、品牌营销、管理人员等时尚产业人才的引进力度。鼓励世界知名的设计师与设计机构到广州设立工作室、研发基地、办事处、公司、总部等。研究制定配套人才引进和扶持政策，完善人才激励机制，优化高层次人才服务机制，完善落实人才落户、子女就学、医疗保险、出入境等生活配套政策。加大人才培养力度，共同建立时尚设计人才培养基地。推动大专院校设立时尚专业，引进全球知名行业专家担任教员。推进世界时尚教育机构落户广州，与广州本地院校和教育机构展开合作或独立办学。开展人才评定。开展全球原创设计时尚大奖、全球原创品牌、服装设计师、摄影师、化妆造型师、时尚评论员等评定推选工作，在各类大赛、评比、展示中发掘人才。

打造示范工程。在中心城区选择若干个街区，实施时尚之都示范街区改造项目，打造天河路商圈、珠江新城新型商圈、T.I.T纺织服装创意园等一批时尚设计、商业、咨询服务为特色，园区、街区、社区联动的"时尚之都"示范街区，使之成为时尚之都新的城市地标、塑造和宣传时尚之都形象的空间符号。建设"广州时尚中心"与时尚小镇，形成设计研发与总部基地；开展时尚论坛、品牌时尚演艺、时尚产品展示等主题活动，构建与国内外交流的开放性平台。编制广州时尚产业地图和时尚生活地图,以电子版与纸质版等多种方式发行。发布广州时尚产业地图,重点标注广州时尚企业、时尚院校(专业)等,方便与时尚市场需求的对接;定期发布广州时尚生活地图,为广州市民消费时尚产品提供指南。

加强配套服务。搭建时尚产业平台,完善公共服务体系。发挥时尚产业相关行业协会作用,促进不同门类时尚产业相互之间的融合,推进时尚产业整体发展。加大政策扶持力度,对大型时尚活动、人才培养、整体宣传和服务平台建设等时尚产业项目,给予一定资金支持。通过一些大型时尚活动,打造自主品牌国际化的服务平台、国际品牌辐射中国的展示高地、原创设计培养提升的孵化基地。吸引国际重要时尚活动到广州举办,支持企业参与国内外重大时尚活动。加强对时尚产业的金融支持,支持符合条件的自主品牌企业利用资本市场直接融资。支持时尚企业引进国内外高端时尚设计人才和团队以及企业家、创业家到广州引领时尚发展。支持建设一批时尚产业专业网站、专业杂志和电视栏目,形成时尚产业发展的良好氛围。加强知识产权保护,鼓励企业对自主设计品牌进行知识产权登记,对线上线下侵犯知识产权和商标品牌的不法行为给予严厉打击,通过企业自我保护、行政保护和司法保护"三位一体"的知识产权保护体系,为时尚产业发展提供良好的发展环境。

第九章　营造特色商业，重振"老字号"

广州拥有一批历史悠久、闻名海内外的工商企业，云集了众多的"老字号"企业，这些"老字号"具有 50 年以上的发展历史，其产品工艺技术考究，质量好，体现广州地方特色；有的产品品牌声誉高，字号在国内外享有较高的知名度。"老字号"作为城市的历史文化遗产，见证了广州的发展，是城市重要的历史文化遗产，是一种宝贵的经济文化资源，也是一张有鲜明地域文化特色的"名片"，是特色商业、特色消费的特殊表现形式，不仅传承着城市记忆，也是广州建设国际购物天堂的重要组成部分。为加快广州国际商贸中心建设，打造国际购物天堂，有必要加强对传统文化的挖掘和保护，加快培育广州特色商业的国际知名品牌，深入挖掘和研究"老字号"的发展特点，理清"老字号"与特色商业的关系，引导具有自主知识产权，传承民族传统文化和技艺的"老字号"企业创新发展，发挥"老字号"企业在经济、社会和文化发展中的重要作用。

第一节　"老字号"的价值发现

一、"老字号"的概念及特点

"老字号"是指历史悠久，拥有世代传承的产品、技艺或服务，具有鲜明的中华民族传统文化背景和深厚的文化底蕴，有广州地方特色，取得社会广泛认同，形成良好信誉的品牌[①]。具体而言，"老字号"要具有 50 年以上

[①] 商务部、发展改革委等 14 部委员关于印发《关于保护和促进"老字号"发展的若干意见》（商改发〔2008〕104 号）。

发展历史，工艺、技术考究，产品质量好，能体现地方特色及产品品牌声誉高，在国内外享有较高知名度的名字号、驰名商标、传统商铺和工艺。"老字号"因其浓郁的文化气息、优质的产品或服务的品质和独特的产品特质而被人们所喜欢，成为一个地区乃至一个国家的名片，拥有巨大的品牌价值。广州发达的经济环境、独具特色的岭南文化，孕育了众多优秀的广州"老字号"企业，如陶陶居、致美斋、广州酒家、敬修堂、陈李济、王老吉等①。这些"老字号"都曾经创造过非常辉煌的业绩，成为当代社会宝贵的物质及非物质文化遗产。一般而言，"老字号"具有如下特点：

悠久的发展历史。"老字号"的"老"即代表着悠久的历史，一般而言，"老字号"至少要具有50年以上的发展历史。在漫长的经济社会发展过程中，经过世代相传，"老字号"仍能在市场经济的大潮中不断求新求变，站稳脚跟，保持良好的市场份额，越是年代久远的"老字号"，所承载的城市文化及城市记忆越深刻，越能代表和见证城市发展历史，其拥有的品牌价值、经济价值和文化价值越大。

广泛的社会认同。"老字号"所传承的独特产品、精湛技艺和经营理念，在满足特色消费需求，丰富人民生活，倡导诚信经营，延伸服务内涵，展现民族文化等方面发挥了极其重要的作用。"老字号"所代表的不仅仅是一个历史悠久的品牌，更是地方传统优秀文化的延续。虽然经历岁月沧桑，其独特的经营理念深入人心，品牌历久而弥新，往往更能引发更为广泛的社会认同。

浓郁的地方特色。"老字号"所承载的是城市记忆及城市文化，而城市记忆及城市文化通常具有极强的地域性，因此，"老字号"地域性、区域性和地方性的特点通常比较鲜明。基于独特的地方传统文化根基形成的"老字号"，往往容易烙上深深的区域性和地方性印记，某一特定区域和地理单元的"老字号"还是城市传统文化的间接推广者，人们认识某一城市的传统文化有时间接是从"老字号"开始的，区域性和地方性是"老字号"最容易辨识的显著标签。

良好的经营业绩。由于历史原因和体制转换的影响，部分"老字号"企业在发展中遇到许多新情况和新问题，有些因为经营不善不得不关门歇业。虽然"老字号"代表着城市传统文化，是城市传统文化一张耀眼的亮丽名

---

① 许利华：《广州"老字号"的现状与发展策略研究》，广东省省情调查中心，2011年2月24日。

片,但衡量"老字号"的重要标准之一是要有良好的经营业绩和赢利能力,只有经营有方,不断创新经营理念与发展模式,"老字号"企业才能持久生存,实现可持续发展。

过硬的产品质量。"老字号"能够在历史的长河中留下深刻的记忆,不断做大做强,其过硬的产品质量是其生存和发展的核心要素,没有过硬的产品质量,"老字号"不可能传承及发展下来。因此,"老字号"必须要具备过硬的产品质量,是奉行诚信经商,弘扬商业文明的杰出代表,并以良好的产品质量和适应市场经济发展的经营理念,促进其品牌不断增值,为地方经济社会发展做出新的贡献。

深厚的文化底蕴。"老字号"之所以能够成为百年老店,在经受了市场经济的洗礼后仍能顽强地生存和发展壮大,其背后依托的文化底蕴功不可没,"老字号"长盛不衰的致胜法宝之一就是所拥有的文化价值和文化底蕴。"老字号"不仅代表着传统,更要体现现代元素,在传统与现代的有机结合中,文化发挥着不可替代的作用,只有文化的植入、文化的浸润、文化的熏陶,才能打造出传世百年的"老字号"。

巨大的品牌价值。"老字号"经过长达一两百年的发展,不仅投入了大量人力、物力和财力,其本身所拥有的品牌价值更是一笔无形资产,具有不可估量的经济价值和文化价值。因此,"老字号"既是城市传统文化的杰出代表,又是城市经济社会发展的一座富矿,只有不断深入挖掘"老字号"的文化内涵,借助现代营销方式和理念,不断增添、拓展内涵和外延,"老字号"所拥有的品牌价值才能不断保值增值。

二、"老字号"与特色消费的关系

"老字号"所代表的消费是一种特色消费,鲜明的发展特色是"老字号"历久不衰的致胜法宝,只有遵循特色消费的发展规律,才能使"老字号"不断做大做强。

"老字号"是特色消费的典型代表形式。在市场经济日益成熟,商品极大丰富的形势下,人们之所以对"老字号"情有独钟,是因为"老字号"具有区别于同类产品的鲜明发展特色,具有历经百年而不衰的独特文化积淀和浓郁的文化气息。顾客在消费"老字号"产品的背后是在体验一种独特的传统文化,而这种独特的传统文化正是"老字号"不同于其他产品的内涵所在。因此,"老字号"代表的是一种具有文化性、差异化的特色消费而非一般消费,特色消费"情结"在顾客消费心理和消费倾向中占有相当的比重。

既然"老字号"属于特色消费,是特色消费的典型代表形式,就必须要遵循特色消费的发展规律,让经典、传统的"老字号"融合时尚、现代元素不断与时俱进。特色消费不是一般的普通消费,它所体现出来的内涵和外延要随时代发展、顾客消费需求日益多元而不断深化和拓展,是集传统与现代、经典与时尚、共性与特色、普遍性与差异化于一身的特殊表现形式。因此,要振兴和发展"老字号",就必须深入、系统地研究特色消费的发展规律,在遵循特色消费发展规律的基础上促进"老字号"不断发展壮大。

三、"老字号"的存在价值

振兴和发展"老字号",对于广州弘扬地方优秀传统文化,建设国际商贸中心,打造国际购物天堂具有积极的促进作用和重要的现实意义。

"老字号"是建设国际商贸中心的有力支撑。国际商贸中心建设需要诸如商业综合体、大型购物中心、商业街区、时尚产业、电子商务等众多商业支撑元素,而"老字号"作为传承经典、走向现代的特色消费的典型代表形式,是广州建设国际购物天堂不可忽视的重要内容和重要载体,可以为建设国际购物天堂提供有力支撑。"老字号"代表着传统与经典,国际购物天堂不仅需要布局和谋划现代商业设施,更需要能够体现地方传统文化,有鲜明地方发展特色的"老字号"。"老字号"是建设国际购物天堂的重要组成部分和表现形式,是地方传统商业文化、商业文明延续至今的奇葩。

"老字号"是建设国际购物天堂的重要载体。目前,广州正在大力推进新型城市化建设,致力于打造战略性发展平台,"老字号"就是广州建设国际商贸中心,打造国际购物天堂的重要载体和发展平台,振兴和发展"老字号"对于广州建设国际购物天堂具有积极的促进作用。发展载体和发展平台是建设国际购物天堂的题中应有之意,虽然"老字号"是一种拥有巨大品牌价值的无形资产,但巨大的品牌价值背后所依托的是产品和产业,振兴和发展"老字号",就是使"老字号"所代表的产品种类不断丰富,内涵和外延不断延伸和拓展,产业不断做大做强,从而为国际购物天堂建设奠定良好的产业载体基础。

"老字号"可以丰富和健全特色消费体系。健全、完善的特色消费体系是广州建设国际购物天堂的重要内容，特色消费体系包含的内容很宽泛，从"老字号"、特色商业街区、专业市场等都是它的表现形式之一。"老字号"由于所承载的文化元素丰富，品牌标识明显，因而更容易被广大消费者认同，因此，振兴和发展"老字号"可以丰富和健全特色消费体系，借助"老字号"巨大的品牌价值和广泛的社会影响力，不断开发和提升"老字号"的附加值，延伸"老字号"的产业链条，建设"老字号"一条街和"老字号"产品专卖店，为不同消费层次的消费者提供更多、更有特色的消费模式选择，满足日益多元化的消费需求。

"老字号"可以弘扬和传承地方优秀传统文化。广州建设国际商贸中心，打造国际购物天堂，应该采取"文商旅"联动的发展战略，在弘扬和传承地方优秀传统文化的基础上，促进商贸业实现跨越式大发展。拥有巨大品牌价值的"老字号"就是"文商旅"联动战略的切入点，通过振兴和发展"老字号"，可以将旅游与购物有机地结合在一起，让游客在购物的同时，间接地了解"老字号"背后所承载的文化内涵及相关城市记忆，不仅宣传了地方优秀传统文化，还可以延伸"老字号"的产业链，提高和拓展"老字号"的附加值，进而带动旅游业的发展，为广州建设国际购物天堂探索新的商业模式。

"老字号"可以培育和形成有自主知识产权的品牌。打造国际购物天堂，既需要适当引进一批国内外一线品牌，更需要培育一批具有自主知识产权的本土品牌，而"老字号"就是广州应该大力支持和扶持的本土品牌。在市场经济逐步走向成熟，品牌意识日益强化的形势下，培育一个新品牌实属不易，而"老字号"是现成的品牌，是经过几十年乃至上百年的商业文明发展而沉淀下来的无形资产，需要经过挖掘、培育和保护，把品牌优势转化成市场竞争优势。通过实施品牌带动战略，让"老字号"重新焕发青春，跟上市场经济发展的大潮，提高"老字号"整体市场竞争力。

第二节 "老字号"历史钩沉

"千年商都"孕育了占广东省七成以上的具有浓郁岭南文化特色、驰名中外的传统"老字号"。陈李济、王老吉、陶陶居、宝生园、致美斋……这些百年老店,共同承载着广州人的集体记忆。早在1999年,广州便实施《广州历史文化名城保护条例》,在全国率先提出保护"老字号";2000年,广州市人民政府公布了广州市第一批"老字号"名单27家①;2010年广州市"老字号"协会公布了广州市第二批"老字号";2011年广州市"老字号"协会公布了广州市第三批"老字号",到2011年底,广州市共拥有"老字号"87家。广州"老字号"不仅是中华宝贵历史文化遗产的一个重要组成部分,还是广州市实施名牌战略、促进社会经济可持续发展的重要载体。

2011年3月17日至18日,商务部在杭州召开保护与促进中华"老字号"工作会议。商务部公布了第二批保持与促进中华"老字号"名录,并对第二批中华"老字号"进行了授牌仪式,广州市共有22家企业获得商务部认定的中华"老字号"②。在商务部认定的第一批430个中华"老字号"中,北京以67个独占鳌头,上海51个,青岛36个,浙江36个,江苏35个,天津30个,广东22个,其中广州13个,占广东省的比例为59%。在商务部认定的第二批中华"老字号"中,广州22个。

截至2017年12月31日,广州市共认定122家广州"老字号",其中中华"老字号"35家、百年"老字号"企业33家。从行业分布看,广州"老字号"企业覆盖行业范围广。122家广州"老字号"涵盖了零售、餐饮住宿、医药、工艺美术、居民服务以及食品加工等行业。其中,占比较大的是加工制造业(22%)、餐饮住宿业(18%)、食品加工业(18%)以及医药行业(13%)。从企业类型看,"老字号"企业分布呈现以国有企业为主、民营企业为辅的格局。国有企业是广州"老字号"的主力军,共有74家,占总量的61%;民营企业居次,共有37家,占30%;上市公司有5家,占4%;合资公司6家,占5%。从经营情况看,广州"老字号"企业的发展现状不容乐观。当前,广州"老字号"企业的发展现状主要分成四类:一是活力十足、发展态势较好的企业,如在全国名列前茅的大型餐饮企业"广州酒家"、国家中成药行业国有重点企业50强的"陈李济"等,占30%;二是经营状况及市场竞争能力较为一般、同质化严重的企业,占40%;三是盈亏基本平衡、勉强维持,但发展后劲严重不足的企业,约占20%;四是由于经营管理

---

① 广州市人民政府:《关于公布广州市第一批"老字号"的通知》(穗府〔2000〕56号),2000年12月14日。

② 广州经贸网:《国家商务部认定第二批中华"老字号"名录》,2011年4月27日。

不善、商铺场地拆迁等各种原因，企业生存困难，甚至被迫破产停业或者濒临破产停业的约占10%，如成珠酒家、鹤鸣鞋帽商店、海珠大戏院、东山云香酒楼、广州大同酒家等已停业。

经营状况良好，销售业绩不俗的"老字号"企业。广州"老字号"企业最少都具有50年以上的发展历史，在漫长的发展过程中，特别是经过市场经济大潮的洗礼，这些经营状况良好的"老字号"企业一般都经历了改制、体制转换，完成了从传统企业向现代企业的转型。广州酒家、皇上皇、王老吉、莲香楼、敬修堂、陈李济、潘高寿等"老字号"企业通过改制改组，将先进的经营理念和管理方法引入企业，使"老字号"企业重现生机与活力。广州酒家能从西关成功突围，在于20多年前就找到了连锁发展之路，从原来的1间店，发展为包括有9间高级酒家、1个大型食品生产基地及遍布全市的50多间连锁食品商场、50多家利口福饼屋。据统计，广州酒家近3年净利润的平均增长率63.64%，2010年营业收入近9亿元，净利润逾1亿元，同比增长超过30%。而北京全聚德2010年营收超12.02亿元，净利润8440.51万，广州酒家已属于行业内利润最高的公司；陈李济、潘高寿、皇上皇、致美斋等广州的"老字号"，已经从以前的小作坊发展为现在的大型制药、食品企业；莲香楼现已建起了1万多平方米的食品厂，目前已拥有8家门店；王老吉更是凭借改制和广告宣传在业界取得了不俗的业绩；广药集团对敬修堂、陈李济、潘高寿品牌的整合，加速了这些"老字号"品牌的迅速发展，这一类型的"老字号"企业是广州"老字号"企业发展的突出代表。

经营状况一般，但处于良性循环的"老字号"企业。陶陶居、宝生园、亨得利、趣香饼家、新以泰、李占记等企业基本属于这一类型。2000年9月，广州陶陶居酒楼以租赁方式交由幸运楼饮食集团经营，这次私营企业接手广州"老字号"的成功经验当时被视为广州"老字号"改制的样本，幸运楼集团接手后投入巨资装修，复业半年，原来惨淡经营的陶陶居生意变得红火；2001年12月1日，大同酒家开始以租赁形式交由香港一家公司经营，为期10年，改制后的大同酒家的生意明显好转；随后，北园酒家、泮溪酒家、莲香楼、太平馆、趣香以及南方大厦百货商店都采取了同样的方式，将品牌租赁给别人经营，走出了经营困境；宝生园更是抓住机遇，充分发挥自己的品牌优势，以连锁专卖的形式，在佛山、深圳、珠海、顺德等地建立连锁店，从广州市内向珠三角扩张，牢牢地占据了蜂产品市场话语权的位置。亨得利、趣香饼家凭借其在行业内的良好口碑，拥有较为可观的利润；在沉寂了十年时间后,生茂泰茶行重回市民视野。2012年3月18日,生茂泰首间专卖店在农林下路商圈开业,除了传统茶叶产品,还有各式茶具和酒类出售,是集品、鉴、赏、享于一体的高端品茗休闲驿站。

经营十分困难,发展态势不明朗或者已经破产的企业。爱群大厦、太平馆、三多轩、艳芳照相馆、成珠酒店、鹤鸣鞋店、海珠大戏院等企业经营形势十分困难,有些已经关门歇业。南方大厦已变身数码城,爱群大厦谋求升级提高品质,而国营三多轩早在2000年倒闭,现在只留下牌匾;以前闻名的艳芳照相馆因为搬迁开始被消费者遗忘;成珠酒家是广州开业最早、时间最长的"老字号"茶楼,史清朝乾隆年间已经开始营业,有260多年历史。但是1996年开始,成珠楼生意开始走下坡路,终于在2000年9月关门停业。清平饭店也有类似的命运;而成立于1902年的海珠大戏院更是命运多舛,改革开放以后,粤剧观众日渐稀少,戏院惨淡经营,终于2002年关门大吉。2006年,剧院改造成"魔立方商旅剧场",1年后宣告歇业。2010年年底,海珠大戏院以"岭南大舞台"的名义再次复业,而两年不到,又寂然死去;艳芳照相馆从建馆至1994年一直扎根广州最繁华的商业区——中山五路,但1994年为配合广州地铁建设、迁往人流大不如前的朝天路后,生意大不如前。

第三节 问题及其原因

在快速的城市发展和激烈的市场竞争中,许多"老字号"因为各种主客观原因,盛况不再,发展艰难,但"老字号"大都有数十年甚至上百年的历史,是广州市民的温馨回忆,也是广州商业文化的象征。"老字号"在漫长的发展过程中,都曾遭遇了体制转换、品牌经营不利、资金短缺、创新求变不足等问题与困扰,只有对这些问题进行深入、细致、透彻的分析和研究,才能够针对问题有的放矢地提出解决的良策。

一、问题

运行机制不灵活,跟不上市场经济发展潮流。由于大多数"老字号"企业都有几十乃至上百年的发展历史,在企业形成和发展过程中,基本上形成了一套相对稳定、固定的运行机制,这种多年沿袭下来的运行机制对于传统的计划经济也许是合适的,但市场经济的大门打开以后,这种运行机制便开始显现诸多不适,例如,运行机制不灵活、僵硬,现代市场经济意识不强等便成了企业进一步发展的瓶颈因素。市场经济是一种资源配置效率高、优胜劣汰的经济制度和经济体系,沿袭数年不变的传统运行机制在与市场经济的交锋中必然要败下阵来。纵观那些经营形势良好,销售业绩不俗的"老字号"企业都是能够顺势而为,能够构建与市场经济发展要求相适应的运行机制而重现生机与活力;反之,凡是跟不上市场经济发展潮流,运行机制呆板、墨守成规的"老字号"企业都在不同程度上陷入了困局。

经营观念陈旧,缺乏现代市场营销理念。广州相当一部分"老字号"企业抱着"老字号"的金色招牌却在讨饭吃,究其原因在于经营观念陈旧,因循守旧有余而求变求新不足。"老字号"虽然是一个金字招牌,但如果不能将品牌优势转化成市场竞争优势,"老字号"也同样面临着关门歇业的困境。在"老字号"形成初期,卖方市场占据主导地位,"老字号"凭借良好的产品质量及诚信经营与服务,不愁没有销路,而市场经济体制逐渐发育成熟后,市场供给与需求发生了变化,商品极大丰富,顾客选择商品的空间大为增加,传统"老字号"如果不借助现代营销理念、传播方式和运营模式宣传和推介企业,再好的产品也会"养在深闺人未识",这也是那些抱着金字招牌的"老字号"企业最终寂静地消失在喧嚣时代的根本原因所在。

创新能力不强,品牌经营意识淡薄。缺乏创新是广州市"老字号"企业普遍存在的问题。在市场经济发展的浪潮中,创新能力是"老字号"保持生存与发展,提升整体竞争力的核心竞争要素。而不少"老字号"企业在了解市场发展行情,准确把握顾客需求,以及产品开发、营销服务上都缺乏创新意识,可谓创新不足而守旧有余。个别企业把"老字号"招牌闲置不用,品牌经营意识薄弱,对"老字号"品牌价值缺乏深度挖掘。现代市场经济的发展实践证明,企业的成功在于品牌营销的成功,品牌是企业的生命线,创造一个品牌不容易,而维护和培育品牌更不容易,"老字号"的品牌历经数十年发展、积累和沉淀终得以形成,但部分"老字号"企业在如何应对市场经济发展的挑战,让"老字号"品牌与时俱进地前行在时代发展的潮流中缺乏应用的心理准备和应变措施,被动地适应市场经济发展。

缺乏自有场地,增加了企业的经营风险。广州市"老字号"企业绝大部分都是以家庭作坊和单一产品起家和发展起来的,因而不需要太大的经营场地，加之多年前产权意识淡薄，对经营场所问题没有太多关注，因而很多"老字号"都以租用店铺经营为主，大多没有属于自己的经营和生产场所，随着侨房、私房政策的进一步落实，租用场地维持经营必然面临着经营风险，一旦因租金涨幅过高而未能达成协议的，企业只能无奈地选择弃租与歇业。太平馆就是因为原业主大幅度提升租金被迫放弃原部分经营场地，在不足原有面积 1/3（约 500 平方米）的经营场地上勉强经营。

基础设施不配套、停车难，制约了"老字号"企业的发展。广州市餐饮、酒店及零售业的"老字号"企业大多位于老城区，都是从老城区慢慢发展起来的，发展之初根本无法预测日后汽车时代的迅猛发展，停车难问题已严重制约"老字号"企业的经营和发展，成为影响"老字号"企业做大做强的瓶颈，例如，泮溪酒家就是因为缺少停车场而失去了与外资合作的机遇。随着市场经济不断成熟与完善，商品极大丰富，顾客的消费需求越来越呈现多元化、复合化发展趋势，是集餐饮、购物和休闲于一体的消费行为，不再是原来单一意义上的餐饮和购物。因而，如果"老字号"周边配套环境不理想，缺乏停车设施及停车难，相当一部分顾客可能会放弃到"老字号"消费，有很多"老字号"就是停车设施不理想而流失了相当一部分客源。

产品过于单一，难以适应消费者多层次的消费需求。广州市大部分"老字号"企业都是凭借一种或者少数几种独具特色的产品打天下，赢得声誉，这些独具特色的产品往往成为企业最大的利润源泉，但是如果企业将优质资源集中配置中于少数产品上，往往经营风险非常高。一般而言，在企业的产品组合中，应该以主打品牌产品为主，兼营其他产品，以满足消费者不同层次的消费需求，留住更多的消费者。广州很多"老字号"企业之所以经营状况每况愈下，与其产品线过于单一有极大的关系，而"老字号"中的致美斋、生茂泰就是意识到了这个问题的重要性，在近期的产品营销中增加了产品组合，使企业不断朝着良性循环的发展轨道迈进。

二、原因

上述"老字号"发展中存在的主要问题，有些是企业自身主观原因所致，有些是受发展政策、城市规划及功能调整等客观原因所致，要透过这些问题的表象深入挖掘和剖析深层原因，为制定有效的对策措施提供科学依据。

对"老字号"政策保护力度不够。自 2000 年广州开始推进"老字号"

保护工作以来，出台的主要文件是广州市人民政府《关于公布广州市第一批"老字号"的通知》（穗府〔2000〕56号），通知中主要涉及"老字号"企业改造、"老字号"传统建筑、"老字号"商标等保护内容，政策层面的扶持内容基本没有提到，此外，在广州市人民政府办公厅《广州市著名商标认定和管理办法》（穗府办〔2003〕59号），《广州市"十五"期间历史文化名城保护规划》中零星地提到"老字号"商标保护及"老字号"历史建筑保护。近年来，广州市贯彻执行国家关于"老字号"保护的文件依据有2个，商务部、发展改革委、教育部、财政部、住房和城乡建设部、文化部、税务总局、工商总局、质检总局、知识产权局、旅游局、银监局、证监会、文物局关于印发《关于保护和促进"老字号"发展的若干意见》（商改发〔2008〕104号），商务部《商务部关于进一步做好中华"老字号"保护与促进工作的通知》（商商贸发〔2011〕22号），而广东省、广州市均未出台过"老字号"保护的管理办法及条例，在政策层面上的保护力度远远不够。

城市改造、地铁拆迁，使部分"老字号"陷入困境。广州市"老字号"企业原来主要分布在中山四、五路、北京路以及上下九路等传统商业繁华路段，广州市传统的商业中心同时也是"老字号"最集中的地方。近年来，由于城市改造、道路扩建、地铁拆迁、侨房退还等原因，不少"老字号"被迫迁离原来的经营场地，这对于扎根商业中心几十年甚至上百年的"老字号"企业，无异于"灭顶之灾"，政府及有关部门对"老字号"迁离安置及回迁缺乏更为完善的保护措施。仅中山四、五路段，被迁离的"老字号"企业就有20多家，其中建于清光绪以前的有7家，包括乾隆初年的"致美斋酱园"，道光五年的"三多轩"，咸丰末年的"新以泰"，光绪年间的"孔旺记""沧州""惠如楼""妙奇香"等。惠如楼从中山五路迁到偏远的广花二路后，失去了原有的地缘人缘优势，苦苦支撑两年不得不停业关门；艳芳照相馆搬迁到朝天路后，经营业绩也是一落千丈，陷入了经营困境。这些"老字号"拆迁后成功回迁的不多，致美斋称得上是回迁后重塑"老字号"形象的典范。

顾客消费选择趋向多元化。纵观广州市的"老字号"都有数十年甚至上百年的发展历史，"老字号"的形成和发展是基于产品供不应求或者产品匮乏的时代，"老字号"凭借良好的产品质量及诚信服务缔造了在行业中的品牌形象与地位。而改革开放市场经济的大门打开以后，商品极大丰富，顾客选择商品的空间、领域和范围呈现多元发展趋势，"老字号"已不是唯一的选择。特别是随着消费理念和消费模式的不断创新，新的消费方式层出不穷，顾客已不再满足于"老字号"点对点式的消费模式，网购、休闲式购物、体验式购物等日益传播开来，对"老字号"传统营销模式及单一的产品线产生了极大挑战。

"老字号"在年轻一代存在消费断层现象。"老字号"既是城市的温馨记忆，也是城市传统文化符号的鲜明代表和展示窗口，但如何在传统与现代、经典与时尚之间找到合理的结合点是"老字号"企业发展中遇到的突出问题，"老字号"的"老"代表着过去、历史和传统，而"老字号"的"新"则是"老字号"实现向现代的转型和走向未来必须要面对的问题。目前，城市当中"老字号"的消费群体主要集中在中老年人，因为中老年人经历过与"老字号"同步发展的历史，对"老字号"情有独钟，而年轻人由于对"老字号"承载的那段独特的历史及文化了解不多，因而选择到"老字号"消费的比例不高。从目前年轻人的消费倾向和消费喜好来看，"老字号"在年轻一代存在着消费断层现象，年轻人是消费市场的主力军，这一庞大的消费群体对"老字号"的漠视必须引起有关部门和政策制定者的高度重视。

"老字号"在经营模式创新上不能与时俱进。现代市场经济的游戏规则是优胜劣汰，"老字号"如果一味沉湎于已有的辉煌，不能跟随时代的发展不断创新经营模式，就是抱着金字招牌，也会最终被无情的市场经济所淘汰。综观那些经营状况不好的"老字号"企业，总是寄希望于政府有关部门多扶持、多支持，当然对于促进和保护"老字号"的发展政府确实有责无旁贷的责任，但企业如果不能与时俱进的求变求新，依然墨守成规、抱残守缺的话，"老字号"的消失也是不可避免的。一些"老字号"企业之所以走不出困局，关键在于不能根据市场供需形势的变化，及时进行战略调整及经营模式创新，在市场经济发展的大潮中，不是主动出击迎接挑战而是被动适应，只有不断改变这种被市场经济牵着牛鼻子走的经营理念，不断创新经营模式，"老字号"的重塑及复苏才指日可待。

第四节 振兴思路和对策

广州"老字号"是历史形成的，是具有相当市场基础和社会美誉度的名牌，有必要将"老字号"纳入广州建设国际商贸中心，打造国际购物天堂，实施品牌战略的重要组成部分,进一步加大力度保护和促进"老字号"加快发展。

一、建立扶持"老字号"工作联动机制

发挥政府部门的主导作用。广州市经贸管理部门已牵头建立了由工商、财政、建设、文化、税务、知识产权、旅游、文物、国资委等多个相关部门组成的协调高效的工作领导机制,稳步推进"老字号"的体制创新,强化"老字号"的行政管理[①]。在广州市经贸管理部门的统一组织和领导下,要进一步开展"老字号"的系统调研,协调制订系列保护措施和配套优惠政策,制定促进"老字号"的发展规划,将保护和促进"老字号"发展工作纳入各级政府部门的重要工作议程,纳入广州城市建设发展总体规划。政府各有关部门要明确任务,突出重点,各有侧重,形成合力,共同做好保护和促进"老字号"发展的各项工作。

鼓励社会各界积极参与。要广泛发动吸纳有关部门学术研究机构、大专院校、企事业单位、行业协会、社会团体等各方力量参与,共同为促进"老字号"振兴发展提供支持和保障。充分发挥热心保护和促进"老字号"振兴发展的专家学者和"老字号"行业协会的作用,积极开展"老字号"理论研究、政策咨询和交流活动,通过各种有效平台和方式,交流先进经验,引导"老字号"企业在合作与竞争中形成更大的品牌价值和市场影响力。鼓励专业的管理咨询、法律事务机构对"老字号"在经营管理和法律等方面存在的问题进行诊断和辅导。充分发挥政府网站的权威性和公信力,联动有关媒体在广州经贸网上设立"广州老字号的故事"系列展播专栏中大力宣传广州"老字号",支持和推进"老字号"行业协会开设"老字号"宣传窗口,共同打造宣传、交流、展示"老字号"的综合性、权威性信息平台。

充分调动"老字号"企业的积极性。要做好对"老字号"企业的引导,充分调动"老字号"企业自身对振兴与发展"老字号"的积极性、主观能动性和潜能,引导"老字号"企业消除"等、靠、要"的思维惯式,主动迎接市场经济挑战,通过查摆问题,找出制约企业发展的瓶颈因素,明确企业发

---

① 广州市经贸委:"关于我市'老字号'的现状、问题及建议",《广州调研》,2006年第12期。

展、市场开拓的方向和目标。通过建立重点企业、困难企业联系制度，组织各种形式的"老字号"创新与发展论坛，召开"老字号"企业经验交流座谈会等形式，及时掌握"老字号"企业的经营发展状况，分析研究"老字号"企业面临的问题，着力解决"老字号"企业在改革、发展、创新中的各种困难，构建面向"老字号"企业的公共服务平台和服务体系，在经营管理咨询、拓展国内外市场、项目推介等方面提供服务，促进"老字号"企业为广州经济社会发展做出更大贡献。

二、加大扶持"老字号"发展的力度

市财政设立专项资金。要将"老字号"发展纳入广州市实施品牌战略的重要组成部分，由市财政每年安排一定额度的专项扶持资金，用于扶持"老字号"发展管理的日常运作。设立专项资金。建立专项扶持资金的管理规范，以及项目申报程序的评估机制，尤其是加强对中医药"老字号"发展的指导，确保中医药"老字号"发展资金专款专用，规范运作。对获得"中华老字号""广州老字号"的企业享有相应的奖励和资金扶持。在广州市扶持企业发展专项资金、技术创新资金、商业网点发展资金安排上，重视"老字号"企业技术改造，在同等条件下，继续优先扶持"老字号"的技术改造、技术创新项目，给予"老字号"企业一定资金或贷款贴息等扶持。把中医药"老字号"作为重点支持项目，为"老字号"的振兴发展提供必要的扶持和帮助。建议市政府在技术改造资金、商业网点发展资金以及中小企业发展资金等方面协助解决"老字号"融资信贷问题。鼓励和引导有关金融机构对"老字号"企业创新发展所需的贷款给予支持，鼓励和引导信用担保机构对"老字号"的创新发展给予担保方面的支持。鼓励发展较好的"老字号"企业开展资本运作，支持符合条件的"老字号"企业上市，加大"老字号"企业招商引资力度，拓宽"老字号"企业的融资渠道。着重加大对"老字号"企业的金融服务力度，针对"老字号"企业融资渠道比较单一、直接融资数量不多的特点，积极推动知识产权质押融资，支持符合条件的"老字号"企业采取企业债券、短期融资债券、集合债券、股权融资、项目融资和信托产品等形式进行直接融资，有效缓解"老字号"企业融资难题，实现政银企多赢的局面。

将"老字号"发展纳入城市规划及商业网点规划。在制定城市总体规划及总体规划修编中,要充分考虑对"老字号"原址原貌的保护,在"老字号"门店比较集中的地区,要划定保护范围,制定专门的保护规划,进行重点保护,严格控制。加快老城区基础配套设施规划和建设,在"老字号"周边地区配套相应规模的停车场,采取公开投标和给予一定的优惠条件,吸引投资者参与开发建设立体停车库,尽快解决"老字号"企业停车难问题。认真总结荔湾区广州美食园的建设经验,在荔湾、越秀、天河等有条件的区域,规划建设"老字号"特色商业街、特色商业功能区,汇集各类"老字号"店铺,增加城市人文景观和商业功能,促进特色经济繁荣发展。

保护"老字号"在城市拆迁改造中的利益。保护"老字号"既要保护无形的品牌,也要保护具有纪念意义的有形建筑物。要通过人大立法对由国家和省、市认定的"老字号"建筑实施特殊保护,城市拆迁、"三旧"改造、地铁拆迁等工程要尽可能保留"老字号"原有风貌,涉及"老字号"原址的拆迁方案要建立听证制度,广泛征求社会各界意见。对广州市重点建设工程和重要市政工程项目,确需对"老字号"实施拆迁的,要尽可能安排回迁,使"老字号"能够继续经营;无法回迁的,要按照有利于"老字号"经营和保持店铺原有风貌的原则就近安置;无法就近安置的,要依法给予货币补偿。对被拆迁"老字号"的补偿要及时足额到位,尽量缩短"老字号"拆迁造成的歇业时间。任何单位和个人不得损毁和擅自拆建"老字号"传统建筑,对"老字号"传统建设、商铺的维修改造,"老字号"企业要将维修改造方案按相关程序上报批准后方可实施。

对"老字号"企业在租金方面给予适当优惠。广州市国土房管部门对租用公房的"老字号"企业在房屋租赁期限、租金等方面要给予适当的优惠政策,适当延长租赁期限,实行优惠租金以扶持"老字号"企业发展;可将现有部分公有房屋优惠折价转让给"老字号"企业,以利于企业的长期发展;由市国土房管和物价管理部门参照市场租金水平,对"老字号"企业租用私房、侨房的租金实行最高限价。

三、实现"老字号"企业的战略转型

"老字号"企业要想在新的发展环境下重获新生、逐步振兴,更好地引领和带动行业发展,必须实现战略转型,以转型促改革、促发展。

由重质量向质量与市场并重转变。产品质量是"老字号"的生命线,是企业保持长盛不衰的重要法宝,众多"老字号"企业在其漫长的发展过程中,从未忽视过对产品质量的追求,但重视产品质量的同时却往往忽视了市场开拓。在现代市场经济发展的大环境下,各类产品进行营销、开拓市场的手段、方式和方法层出不穷,奉行"酒香不怕巷子深"的原则已不适合现代营销理念,再好的产品也需要在开拓市场上下一番苦功夫,否则,与消费者的距离越来越远也是不争的事实。因此,"老字号"企业必须在重产品质量的同时,向产品质量和市场开拓并重转变,着力在抢占市场制高点,拓展市场份额上出新招、出奇招,以使企业立于不败之地。

由秉承经典向经典与现代并重转变[①]。"老字号"企业的产品经过数十年乃至上百年的发展,能够沉淀、流传下来的都是经典,但如果一味秉承经典,沿袭多年不变的经营理念和经营模式,企业最终也会在市场经济的竞争中败下阵来。因此,"老字号"企业必须实现由秉承经典向经典与现代并重转变,在秉承经典的基础上,让传统的"老字号"产品融合现代、时尚理念,添加与现代市场经济发展趋势和发展潮流相吻合的竞争元素,让"老字号"在不断的振兴与发展中走向现代、走向时尚,不断拉近与不同类型消费者的距离,满足不同消费群体的消费需求,实现企业长久永续发展。

由重单一产品向产品组合转变。众多"老字号"之所以能在长达百年的发展中笑傲江湖,至为关键的一点是拥有一个特色和拳头产品,也就是人们常说的"看家产品",一个特色和拳头产品不仅演绎和诠释了一个"老字号"的传奇故事,也成就了一个企业的殊荣。但单一的一个产品即使产品质量再好,也无法满足当今消费者多元、复合式的消费需求,因此,"老字号"企业在产品营销战略上,必须实现从单一产品向产品组合的转变,针对不同年龄段、不同职业背景、不同消费群体的消费需求,开发和生产老少皆宜,高、中、低档合理搭配的产品组合,以丰富、健全的产品体系促进企业不断发展壮大。

由单兵作战向集聚发展转变。以前,广州的"老字号"多集中在中山四路、中山五路、上下九路一带,随着城市规划调整、地铁拆迁等城市改造工程的实施,许多"老字号"不得不迁离原址,另辟新址寻求发展,目前广州的"老字号"布局虽然还是集中在老城区,但比较分散。为更好地建设国际商贸中心,打造国际购物天堂,提升"老字号"的形象和影响力,需要实现

---

① 骆智冕:"'老字号'食肆突围之路,面临三大问题亟需破解",《新快报》,2010年7月30日。

"老字号"由单兵作战向集聚发展转变,规划布局建设"老字号"一条街或"老字号"集中的功能区,集中展示和推介"老字号"。这种集聚发展的好处在于,单个企业减少了广告宣传费,顾客能在一个相对集中的区域,选择多种品牌的"老字号",进行购物+休闲式的消费,在购物"老字号"产品的同时体验"老字号"背后所传承的文化,北京的大栅栏和上海的城隍庙都是"老字号"比较集中的区域,对于招揽顾客与游客都有积极的促进作用。

四、加大力度,保护"老字号"发展特色

明确保护与促进的对象。到目前为止,广州市获得国家商务部认定的中华"老字号"共2批35个,广州市政府及"老字号"协会认定的广州"老字号"共3批78个。市、区(县级市)各级经贸管理部门要以这些"老字号"为重点保护对象,结合地方"老字号"发展实际,通过支持引导和规范化管理,进一步做好相关保护与促进工作。"老字号"见证了城市经济和社会发展,是城市历史文化的载体。在激烈的市场竞争中,企业兴衰成败是市场经济发展规律使然。因此,政府所要保护的对象是"老字号"品牌,而不应是企业本身。

一是加大保护"老字号"的商标和知识产权力度。通过制定公布《广州原注册地"老字号"保护名录》等方式,对纳入名录的"老字号"企业进行商标注册指导、著名商标认定以及专利技术、知识产权保护等环节的指导和支持,引导企业充分利用法律制度来对商标进行国际注册,对已注册的"老字号"企业产品及时提供包括商标、字号、专利、外观设计在内的知识产权保护,联同工商管理、公安等部门,严厉打击国内外恶意抢注"老字号"商标、商号、品牌以及假冒"老字号"企业产品等不法行为。二是引导和支持市场主体创造和运用中医药知识产权,强化中医药科技创新活动中知识产权政策的引导作用,完善中医药科技成果权利归属和利益分享机制。三是培育"老字号"驰名商标,重视驰名商标的宣传。广州市"老字号"当中荣获中国驰名商标的有王老吉、致美斋、虎头电筒和陈李济等,给予其更宽的跨类保护范围和更强的保护力度,对中医药"老字号"商标被认定为驰名商标的条件适当放宽。

加强"老字号"文化遗产保护。"老字号"传统建筑(商铺、传统作坊)是"老字号"历史的硬件标志,对符合文物保护单位条件的"老字号"

传统建筑，市文物管理部门要将其纳入文物保护单位管理；对未能列为文物保护单位的"老字号"传统建筑，市规划管理部门要将其纳入近现代优秀建筑予以保护。要认真组织"老字号"企业参加非物质文化遗产申报和文物普查工作，积极争取相关政策支持，逐步将符合条件的"老字号"技艺纳入非物质文化遗产保护体系，将"老字号"传统建筑、"老字号"集中的商业街区纳入文物保护体系。要严格按照有关法规和规定，做好"老字号"传统技艺、历史建筑、文化街区的保护工作。

五、创新机制，增强"老字号"核心竞争力

提高"老字号"企业核心竞争力。按照现代企业制度推进国有"老字号"企业的股份制或有限责任公司制改造。通过资产重组，优化资源配置和产权结构，依法依规处理好企业离退休职工等历史遗留问题，积极引入综合实力强、经营状况好的民营资本参与"老字号"企业的经营管理，逐步建立现代企业制度。采取授权经营方式，鼓励"老字号"扩产增资，实行规模经营。引导"老字号"企业通过建立产品和技术的研发机制，及时把握市场消费需求的动向，不断推陈出新，把传统工艺、经营方式与现代生产技术、管理方法有机地结合起来，形成"老字号"企业新的核心竞争力。不断提高"老字号"企业经营者的基本素质和能力水平，逐步推进"老字号"企业经营管理者的市场化、职业化，改革和完善国有"老字号"企业经营管理者的选拔任用方式。

为振兴发展"老字号"创造良好的市场环境。加大对"老字号"的宣传、推介，提升"老字号"的品牌价值。对经营"老字号"不善而停业的企业，应由政府收回"老字号"品牌，不得销号和更改，并通过公平、公开的方式重新选择经营者，以延续"老字号"的经营。营造优良环境，大力扶持"老字号"的发展。打击恶意抢注"老字号"商标、字号、品牌和假冒伪劣"老字号"产品的不法分子和不法行为。通过品牌招商，重新焕发"老字号"的青春。将沉淀的"老字号"重新进行包装，以品牌使用权转让、有偿使用或以品牌作价进行投资嫁接等方法，广泛吸纳社会各种资金参与"老字号"的经营，使"老字号"通过转换经营机制重新焕发生机。鼓励商业街区引入"老字号"企业进驻，鼓励市区商业街和美食街（区）以优惠的租金等条件，吸引已外迁的"老字号"重返城区经营。

弘扬"老字号"独特工艺。对文化特色鲜明、具有广泛群众基础的"老字号"传统产品、技艺、品牌和产品配方，要加大支持力度，使之传续光大。鼓励"老字号"企业按照市场需求，在传承传统产品、技艺特色的基础上实现产品和服务创新，鼓励"老字号"企业延伸传统产品的产业链条和附加值，开发手信产品和旅游纪念品。通过采用先进技术、生产工艺和设备，不断开发新产品，提供多种产品组合，以提高产品在市场上的竞争力。

六、品牌带动，大力发展连锁经营

整合"老字号"品牌资源。充分挖掘"老字号"品牌的经济文化价值，量化无形资产，推进和实施品牌经营和名牌带动发展战略。从字号形象、字号策划、字号管理、字号传播、字号营销等方面加以规范，在有条件的"老字号"企业推进标准化生产和服务，制定振兴和发展"老字号"发展规划，促进各种有效资源向"老字号"集聚，扩大"老字号"的经营规模，实现规模化、集团式发展。

做精做专自主品牌，大力发展连锁经营。鼓励"老字号"企业充分发挥品牌优势，大力发展连锁经营、电子商务等现代流通方式，拓展市场潜力，扩大品牌影响。支持"老字号"企业创新自主品牌，在做精做专的过程中发展和延伸产业链条，带动相关产业发展，增强品牌竞争力。以"老字号"为纽带，建立现代经营管理体系，走连锁扩张与集团化经营的发展道路。统一技术和产品标准，建立集中采购、配送服务平台，实施规范化管理，降低营运成本，实现规模效益。

大力开拓市场。支持广州市"老字号"企业通过技术改造、工艺创新和加强营销，努力开拓国内外市场。利用广州市进出口商品交易会、中小企业博览会等平台开拓国内外市场，对举办各类"老字号"展会，以及"老字号"企业参加国内和境外展会给予支持。充分发挥广州市驻外机构的作用，为"老字号"到国外招商引资和开拓国际市场提供便利。组织"老字号"企业及产品展示交流平台，为"老字号"开拓市场创造条件。

七、文商旅互动，促进"老字号"加快振兴和发展

深入挖掘"老字号"内涵。鼓励广州市"老字号"企业参与文化创意产

业、旅游产业的开发。做好"老字号"历史资料的收集工作,"老字号"企业应成立资料陈列馆或图片展览中心,展示"老字号"的历史风貌,传承"老字号"的历史传统文脉。对于因城市改造、地铁拆迁等市政工程回迁新建的"老字号",要更加注重提升文化内涵和文化品位,尽可能辟出空间展览、展示"老字号"发展历史、特殊工艺、产品所获得的各种荣誉称号,让消费者有进行体验、休闲、时尚消费的空间,为单一的购物行为增加多种文化内涵。

在城市新区建设布局中为"老字号"预留发展空间。广州市"老字号"原址绝大多数分布在荔湾、越秀等老城区,在老城区享有较为广泛的认知度,但在城市新城区市场拓展不力。为更好地宣传"老字号",让更多的人认识、喜欢和购买"老字号",在城市新区以及大型商圈建设中,应该为"老字号"预留发展空间。随着广州城市建成区不断扩大,新的商圈也在慢慢形成之中。新的商圈在展示现代、潮流、时尚等元素的同时,也要实现现代与传统的有机结合,为消费者提供更多的购物选择。总之,新的商圈不可能都是国外一线品牌的汇集,国内、本土、经典、传统的"老字号"更应拥有一席之地,这也是广州打造国际购物天堂的题中应有之意。

开发"老字号""广州游"线路。与广州市旅游管理部门合作,把"老字号"纳入"广州游"线路,提高"老字号"的知名度,让更多海内外旅游者认识和了解广州市"老字号"。在开发"老字号""广州游"线路中,要注意将"老字号"传统建筑、标志性店铺、特色产品,与其周围所在的街区等统一打包开发,让游客在认识"老字号"的同时,进一步深入了解广州市历史文化、风土人情和城市风貌,同时鼓励"老字号"企业开发特色美食和旅游工艺产品等,拓展企业的经营空间,这对于提升广州城市形象,扩大广州城市的影响力也大有益处。

第十章 弘扬饮食文化,做精"美食之都"

民间曾经有"生在苏州,住在杭州,食在广州,死在柳州"的谚语,其中表达了对于广州美食的厚重评价。广州历来就有"美食之都"的美誉,市内集聚了海内海外、大江南北菜肴,大街小巷、街头巷尾弥漫着南国美食风味。秦始皇统一岭南之后,汉越文化和生活习俗融合,广州不仅成为岭南文化的中心地,而且其饮食文化在岭南饮食文化中亦独具特色。广州餐饮业具有庞大的产业规模,产业链也在扩张和延伸。"食在广州"的口号誉满全球,标志着广州餐饮业地位和国际影响力。广州具有较强的外向型经济和多元化文化的特质,饮食文化具有开放性、兼容性和开拓性,在饮食文化上不断创新,独占鳌头。

第一节 餐饮业以及中国概况

民以食为天,餐饮业是国计民生中最重要的行业。餐饮业是通过即时加工制作、商业销售和服务性劳动于一体,向消费者专门提供各种酒水、食品,消费场所和设施的食品生产经营行业。按欧美《标准行业分类法》的定义,餐饮业是指以商业赢利为目的的餐饮服务机构。在我国,据《国民经济行业分类注释》的定义,餐饮业是指在一定场所,对食物进行现场烹饪、调制,并出售给顾客主要供现场消费的服务活动。餐饮业主要分为旅游饭店、餐厅(中餐、西餐)、自助餐和盒饭业、冷饮业和摊贩五大类。具体又分为三种类型:便利型大众餐饮市场、高档型餐饮市场、气氛型餐饮市场。

餐饮业是关系国计民生的重要基础产业,是国家经济的重要组成部分,是构筑现代产业体系的重要支撑,不仅创造了大量的就业岗位,还是国家文化软实力的重要载体,在传承和传播中国传统文化方面发挥着重要作用,对于扩大消费、促进就业、改善民生、增强城市竞争力和提升城市品牌发挥着越来越重要的作用。改革开放以来,随着经济社会的快速发展,餐饮业获得了迅猛的发展,据相关餐饮业大数据分析,我国餐饮业营业额连续 20 多年实现两位数高速增长,预计未来几年仍将保持 18% 以上速度发展。1978 年,全国餐饮业网点约 12 万家,就业人员 105 万人,零售额 54.8 亿元。目前,全国餐厅总数已经超过 600 万家,其中中餐占 75%;就业人口约 3000 万,市场规模达到 3.58 万亿元,占社会零售总额的 10.8%,成为国民经济的重要构成部分。预计到 2020 年,市场规模将达到 5 万亿元的规模。

近年来,我国餐饮行业在竞争格局和餐饮消费行为方面都发生巨大变化。从竞争格局来看,一是由单纯的价格竞争、产品质量的竞争,发展到产品与企业品牌的竞争,文化品位的竞争;二是由单店竞争、单一业态竞争,发展到多业态、连锁化、集团化、大规模的竞争。三是开始突破地域限制,由在本地发展走向外地发展,由小城市向大中城市发展,由东部沿海向中西部地区发展。

2017 年我国餐饮业继续保持"十三五"开局以来的良好增长势头,全年餐饮收入达到 39644 亿元,接近 4 万亿元关口,同比增长 10.7%,连续三年保持两位数增长(见图 10-1),如扣除价格因素,餐饮业实际增速高达 11.4%,是自"十一五"以来首次实际增速超过两位数,显示出餐饮产业已经走出"八项规定"等政府政策影响,在信息技术和资本的推动下,服务于大众化消费需求,重新步入快速发展轨道。从改革开放 40 年发展来看,餐饮业总体保持了快速、稳定增长,2017 年餐饮收入比 1978 年餐饮收入增长了 722 倍,复合增长率高达 18%。2017 年餐饮产业增加值达到 1.5 万亿元,增

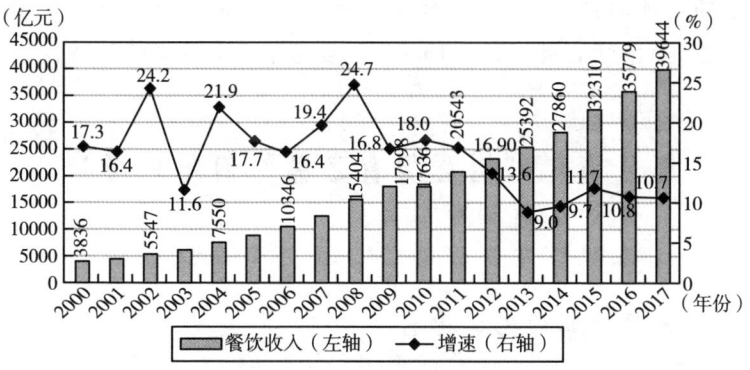

图 10-1 中国餐饮业收入规模增长情况(2000~2017 年)

速超过了12%，是近年来增长速度的新高，占国内生产总值的比重逐步升至1.81%，占第三产业增加值的为3.51%，体现出餐饮产业对服务业和国民经济稳定增长发挥了越来越重要的作用。2017年，餐饮收入占社会消费品零售总额的比重达到10.82%，连续三年保持增长，对社会消费品零售总额的增长贡献率从2013年6.5%的低点回升到了11.4%，连续三年维持在11%以上的水平。

中国餐饮业受到资本市场的支持有所上升。从A股市场来看，2017年6月，广州酒家在中国A股IPO成功，是中国资本市场继2009年湘鄂情上市后的首支餐饮股，意味着国内资本市场及监管层对餐饮产业态度的转变。在过去十年中，资本对餐饮业的支持总体偏弱，诸多餐饮企业在国内IPO排队被叫停或退出排队，部分餐饮企业，如乡村基（CSC）、小南国（03666）、名轩控股（08246，现已更名为北方新能源）、唐宫中国（01181）、呷哺呷哺（00520）选择在美国纽交所和中国香港港交所上市，导致了风险投资在餐饮业的投资大量减少。从风险投资的进入情况来看，餐饮项目在近两年再次成为风险投资的关注领域之一。在2016年和2017年，诸多新兴餐饮品牌，如西少爷、遇见小面、喜茶、美奈小馆、松哥油焖大虾、好色派沙拉、米有沙拉、大虾来了等数十个项目获得了风险投资。相比于过去的餐饮项目，这些创业人往往并没有餐饮从业背景，但是具有较高的教育背景、风投资源，项目的商业运作相对以往更加规范，商业模式更加明晰，可复制性更强。

餐饮业解决了重大就业问题。餐饮业作为门槛较低的劳动密集型服务行业吸纳了许多低技能劳动人口和农村转移人口就业，国家统计局统计数据显示，2016年，住宿与餐饮业就业人口持续上升至2488.2万人，占统计就业人口的5.1%，其中住宿与餐饮业私营企业和个体就业人员2218.5万人，占私营企业和个体就业人员的7.2%。2016年，住宿与餐饮业新增就业人口353.3万人，新增就业贡献率达13.5%，创造了近十年来的新高。

第二节 "国际美食之都"的特色精华

一、广州餐饮业的现状特色

2017年广州住宿餐饮业以1143.24亿元的零售额居全国首位，总量首次超过上海。从住宿餐饮业占社会零售总额比重看，广州在北上广深四大一线城市中占比高，达到12.16%。2016年，全市共有工商局注册餐饮企业约10.8万个，实际约13.1万个。广州餐饮业中知名企业众多，现有国家级钻级酒家67家，其中白金五钻酒家3家，占全国1/4。现代餐饮服务正在兴起，不少餐饮企业创新经营方式，如建立了以中央大厨房为核心的生产、采购、加工、服务一体化的产业链，为机构和家庭提供餐饮定制和配送服务，构建品牌餐饮的特许连锁体系，开展网上订餐服务等，提升了餐饮业服务的现代化水平。

广州餐饮业有悠久的发展历史，改革开放以来更是发展迅速，成为粤菜发展集聚地，并被中国烹饪协会和世界中国烹饪联合会分别授予"食在广州——中国美食之都"和"国际美食之都"的荣誉称号。近年来，广州餐饮企业已超过12万家，住宿餐饮业零售额稳居全国各大城市前列。无论从餐饮业的经济数据硬实力还是从饮食文化的软实力看，广州餐饮业均已进入新时代。

广州菜是粤菜的主体和代表。在长期的发展过程中，汲取了中西饮食文化之长，自成一格。注重烤、焗、炒、炖、蒸等烹饪技法，烹调素有用料广泛、选料讲究、制作精细、口味清淡、注重季节的要求，白云猪手、龙虎烩、白切鸡、白焯螺片是主要特色品种。八宝冬瓜盅、广式烧乳猪、上汤焗龙虾、白切鸡、红烧乳鸽、老火靓汤、香滑鱼球、脆皮烧鹅、清蒸海河鲜、糖醋咕噜肉被评为"广州十大名菜"。广州人好吃鸡，有"无鸡不成宴"的饮食风俗。据说，鸡类制作有500多种款式，稍有名气的饭店、茶楼、酒家，无不纷纷推出自己的招牌鸡，如清平饭店的"清平鸡"、广州酒家的"文昌鸡"、东方宾馆的"市师鸡"、北园酒家的"瓦罐花雕鸡"、泮溪酒家的"金鼎白切鸡"、大三元酒家的"太爷鸡"、大同酒家的"脆皮鸡"、莲香楼的"莲香双喜鸡"、爱群大厦的"爱群香汁鸡"、广东迎宾馆的"迎香脆皮鸡"、南园酒家的"豆酱鸡"等。

广州的风味小吃不仅种类多，而且制作精细、外观雅致。由于酷暑炎热时间长，广州人在饮食方面多以清淡为主，因此粥是广州小吃中极富地方特色的小吃，如及第粥、艇仔粥等，相传及第粥是因明代广州状元伦文叙而出名的。粉店、面点也非常多，其中沙河粉是有名的小吃。云吞也是面店的有名小吃，源自北方的"馄饨"，用鲜虾、猪肉、韭菜等剁烂拌和做馅，再配上大地鱼、猪骨汤就形成了广州自己所独有的云吞风格。广州小吃各具特色，花样百出，如拉肠、双皮奶、鸡公榄等也都是广州有名的小吃。

早茶是广州的一种习惯，特别是老广州最喜欢早茶，外来访客也都喜欢来体验广州早茶的特色，广州老人家们早晨运动完毕，觅一茶楼，三五知己，"一盅两件"，一张报纸，可以享受半个上午，互相交流信息。广州有早茶、午茶和晚茶之分，一般来说，数早茶最为兴旺，尤其是节假日，各茶楼均是座无虚席。"宁可百日无肉，不可一日无茶"，广州人对饮茶、品茶非常讲究，也形成了自己独特的饮茶风俗——"功夫茶"。功夫茶是饮茶文化之大成，需要高深的泡茶、品茶技艺，有着严格的程序要求，同时对茶叶、茶具、水质、泡茶、品茶都有较高的要求，真所谓"茶里乾坤大，壶中日月长"。

"汤"在广州人的饮食生活中占有重要的分量，地道的广州人没有不喜欢喝汤的，不管是家里做的还是大小馆子里卖的，煲汤和喝汤文化独具特色。"饭前喝汤"成了一种传统，"无汤不饭"，无论在哪吃饭，他们首点菜必定是汤。老火靓汤一般的习惯做法是，夏天冬瓜煲排骨加扁豆、赤小豆降火，冬天花旗参煲鸡祛寒。八宝冬瓜盅也是广州夏日佳肴，始传于清代，深受皇室喜爱，一般做法是先将去瓤的冬瓜煮透用清水冷却，然后用由鸡骨和田鸡骨一同熬成汤水，接下来加热炒锅，将瑶柱、蟹肉、鸭肉、瘦猪肉粒、虾仁、鲜莲子、鲜菇等放进去，倒入汤水，加入调料，以大火烧沸后倒入冬瓜盅内，再将夜来香花、火腿茸洒在冬瓜盅的圆口上，汤水清新而美味。

在中餐厅中，川菜占比高达35%，居首位，其后依次是浙菜占18%，粤菜占16%，湘菜占13%。在人均消费50元以下的中式餐厅中，川菜占比多，达47%。粤菜主要在高端消费中有较强优势，人均消费200元以上的中式餐厅中，粤菜占比高达四成。

二、食在广州的空间寻踪

"食在广州，味在西关"，西关美食街是一条承载着广州千年历史文化的食街。它从上下九路一直延伸到第十铺路，传统粤菜的代表聚集于此，众多"老字号"店如"莲香楼""陶陶居"也落户于此，西关美食街就汇聚了几十家食肆。环市东国际商务美食区，位于广州最繁华的商业中心，周边星级酒店、高档会所云集，粤菜、川菜、湘菜、日本料理、越南风味、意大利菜、泰国菜等中外美食荟萃于此。沙面美食街是广州最有欧陆风情的地方，作为第二次鸦片战争时期的租界，琳琅满目的欧陆建筑保留至今，沙面因为这些建筑所赋予的异域风情衍生出不同国家和地区的风味餐厅。

从空间布局看，近年来广州市政府对广州美食进行了统一规划，已形成了"广州美食园""惠福美食花街""番禺美食大道""中森食博会"等27个餐饮集聚区，有购物中心美食广场66个，餐饮企业总体布局比较合理，与人口及居住、商业用地耦合度较高。但与此同时，也存在供给不平衡不充分的情况。一是新兴功能区（如黄埔区中新知识城、南沙自贸区等）还缺乏足够的餐饮配套，餐饮业发展远远落后于产业人口增长。二是中心城区餐饮网点布局密集，但进一步发展受限。受消防、环保、停车、文物保护等因素影响，老城区的餐饮集聚区难以进一步做强做大。三是餐饮与商业联系紧密，但与文旅联动不足。目前广州的餐饮集聚区67%布局在商业功能区中，与文化地标、珠江一江两岸文旅资源结合的紧密度不够。

为了改变这个状况，政府将对现状餐饮业主要集聚在中心城区呈单核心的布局模式进行优化，与广州建设新兴功能区充分衔接，规划形成"核带引领、点面网络"的餐饮业空间布局结构。"一核"指中心城区餐饮核心，结合中心城区餐饮"老字号"、历史人文景观、现代商业商务活动集中的特点，集中打造代表广府和岭南文化特色、支撑广州建设国际商贸中心的全国知名、走向世界的餐饮品牌和美食地标。"一带"指一江两岸国际美食长廊，整合沿江餐饮资源，串联珠江沿岸重要生态景观节点、历史文化街区、重点功能片区，发展滨水特色餐饮。点面网络即分散布局在全市域，与公共中心、交通节点、文化、旅游、商业、居住等功能区融合布局的餐饮企业、购物中心美食广场、餐饮集聚区（含美食街），与广州枢纽型网络城市的空间结构衔接，支撑广州建设世界美食之都。打造4个美食地标，将选取珠江琶醍啤酒文化创意艺术区、北京路惠福美食花街、西关美食带、天河路美食区打造成代表广州走向世界的美食地标。完善珠江琶醍啤酒文化创意艺术区的餐饮、娱乐、休闲、文化创意、演艺活动等于一体的综合功能，服务会展、电商等商务人士及国内外游客；北京路惠福美食花街依托北京路商业功能区及花市、庙会等节事活动资源，促进餐饮与文化、旅游、商业等产业联动发展；重点发展西关美食带的特色餐饮，依托荔湾湖、仁威庙等历史文化旅游资源，推动传统餐饮网点优化升级；增强天河路美食区的地标效应，借助体育西、天河城等地铁站店优势，促进餐饮与商务、商业、旅游、文化等产业联动发展。规划47个餐饮集聚区，其中都会级10个，片区级37个。新增餐饮集聚区主要布局在海珠、天河、黄埔、增城等区。同时，针对现状27个集聚区，对其中 16 个餐饮集聚区进行提升工作，包括提升知名度、吸引力；丰富业态、菜系；举办节事活动，聚集人气；开展微改造，改善交通、环境；与商务、商业、旅游、居住等功能区融合发展。通过与城市更新结合，微改造植入特色餐饮；促进餐文旅商结合，丰富餐饮消费形式、提升影响力。对 6 个餐饮集聚区进行扩展工作。合并部分餐饮集聚区，做大做强；推动部分餐饮集聚区扩建计划。并调整 5 个餐饮集聚区。打造一个广州"老字号"餐饮集聚区，汇聚广州酒家、陶陶居、莲香楼等广州、广东省、中华"老字号"及一批经营多年获得老广认可的"民间老字号"。将广州国际美食节与非物质文化遗产展示相结合，融合餐饮、旅游、文化、商业等多要素，打造成广州的又一城市名片。以"食在广州"的优势，打造一条集旅游休闲与美食享受于一体的旅游精品路线，包括北京路、上下九、花城广场等。整合各区已有的旅游地图、美食地图内容，绘制广州市美食地图，编制广州市美食画册。每年组织评选"名店""名菜""名点""名手信""名厨""五名"称号。

第三节 餐饮业的未来分析

一、广州餐饮业发展面临挑战

增长趋缓。广州餐饮业增幅逐年降低，已跨入平稳增长阶段。住宿餐饮业在总量不断扩大的同时，增长率由 2015 年的 9.8% 下降到 2016 年的 7.7%，2017 年进一步下降到了 6.2%，增幅处于北上广深四大城市之末。考虑到北京、上海、深圳的经济总量均已超越广州，并分别拥有首都优势、金融集聚优势、人口集聚优势或创新能力优势等对广州的超越优势，广州餐饮业必须居安思危、正视困难，大力推动供给侧改革，否则不仅难以保住全国第一的桂冠，餐饮业零售总额被北上深三城全面超越的危险也非常大。广州餐饮业在当前经济环境下已达到较高的成熟度，下一步难以靠餐饮业单兵突进带动社会零售额整体增长。要进一步发展，一方面，必须推动餐饮业供给侧改革，使广州餐饮业从高速增长阶段转型到高质量发展阶段；另一方面，必须改善广州整体营商环境，大力推进国际消费中心城市建设，通过做大广州社会零售总额的蛋糕，进一步提升餐饮业的发展空间。

区域失衡。广州餐饮业也还存在区域不平衡的局面。一是新兴功能区如黄埔区中新知识城、南沙自贸区、天河智慧城、琶洲地区等新区还缺乏足够的餐饮配套,餐饮业发展远远落后于产业人口增长。中心城区餐饮网点布局密集,但进一步发展受限。受消防、环保、停车、历史文物保护等因素影响,老城区的餐饮集聚区难以进一步做大做强。餐饮与商业联系紧密,但与文旅联动不足。目前广州的餐饮集聚区67%布局在商业功能区中,与文化地标、珠江一江两岸文旅资源结合的紧密度不够。广州各区的餐饮业发展表现出不平衡性,需要开阔视野,创新思路,科学规划,推进广州餐饮业迈向更高层次。

竞争激烈。餐饮业差不多是广州门槛最低的行业,只要会做家常菜,有一个场所,就可以开餐馆,可以从外卖做起,以适应广州这种快节奏商业社会的多元化需求。所以餐饮业吸纳了庞大的社会就业群体,解决了庞大的社会需求,打造了丰富多彩的广州饮食文化。餐饮业也是广州变动最大的行业,许多投入不菲的餐馆会在几个月之间由于客源不振而迅速倒闭,而经营良好的企业长期顾客盈门,需要挂号等座的也不在少数。发大财和破产都在这个行业经常重复出现。通过小本经营,尽管可以赚取一定的收益,但餐饮企业的内部管理结构容易缺失,例如,在食品质量管控、现金管控、员工管理、骨干员工激励等方面都存在问题,不利于企业做大做强,这是餐饮行业多数处于中小规模的重要原因。面对竞争日益激烈的市场,中小餐饮企业的运营模式难以支撑餐饮企业的快速发展,很多中小餐企在当地的竞争中惨遭淘汰最后关店关门。

二、广州餐饮业未来发展前景分析

近几年来,随着消费升级时代的到来,全国餐饮行业呈现出许多新的特点,年轻化、创新型餐饮也在新一代食客的追捧下占据市场。餐饮业发展以下几个趋势:

公务餐饮消费持续萎缩。中央陆续出台"八项规定""六项禁令",大力推进反"四风"和"三严三实"教育活动,显示出中央狠抓党政建设、厉行反腐倡廉、严控财政经费的决心。各项措施陆续推进,如加强审计、推行公务卡制度、制定新差旅餐费报销政策等,使政府消费得到进一步规范,也使得严格"三公"消费管理成为一种长效机制,而不是短期政策因素。在这样的政策环境下,公务接待餐饮支出将呈现"L"形发展态势,原来面向政府公务消费的餐饮企业将面临越来越萎缩的市场。公务接待转移到了日常餐饮消费,如快餐、团餐等。受此因素影响,不少高档餐饮企业面临经营困难乃至倒闭的困境,如全聚德、湘鄂情、名轩控股、小南国等以经营高端餐饮为主的上市餐饮企业,都在近两年出现很大的经营压力,并且积极寻求转型,还有一些高档会所受到了专项整治,按照要求整顿停业。大众餐饮仍将占据主流,"小而美"餐厅升级"小而精"。各种特色食品、地方食品、改良菜系等日益成为主流。消费者的餐饮用途多元而导致的餐饮需求多样化,针对单个消费者的口味多元而导致的餐饮需求多样化,餐饮用途的多元需求直接导致消费者餐饮支出的结构多元,随着人口流动的增加,消费习惯区域融合的趋势在加强。此外,随着消费升级趋势的增强,消费者对食材的选择也越来越挑剔,品质餐饮成为业界共识。大众化餐饮的市场份额及增长率连年攀高。

大众化餐饮消费兴起。在公务餐饮消费以及奢侈餐饮消费市场萎缩的同时,大众化餐饮消费市场依然保持了较快的增长,成为餐饮业增长的重要动力。"十二五"期间,以大众化餐饮消费为主要目标市场的限额以下餐饮企业的收入在限制政府公务消费后,呈现加速上升趋势,显示出大众化餐饮消费的巨大潜力,远远超过餐饮产业收入增长平均水平。以大众化餐饮消费为主要目标市场的餐饮企业总体具有更好的表现,以四川海底捞、真功夫、快客利、黄记煌、呷哺呷哺、西贝餐饮、乡村基、眉州东坡、外婆家、包天下等为代表的企业都呈现出较好的发展趋势。大众化餐饮并不等于低价餐饮,居民也有高端餐饮消费需求,这里的"高端"更多地表现为对产品品质和服务的需求。在当今消费环境下,传统高端餐饮企业的转型不能仅仅靠推出低价菜品,或者收购一个快餐、团餐品牌,而要从消费者需求出发,实质性地创新产品和提高服务质量。一是O2O依然强劲,打造线下的餐饮机构与互联网结合,让互联网成为线下交易的平台,利用线上推广的便捷性等把相关的用户集中起来,然后把线上的流量倒到线下,主要领域集中在以美团为代表的线上团购和促销等领域。在这个过程中,存在着主要是单向性、粘性较低等特点。平台和用户的互动较少,基本上以交易的完成为终结点。用户更多是受价格等因素驱动,购买和消费频率等也相对较低。比如饿了么从早先的外卖到后来开放的蜂鸟系统,开始正式对接第三方团队和众包物流。以加盟商为主体,以自营配送为模板和运营中心,通过众包合作解决长尾订单的方式运行。配送品类包括生鲜、商超产品,甚至是洗衣等服务,实现平台化的经营。

优质高效的快餐化道路。随着城市生活节奏的加快,居民收入水平的提高，社会上对快餐的需求量日趋增大，质优价廉高效率的快餐店必将受到广大居民的欢迎。我国著名的科学家钱学森先生就曾经提出，应在我国的一些大城市，建立快餐中心，以规模经营的高效率和低成本，来满足广大群众的饮食需要，加快家务劳动社会化的步伐，促进我国经济的发展。

休闲餐饮发展潜力大。以农家乐、郊野旅游和温泉度假为主体的休闲餐饮异军突起，成为广州餐饮业的新生力量。生态农业、绿色食品、保健环境将更为人们所重视，随着人们对环境污染、生态平衡、自身健康等问题的关心程度日益提高，无公害、无污染的绿色食品、保健食品，受到了消费者的欢迎，许多餐饮企业适应这种要求，纷纷推出了自己的保健绿色食谱，并增加保健设施，营造保健环境。在经验内容上可以增加推销健康食谱、引进健康信息（如提供与健康、运动相关的杂志，或附设健康俱乐部、瑜伽教室，或放映外国运动影片，举办健康食谱讲习班等）、提供健康设施（如设置"按摩器""健身器""氧气供应"等）、提供健康环境（如禁烟餐厅等）等，以此适应人们观念上的变化及其要求。

餐饮业巨头与资本市场的结合将日益紧密。随着中央厨房以及上游供货商的产业链成熟，更多大型餐饮企业介入团膳业务，区域加盟、整合等形式将会助力餐饮企业快速扩大规模，获得资本市场青睐。未来我国餐饮企业竞争将更加激烈，而餐饮企业如果没有一定的规模或达到市场领先地位，很难真正获得成功。借助资本市场有助于真正对餐饮企业规模化发展的"顽症"进行彻底改造，大幅提升餐饮企业竞争力和管理水平。通过资本市场的加持和连锁经营来做大餐饮业的基本盘，这样的成功案例很多，餐饮行业增长最迅速的就是连锁品牌急速扩张，街上经常可以看见同一个牌子在不同地方有好多家加盟店，光顾的人座无虚席还排起了长队，这就是品牌的力量，同时也彰显出选择一个好品牌的重要性。

第四节 发展"美食之都"的道路

一、加强规划引领、合理布局

编制《广州餐饮业网点布局专项规划》，推动餐饮集聚区规划建设，重点推进番禺大道（美食集聚区）建设，完善提升惠福美食集聚区、天河广园东食博汇、中华美食城、广州美食园等区域性集聚。引导商业综合体、购物中心发展特色美食广场。按照服务民生、保障供应原则完善餐饮民生网点，引导早餐、夜市、快餐、社区餐饮、团体供膳、外卖送餐、"农家乐"等大众化餐饮有序发展。优化餐饮业发展环境。以开展商务部餐饮业转型升级试点城市为契机，进一步优化餐饮业发展的政策环境。加强餐饮企业物流配送用车、停车配套设施、融资困难等问题协调解决，落实税收优惠、社保支持、财政资金和专业人才培养等支持政策，争取取消和降低涉及餐饮业收费，切实减轻餐饮业经营负担。

二、促进餐饮产业升级

推动餐饮企业开展中央厨房配送、食品产业化生产基地建设，实现菜点成品和半成品工业化标准化生产和连锁化供应，培育示范企业。引导餐饮业向上游延伸经营链条，开展农餐对接、建立示范性原辅料和种植养殖基地或采购基地。鼓励餐饮业与旅游、文化、健康等产业融合发展，将市内主要餐饮集聚区、餐饮名店纳入广州旅游体验项目。促进餐饮与电子商务融合发展，开展O2O营销，大力推广网络预订、在线购买、跨店电子点菜、网络快捷支付、厨师上门做菜等新模式，打造若干个具有行业影响力的餐饮电子商务平台，推动全市规模以上餐饮企业"上网触电"。促进餐饮企业创新实体店与电子网络销售一体化的服务方式，推动餐饮服务线上线下融合。鼓励互联网餐饮企业进一步拓展"互联网+餐饮"新业态。引导炳胜酒家、板长寿司、太平洋咖啡、汉堡王、北园酒家等传统餐饮企业通过大众点评网、美团网、饿了么等平台开展"互联网+餐饮"新业务，与银联、商业银行通过银联钱包、IC卡闪付等方式结对开展营销活动。

三、推进商旅文融合发展

将餐饮业转型发展纳入广州商旅文融合发展。以"食在广州"为核心加强美食文化旅游推广项目。进一步丰富和挖掘"食在广州"的文化内涵及其经济价值，积极推广粤菜烹饪技艺、广州早茶文化等传统文化，提升餐饮业的文化品位和产品附加值。挖掘和整合广州美食资源，形成"食在广州"形象设计并统一对外推介；以"饮食文化"为核心主题，整合园林建筑、书法绘画、音乐戏剧、雕刻艺术等多种岭南文化开发文化旅游。优化餐饮业集聚区和美食街区建设及周边配套设施建设。启动传统技艺"申遗工程"，开展"食在广州"金羊奖十大名店、名厨、名菜、名点、名宴以及"广州手信"系列评选和宣传推广，促进粤菜饮食文化与传统文化、民俗文化和世界饮食文化的融合。举办广州国际美食节等大型节庆活动，推介广州餐饮品牌和美食企业，吸引世界知名菜系、风味食品集聚广州，推动饮食文化与休闲娱乐、旅游购物、民俗节庆等深度融合。开发以美食街区为背景或主题的文化产品，擦亮"食在广州·中华美食之都"和"国际美食之都"的金字招牌。推进沙面欧陆风情美食区等有条件的区域实施步行化，与周边的景点和商圈互为补充，逐步形成商旅文有机融合发展。推进惠福西美食花街和番禺大道餐饮集聚区项目，通过市、区共建的方式，规划发展以餐饮为主线具有地标性餐饮集聚区，加强重点项目建设和品牌企业招商，举办每年一届的广州国际美食节，进一步提升餐饮集聚区的品牌影响力，打造成为集休闲娱乐、餐饮服务、交流体验于一体的广府美食汇聚地、娱乐休闲理想地、饮食文化体验地。

四、全面实施品牌带动和总部经济

培育餐饮业著名商标和品牌，对广州的中国餐饮百强企业、"老字号"企业、钻级酒家等龙头企业，给予一定的政策扶持、资金支持，鼓励企业走出市外、省外、国外开设分店，扩大广府粤菜的影响力。推动餐饮龙头企业延伸上下游产业链、探索多元化经营路径，发展成若干家10亿元以上龙头企业。支持餐饮企业按现代企业制度改制上市，培育一批上市企业和一批企业到"新三板"挂牌。积极推进餐饮企业"走出去"，引导企业借助品牌优势，依托产品和服务标准化，推广连锁经营、网络营销、集中采购、统一配送等现代流通方式，拓展国内国际两个市场。积极引入米其林星级餐厅评价体系，通过国际知名评级体系提升餐饮品牌的知名度和服务水平。大力发展餐饮总部经济，加大对包括餐饮业在内的总部企业在资金、财税、用地、人才、融资渠道等方面的政策扶持，推动餐饮企业提升总部能级，支持餐饮企业做大做强，促进餐饮业转型升级。

五、注重餐饮专业人才培养

积极推动相关专业职业学校办学,启动引进行业、企业能工巧匠进中职学校兼职任教工作,每年设定一批能工巧匠岗位,支持广州市旅游商务职业学校等院校聘任高水平兼职教师,通过引进行业、企业的高素质、高技能人才,加强"双师"队伍建设,不断提高学校的教学水平和人才培养质量。对从事餐饮业中式烹调师、西式烹调师、中式面点师、西式面点师和中式烹调师(烧腊)、餐厅服务员等工种的劳动者提供日常鉴定和企业高技能人才评价服务。充分发挥餐饮企业、行业协会的作用,广泛开展各种形式的职业技能竞赛活动。通过技能竞赛、岗位比武、技术创新、同业交流、技术观摩研讨等多形式、多层次的竞技活动,引导广大餐饮业从业者学技术、比技能,为发现和选拔本行业技能人才创造良好条件。

六、加强粤菜饮食文化的传承推广

通过举办"全国餐饮业创新发展大会",邀请国内知名专家学者、餐饮企业家分享餐饮创新发展经验,推动广州餐饮业创新发展。推动广州餐饮企业"走出去"。加大粤菜饮食文化宣传推广,组织餐饮企业赴丹麦、挪威、瑞典开展饮食文化系列交流活动,参加世界美食城市联盟年度大会,弘扬"食在广州"饮食文化。高度重视传统名小吃制作技艺的传承和创新。鼓励餐饮类"老字号"积极申报非物质文化遗产保护代表性项目名录。皇上皇的广式腊味制作技艺、莲香楼的广式莲蓉饼食制作技艺和月饼传统制作技艺、耀华沙河粉村的沙河粉传统制作技艺、致美斋的广式调味品制作技艺、广州酒家的粤菜烹饪技艺、黄埔区穗东街庙头股份经济合作社的波罗粽制作技艺,以及小凤饼(鸡仔饼)制作技艺、沙湾水牛奶传统小食制作技艺等,已分别纳入省级和市级非遗保护代表性项目名录,受到系统性保护。加大"食在广州"宣传力度,搭乘国家"一带一路"建设东风,充分利用粤菜在全世界范围的影响力和吸引力,扩大广州"美食之都"的国际国内号召力。"引进来"与"走出去"相结合,大力宣传"食在广州"品牌。借助举办广州国际美食节、世界美食城市联盟春季会议、博古斯烹饪大赛等国际美食推广活动的契机,增加广州美食的曝光度,吸引国内外游客。拍摄广州"美食之都"宣传片,编制《食之美》画册,参加世界美食联盟交流活动,结合招商引资和内外贸交流活动到国内外重点城市举办"广州美食国内行""广州美食海外行"等推介活动,大力宣传广州的美食文化和宜商宜居的城市形象,把广州打造成为与香港、迪拜、东京、巴黎、罗马等老牌美食城市同量级的世界美食之都。

第十一章 商圈空间体系的优化布局

商贸业是广州市的支柱产业，科学合理布局商贸零售业，为商贸零售业提供必要发展空间，是加快形成以先进制造业和现代服务业为主的产业结构，加快建设国家中心城市、打造广州"国际购物天堂"，推动广州商贸零售业实现科学发展、创新发展、可持续发展的重要步骤。零售购物载体功能的强弱和整体布局优化对提升广州"国际购物天堂"的吸引力和竞争力具有十分重要的作用和意义。

第一节 购物天堂空间载体及其分类

零售购物载体包括有形载体和无形载体，本书仅研究有形的物理空间载体。城市是整个零售购物的天然载体，发达繁荣的商业特别是零售业是一个城市成为"购物天堂"的必要条件。

一、购物天堂空间载体种类、区别与联系

购物天堂通常是消费者的主观感受，这种感受随着消费者的活动范围而扩展。同理，购物天堂载体所指的空间范围也随之扩展，这种扩展具有明显的层次性。购物天堂空间载体主要可分成四种类型：商业地标、商业街、商圈和商业中心。

商业地标，地标的英文 LANDMARK，直译是大地上的标记；中文常代指标志性建筑。从空间载体的概念来看，商业地标通常是一个城市大型商业网点赖以存在与否的标志性商业建筑。城市商业地标是消费者对该城市商业的第一视觉、第一印象和第一记忆。对一个城市商业地标印象记忆的广度、深

度和持久度是消费者形成购物天堂概念的最重要因素。商业地标是外地消费者来到该城市之后必去的购物之地。广州的商业地标随着时代的发展不断变化，从早期的南方大厦，到后来的新大新公司、广州百货大厦、中华广场、友谊商店，再到天河城、正佳广场、万达广场等。

商业街，就是由众多商店、餐饮店、服务店共同组成，按一定结构比例规律排列的商业繁华街道，是城市商业的缩影和精华，是一种多功能、多业种、多业态的商业集合体。历史上，随着定期集市或不间断集市的形成，先前集市所在地点逐渐形成城镇，此时，商业街则成了小城镇的购物天堂载体，这种载体不但能够提供购物功能，还同时具有餐饮、住宿、理发等居民服务功能。坐落于商业街上的百货大厦、购物中心则成为该商业街的标志。在城市形成之后，商业地标的出现往往带动整条商业街的形成和持续繁荣。利用好城市浓厚文化氛围、历史古迹、民族民俗风情发展具有独特风味的特色商业街，可以吸引不同类型的消费者。特色商业街大多位于历史文化景观区、旅游景点，是休闲娱乐业态集中、文化内涵丰富特色景观，同历史、旅游、文化等进行嫁接。如位于广州北京路商圈的文德路文化街就由经营文房四宝的"老字号"三轩文化用品商店、广州全市最大的文化用品零售商店文一文化用品公司、百年老店新以泰体育用品商店等传统特色企业集中而成。特色商业街最能代表一座城市历史、文化、旅游与商业价值融合程度。

商圈是大型商业城市提供购物功能的主要载体。根据商品和服务中心地理论（central place theory），商圈是指商服中心以其所在地点为中心，沿着一定的方向和距离扩展，那些优先选择到该中心来消费的顾客所分布的地区范围。商服中心，即商圈的中心地，是指商品和服务的布局场所，即出售商品和提供服务的具有固定地理位置的各种商业组织，包括各种店铺、大型购物广场和能够产出聚集效应的大型综合性商业聚集区等。商圈往往包括一条或多条商业街，但通常只有一条核心商业街。商圈的概念是商业街的自然扩展，商圈区域内的核心商业街（著名商业街）是该商圈得以形成和存在的必要条件；商业地标的存在是著名商业街形成和存在的充要条件。广州已经形成了三大商圈有天河路商圈、北京路商圈和上下九商圈，还有一系列次级商圈。

商业中心是指在一定区域范围内组织商品流通的枢纽地带。广义上讲商业中心是指主要行使商业职能的城市；狭义上讲商业中心是指一个城市商业比较集中的地区。因此，从城市的角度来看，商业中心和商圈是一个等同的概念。

二、广州零售购物空间载体的结构

"购物"是广义的综合消费的概念，它包含购物、娱乐、文化服务、健身、保健、美容、通讯等方面。因此，商圈范围内的娱乐、文化服务、旅游休闲、美容保健等购物辅助活动所在的空间也属于购物天堂载体的重要组成部分。

作为一个商贸中心城市，往往拥有一个或多个都会级商圈、多个区域级商圈和多个社区级商圈。每一个商圈包括一条以上的商业街。根据能级的大小，一个城市的商圈可分为都会级、区域级和社区级三个层次。都会级商圈地域范围较大，往往包括多条功能不同的商业街（零售主导型商业街、批发主导型商业街、服务主导型商业街），而区域级和社区级商圈空间范围相对较小，影响力和辐射力也小于都会级商圈。从普通消费者的角度来看，零售型商业街是其形成购物天堂印象的主要因素。

以天河路商圈为例，自天河立交桥至岗顶，天河路商圈的核心区域的天河城、正佳广场、万菱汇、太古汇、电脑城、天娱广场等超大型购物中心（shopping mall）集合了百货店、超市、卖场、专卖店、大型专业店等各种零售业态；而且有各式快餐店、小吃店和特色餐馆，电影院、儿童乐园、健身中心等各种休闲娱乐设施；此外，超大型购物中心还提供一般百货店无法提供的长廊、广场、庭院等景观型购物体验。

天河城所在的天河路商圈成为广州购物的地标性载体。作为最新型的业态，购物中心犹如一条竖起来、加了盖的商业街，能全方位地满足人们"一站式"的、以休闲服务为主的消费欲求，因而也更加深入民心。时至今日，从商业地产的规模、人流量、销售额、产业布局等方面来看，天河路商圈无疑已发展成为中国最先进的带状式MALL群。目前的天河路商圈，已拥有天河城、维多利广场、太古汇、中怡时尚购物中心、广州购书中心、广州电脑城、南方电脑城、颐高数码广场、天河娱乐广场等超大型购物中心项目。

第二节 世界商圈的理论分析

一、商圈的等级

从城市商业发展的空间布局角度出发,城市商圈(商业中心)可划分为不同的等级。根据辐射范围、服务对象、规模体量以及功能定位等因素的不同,大致可以将城市的商圈(商业中心)等级体系分为都市级、地区级和社区级三个等级。

都会级商圈是指商业高度集聚、经营服务功能完善、服务辐射范围超广域型的商业中心或商业集聚功能区,是最高等级的城市商业"中心地"。都会级商业中心辐射能力强,业态丰富多样,并在城市中占据中心重要地位,具有城市最为繁华的商业和最具活力的市场,拥有一个或多个商业地标,服务范围和影响面一般涵盖整个城市、周边地区甚至国内外更大的范围,一般在都市级中心,其购买力有50%以上来自该商业区以外的地区。

区域级商圈介于市级和社区级商圈之间,是指商业中度集聚、经营服务功能比较完善、服务范围为广域型的地区商业中心和集聚区。该等级商圈布局一般选择分布在各区通达性较好的地方,主要提供中间档次但购物频率较高的消费品,服务人口一般设定在20万左右,确保满足区域内居民的购物、餐饮、休闲、娱乐和商务活动需要。随着商圈的不断发展和整个城市功能的完善,某些区位条件好、交通便利的区域级商业中心将充分发展演变成为副市级商圈,甚至市级商业中心地。

社区级商圈是指商业一定程度集聚,主要配置居民日常生活必需品和商业行业和生活服务业的商业集聚区,满足本社区居民"开门七件事",是最基本的商圈和城市服务体系。该级商圈是比区域级低一个等级的商业中心地,以大中型超市为主,有各类餐饮、文化活动中心、社区服务中心、邮局、银行、美容美发、沐浴、修配等各种服务设施。社区级商业中心的影响面主要为社区居民,一般在社区级商业中心的外来购买力不到10%。

通常认为,城市商业规划发展距市级、区域商业中心1~2公里以外的居住区,服务人口5万人左右,应有一个相应规模的社区级商业中心,这在控制性规划指标中都给出了相应的配套商业指标,商业营业面积为1万~2.5万平方米之间,同其他级别的商圈实现联动、错位发展。

二、商圈的类型

作为城市的一个区域空间,商圈必须承担城市的某种商业功能,这种商业功能的实现依赖于商圈的定位,目的在于提高城市商业流通的效率,增加商圈对城市经济的贡献力,使商圈成为一张张独具特色的城市名片,从而提高城市的总体功能。从城市商业功能的角度,商圈可分为如下几种类型,以实现不同的城市商业功能。

休闲型商圈。休闲商务区(RBD)是当今国际中心城市推出的与其商务中心功能相呼应的新兴产业区。即将休闲娱乐、主题旅游、精品购物等各类项目加以整合,并与商务相结合,形成一种新型的旅游休闲产业,形成现代都市新亮点。休闲娱乐型商圈主要对象是思想活跃、追求新潮的白领人士和青年学生。这种商圈的购物定位突出时尚和前卫,价格适中。配套场所通常有大型影城、演唱厅、歌舞厅、溜冰场等休闲场所。商圈主要提供能满足消费者精神层面需求的娱乐活动、流行文化和更人性化的服务。通过搭建一个新的商业平台,让城市的人们在购物和娱乐中有一种新的惊喜,使人们在白天的高节奏、强竞争之外,能够在夜晚享受休闲气氛,放松自我,展示自我。

商务型商圈。CBD(中央商务区)是城市化发展和商业高度聚集的结果,是城市中最具中心性和可达性、商业人群和信息交流量最大、地价最高、零售业最集中和最高档、配套服务最集中的区域,是城市财富的核心。由于商业固有的多样化体验和休闲特性,CBD自产生起就与RBD有着特殊的互动关系。CBD强调区域土地价值最大化和工作效率最高化,仅能容纳满足基本商务需求的零售店和快餐店;而娱乐休闲场所大规模聚集的RBD则位于外围,由CBD带动并为其服务。

时尚型商圈是一个能够提供新潮消费资讯,展示高品质生活方式,感受时代脉搏,体现前卫风格的商圈。这种商圈可以以多类型精品专卖店为主体,辅以大型超市、多功能服务项目、健身商店,价格以中高档为主,充分体现高品质的内涵。

生活型商圈与社区级商圈相对应,一般是指商业在一定程度上集聚,主要配备居民日常生活必需的商业和生活服务业的商业集聚区。生活型商圈是最基本的商圈。

三、不同等级商圈的特征

都会级商圈、区域级商圈和社区级商圈从区位、功能、商业面积、客流量和商业业态等方面的特征如表 11-1 所示。

表 11-1　　　　　　　　　不同等级的商圈特征

特征	都会级	区域级	社区级
区位	位于城市中心区、主要交通枢纽、历史形成的商业集聚区	位于居民集聚区、交通枢纽、商务集聚区	位于社区，居住相对集中
功能	行业齐全，功能完备，形成购物、餐饮、旅游、休闲、娱乐、金融、商务的有机集聚	功能比较齐全，区域辐射优势比较明显	社区商业服务功能
商业	商业网点相当密集，市场最具活力，商业最为繁华，辐射力极强。大城市的商业营业面积一般为30万平方米左右；小城市商业面积更大，包括辐射周边的郊县、乡镇等	网点比较密集，结构合理，业态多样，商业营业面积为10万平方米左右	营业面积为2万~5万平方米
客流	交通方便，客流量大，面向整个城市的消费人群；与旅游、商务等结合的商圈市外、海外来消费人口占50%以上	服务人口为20万人左右。外来消费人口占30%左右	满足本社区居民开门"七件事"。主要是本社区内居民购物
业态	业态齐全，资源配置合理，市场细分度深，选择余地大。一般有大型百货店、都市型购物中心、专业店、专卖店和餐饮娱乐等，功能完备，形成购物、餐饮、旅游、休闲、娱乐、服务、商务和金融的有机集聚	一般有大型或中型百货店、购物中心、大型超市、专业店、专卖店和餐饮娱乐等，功能基本完备，能基本满足区城内居民需要	以社区型购物超市为主，有标准化菜场、医药店、便利店、餐饮、文化活动中心、社区服务中心、邮局、银行、美容美发、沐浴、修配、物资回收等各种服务设施

第三节　国内外比较分析

我们将比较商业中心（整个城市角度）、商业街和商圈三类空间载体。

一、国内商业中心城市比较

福布斯中国自 2004 年开始推出"中国大陆最佳商业城市排行榜",旨在通过人才指数、城市规模指数、消费力指数、客运指数、货运指数、私营经济活力指数、经营成本指数、创新指数这八项指标,从各个不同维度进行全方位考量,寻找适合商业发展与人们高品质生活的城市。2018 年度福布斯中国大陆最佳商业城市排行榜前十依次是:北京、上海、广州、重庆、南京、成都、武汉、苏州、深圳、西安。与 2017 年相比,北京一举超越上海,夺得第一位,广州由第二跌至第三位,上一年第六位的深圳跌到第九位,是十强城市中跌落最多的城市。广州作为重要的国际商贸中心和综合交通枢纽,是中国历史最悠久且唯一从未关闭过的对外通商口岸,也是古代海上丝绸之路的始发地。广州在客运指数、货运指数方面保持优势,广州港口货物吞吐量和白云国际机场旅客吞吐量均保持一定的稳步增长,体现出广州在货运和客运的实力,城市轨道交通建设全方位推进,广州在城市规模、人才指数、消费力指数排名上靠前,广州的产业结构继续调优,城市环境持续改善,战略性新兴产业和新业态加快发展,升级步伐加快。

千年商都变化日新月异,天河路、珠江新城、环市东、番禺长隆—汉溪—万博等 10 个都会级商圈正崛起;古琦、爱马仕、路易威登、香奈儿、迪奥、普拉达等几十个国际一线品牌齐聚广州,"千年商都"广州正向"现代商都"跃升,广州成为众多国际品牌旗舰店的主要集聚地,吸引了全国各地的消费者到广州"血拼";大力发展电子商务,本土零售巨头纷纷触网,"千年商都"和"网上商都"互动发展;血拼、吃喝两不误,14 条美食街遍布广州,世界各地美食一网打尽。如今的广州,正打造国际商贸中心,逐步成长为"国际购物天堂"。

二、中国最著名十大商业街比较

商业步行街不仅是城市形象的绝佳代表,也是城市的天然名片。商业街的繁荣程度已成为城市繁荣的标杆,一条商业街的个性和魅力,在很大程度上,也是一个城市的个性和魅力的体现,是这个城市成为"购物天堂"的重要条件。中国最著名十大商业街排行榜如表 11-2 所示。

表 11-2　　　　　　　　中国最著名十大商业街排行榜

序号	商业街	养眼指数	美食指数	便利指数	休憩指数	人气指数	商业指数
1	香港铜锣湾	☆☆☆☆	☆☆☆☆	☆☆☆☆	☆☆☆☆	☆☆☆☆	☆☆☆☆
2	上海南京路	☆☆☆	☆☆☆	☆☆☆☆	☆☆☆☆	☆☆☆☆	☆☆☆
3	成都春熙路	☆☆☆☆	☆☆☆☆	☆☆☆	☆☆☆	☆☆☆	☆☆
4	北京王府井	☆☆☆	☆☆☆	☆☆☆	☆☆	☆☆☆	☆☆
5	台北西门町	☆☆☆	☆☆☆☆	☆☆☆	☆☆☆	☆☆☆	☆☆
6	广州北京路	☆☆	☆☆☆	☆☆☆	☆☆	☆☆☆☆	☆☆☆
7	重庆解放碑	☆☆☆	☆☆☆	☆☆☆	☆☆	☆☆☆	☆☆
8	武汉江汉路	☆☆☆	☆☆☆	☆☆	☆☆	☆☆☆	☆☆
9	南京湖南路	☆☆	☆☆	☆☆	☆☆	☆☆	☆☆
10	哈尔滨中央大街	☆☆☆☆	☆☆	☆☆	☆☆	☆☆☆	☆☆

广州的强项在于人气和商业两个指数,而在着眼指数方面与国内其他城市相比有较大的差距。着眼指数代表这个城市的时尚魅力,也是这个城市引领时尚潮流的必备条件。以香港为例,在崇光百货附近,会有把睫毛刷得长长的潮流美少女叠穿着碎花的背心和薄纱短裙;在时代广场连卡拂附近,成熟妩媚的女性又构成了另一道风景线——在铜锣湾内,各种风格的美女如游鱼般穿梭于大街小巷,运气好的话,你可以遇到世界巨星和香港小姐。

三、国际城市商业街租金比较

任何一个国家的大城市都有一条或几条著名的商业街。这些商业街不仅是一个城市对外展示的形象窗口,也是当地居民休闲、购物、娱乐、消费的汇集地,更是一个城市经济发展的活力象征。如国际上著名的纽约第五大道、巴黎的香榭丽舍大道、香港的铜锣湾、北京的王府井大街等。这些商业街依托优良的社区环境、繁华的商业氛围、健全的商业设施以及独具特色的经营品位,经过几十年甚至上百年的规划建设,最终成为一座城市特有的吸引物和品牌。由于商业街的构成要素、人文背景、自然景观和地理区位有较大的差异,对商业街进行数量化比较相对困难,因此在进行国际比较时,我们选取商业街租金进行比较。

城市零售业租金指标能够很好地反映出这个城市的零售业竞争力和辐射力。商业街租金价格越高,表明这个城市商业街辐射力越强、高端零售商聚集程度越高。因为低端商业企业无法支付昂贵的租金,无法在租金昂贵的商业街运营,只有哪些高端产品和具有相当规模消费能力的顾客才能够支付。商业街或者购物中心的租金价格虽然会随经济周期波动,但与房地产价格等指标相比,其具有相对的稳定性。因此,与其说商业街的租金是一个单一指标,不如说其是一个多种因素复合而成的综合性指标。全球最大的商业地产咨询服务公司世邦魏理仕(CBRE)列出了2012年第一季度全球租金最贵的前40条商业街(见表11-3)。

表11-3　　CBRE全球主要城市零售业租金(TOP40)

Rank Q12012	City	RentQ12012 U.S. $ SqFtpa.	RentQ12012 € SqMpa.	Quarterly % change	Annual % change	Rank Q42011	Type*
1	Hong Kong	3864	31237	8.70%	19.00%	1	HS
2	New York	2475	20010	10.00%	15.10%	2	HS
3	Sydney	1112	8994	0.00%	-14.70%	3	HS
4	Tokyo	1025	8284	0.00%	0.00%	4	HS
5	London	956	7732	0.00%	5.60%	5	HS
6	Zurich	853	6897	0.00%	1.20%	7	HS
7	Melbourne	837	6769	0.00%	20.80%	6	HS
8	Paris	779	6300	0.00%	0.00%	8	HS
9	Moscow	739	5971	0.00%	2.50%	9	HS
10	Beijing	655	5292	0.00%	0.00%	10	SC
11	Brisbane	639	5170	0.00%	-15.30%	11	HS
12	Guangzhou	590	4768	0.00%	0.00%	12	SC
13	Los Angeles	550	4447	5.80%	5.80%	14	HS
14	Shanghai	538	4351	0.00%	0.00%	13	SC
15	Milan	495	4000	0.00%	5.30%	15	HS
16	Chicago	480	3881	0.00%	0.00%	16	HS
17	Munich	475	3840	3.20%	3.20%	17	HS
18	Singapore	455	3680	0.00%	0.00%	18	SC
19	Frankfurt	445	3600	0.00%	7.10%	19	HS
20	Rome	433	3500	0.00%	0.00%	20	HS
21	Geneva	432	3490	0.00%	5.00%	21	HS
22	Taipei	423	3416	0.40%	14.50%	22	HS

续表

Rank Q12012	City	RentQ12012 U.S. $ SqFtpa.	RentQ12012 € SqMpa.	Quarterly % change	Annual % change	Rank Q42011	Type*
23	San Francisco	400	3234	6.70%	6.70%	24	HS
24	Berlin	386	3120	0.00%	4.00%	23	HS
25	Hamburg	371	3000	0.00%	13.60%	25	HS
26	Dusseldorf	356	2880	4.30%	9.10%	27	HS
27	Amsterdam	346	2800	0.00%	0.00%	26	HS
28	Vienna	344	2784	1.30%	3.10%	28	HS
29	Toronto	325	2629	0.00%	0.00%	30	HS
30	St Petersburg	325	2629	0.00%	1.40%	29	HS
31	Madrid	309	2500	0.00%	0.00%	31	HS
32	Dublin	291	2350	0.00%	0.00%	32	HS
33	New Delhi	283	2287	0.00%	20.00%	34	HS
34	Istanbul	279	2253	0.00%	0.00%	33	HS
35	Barcelona	272	2200	0.00%	0.00%	35	HS
36	Auckland	267	2157	0.00%	0.00%	37	HS
37	Glasgow	262	2116	0.00%	0.00%	36	HS
38	Prague	252	2040	0.00%	0.00%	38	HS
39	Oslo	244	1975	0.00%	7.10%	41	HS
40 =	Liverpool	242	1953	4.30%	6.70%	43	HS
40 =	Manchester	242	1953	0.00%	-2.00%	40	HS

注：* HS – High Street（商业街）SC – Shopping Centre（购物中心）

资料来源：全球最大的商业地产服务公司世邦魏理仕（CBRE）分析调查了全球180个城市，列出了2012年第一季度全球租金最贵的前40条商业街。

由表11-3可知，香港是世界公认的购物天堂，其商业街租金居全球首位。香港拥有铜锣湾、尖沙咀、旺角、北角、中环和油麻地、荷李活道等著名商业街，其自由港的免税政策，吸引着大批商品和客源蜂拥而至。香港市场60%以上的商品来自全球160多个国家和地区。商品品种繁多、选择余地大、价格低廉，有的甚至比原产地还要便宜。每年上千万外来游客加上香港本地600多万居民，形成了巨大购买力。香港是世界各国商品在亚太地区竞销的重要市场。北京是中国的政治中心、文化中心，吸引与汇聚着国内外高端人群，北京以王府井为代表的购物中心租金价格昂贵，王府井、前门大栅栏、西单商业街历来是首都商业的象征;三里屯、隆福寺、秀水街的时尚流行吸引着中外客商,琉璃厂、潘家园的古玩让中外游客流连忘返。

广州号称千年商都,其优势体现在多方面,如地理位置优势、河岸商业发达优势、海上丝绸之路起点所带来的商业文化优势、千年商业所积淀的商业品牌优势(如北京路、上下九等)等。广州是中国省会城市中最大的零售购物中心,广州的商业吸引力不仅仅在北京路、人民路、江南大道等商业街区,更在于众多大型的商品批发交易市场,其中汽车及配件、钢材、塑料原料、皮具、服装、家具、美容美妆、音像等专业市场经营规模在全国名列前茅,初步形成了影响全国的"广州价格"。上海已形成众多享誉国内外、功能齐全、特色各异的商业街区,如南京路、淮海路、徐家汇、城隍庙,以及外滩、新天地等,吸引着国内外大量的客流。而南京东路、南京西路更是将目标瞄准纽约第五大道、巴黎香榭丽舍大街、东京银座等国际一流商业街。国际一流商业街日客流量为50万~70万,南京东路曾创下过一日迎客300万的世界纪录。

第四节　购物天堂空间载体现状及问题

一、广州十大商圈空间区域及中心地

广州商圈呈密集分布状态,传统的商圈主要集中于越秀区、荔湾区和天河区,构成比较成熟的5大商圈(天河路商圈、北京路商圈、十三行—上下九商圈、环市东—中山三路商圈、江南西商圈),均位于中心城区。随着城市格局的逐渐扩大,广州零售商圈已呈现沿"两轴一带,多点拓展"的网格化发展态势,即沿广州旧中轴线发展起来的越秀区北京路商圈、荔湾区十三行上下九商圈、海珠区江南西商圈;沿新中轴线发展起来天河区天河路商圈、珠江新城商圈;沿环市路和中山路发展起来的越秀区环市路商圈、农林下路商圈—中山三路商圈,以及随着近年来广州"东进、西联、南拓、北优、中调"新一轮城市总体发展规划发展起来的白云区白云新城商圈、黄埔区大沙地商圈及番禺区长隆—汉溪—万博商圈等10个大型零售商圈,覆盖广州中心城区近80%人群,并辐射珠三角周边城市。未来3~5年,随着广州综合交

通干线向东、南、西、北等非中心城区进一步延伸，花都区新华街、天河区奥体中心、白云区广州大道北等多个新兴零售商圈正在加速形成当中。广州市主要零售商圈情况如表11-4所示。

表11-4　　　　　　　　　广州市商圈区位

商圈	商圈范围	中心地	所在区域
天河路商圈	以天河路为中轴线，西起广州购书中心，东到岗顶，北至广州东站，南至黄埔大道西	天河城、正佳广场、太古汇等	天河区
珠江新城商圈	北至黄埔大道、南至临江大道、西至华夏路，东至冼村路	高德置地四季mall、花城汇、友谊国金店等	天河区
北京路商圈	北连省财政厅、南达沿江路天字码头、西接起义路、东至文德路	北京路步行街、广百北京路店、新大新、五月花广场	越秀区
环市东商圈	西起建设大马路、东达先烈南路、南到华乐路、北到淘金路	友谊商店、丽柏广场	越秀区
东山商圈	北至东风东路，南至东华西路，西至陵园西路、较场西路，东至农林下路	中华广场、王府井、美东、东山百货	越秀区
上下九商圈	北至长寿西路，南到六二三路，东达大同路、西到康王南路	上下九步行街、新光城市广场	荔湾区
白云新城商圈	北至黄石路（齐富路），东至白云大道，西至机场高速，南至北环高速路	5号停机坪、万达广场	白云区
广州大道北商圈	广州大道北沿线，南至梅花园地铁站，北至同沙路	嘉裕太阳城广场、广百佳润广场	白云区
江南西商圈	江南西路沿线，西至宝岗大道，东到江南大道中	江南新地、广百新一城	海珠区
番禺商圈	市桥板块：北至富华西路，南至清河西路，西至光明北路，东至大北路，万博板块：番禺大道自兴南大道至兴业大道路段	易发商业街、万博商业中心、番禺友谊商店	番禺区

二、广州主要商圈购物载体比较

从规模上看，天河路商圈、北京路商圈、上下九商圈是商家聚集数量最多，消费人流量最大的商圈。其中，天河路商圈现有商业面积超过150万平方米，是全国最大的零售商圈。从零售业态和商品丰富度看，天河路商圈零售业态业种最齐全，商品丰富度高；环市东商圈聚集多个国际顶级奢侈品牌旗舰店、星级酒店及高端写字楼，高端商务消费突出；东山商圈则是传统商业和现代商业的汇集地。

从三大都会级商圈的客流构成来看，上下九商圈广州本地居民最多，而北京路商圈对省内游客有较大的吸引力，来自外省的游客更多地喜欢到天河路商圈购物；上下九这个广州传统商圈在吸引境外游客方面位居首位，主要原因是上下九及其周边有着丰富的历史文化资源和密集的批发市场群。

天河路商圈的两大商业地标在吸引客流方面起了关键性的作用。作为天河路商圈的地标性建筑之一，天河城（TEEMALL）总建筑面积达33.69万平方米，其中购物中心和全部地下室共17.4万平方米。天河城集购物、游览、美食、娱乐、休闲、商务、广告、信息、展览、康体等多功能于一体，名副其实地"把北京路搬进了天河城广场"，在广州开创了一种全新的消费概念，成为广州商业重心由西向东扩展的标志。天河城日平均客流量已达到30万人次，节假日客流量超过80万人次。构成天河路商圈核心载体的正佳广场占地面积5.70万平方米，总建筑面积42万平方米，总投资40亿元人民币。其中购物中心面积30万平方米，地上7层，地下2层半；西塔楼是48层超五星级酒店；东塔楼为25层超甲级写字楼，总车位1500个。日均客流量超过80万，可供40000人同场同时消费，每年吸引世界各地200万个家庭到场，其中珠三角及港澳、境外旅游团体占45%以上。主力消费层：3~60岁，新世代家庭，东南亚旅游团体。

由于购物天堂在消费者心目中是一个比较的概念，随着消费者活动半径的扩大，当他们发现更加舒服和愉快购物体验的新的购物天堂之后，心中原有的购物天堂概念会逐步模糊和弱化。随着广州周边珠三角城市越来越多的购物中心涌现，广州对这些城市的消费者的吸引力越来越小，其在广州的购物欲望和购物支出必然呈现减少的趋势，以天河路商圈为代表的广州购物消费越来越依赖休闲娱乐等非直接购物消费领域的吸引力。天河路商圈的客流主要来自广州本地强大的购物群体，非本地购物群体则主要来自于经常性的商务客流，他们来广州的真正目的是参加广交会和到以荔湾老城区做各种批发生意。显然，如果没有这种商务客流，广州建设国际购物天堂的努力就将成为泡影。我们发现，从改革开放之初到20世纪90年代中期，广州就曾经是国内首屈一指的国际购物天堂城市，无数国内外客商聚集广州，将珠三角各地制造的产品销往海内外。这一时期也是广州超越重庆和天津跃居国内三大城市的跨越式发展时期。支撑广州成为国际购物天堂城市不是零售业，而是遍布城区的无数个批发市场。

上下九和北京路这两个具有丰厚历史文化资源沉淀的传统商圈对境外游客的吸引力大于天河路这种现代商圈。从境外游客的人均消费额可以看出，上下九商圈境外游客人均消费额为593.23元，北京路商圈境外游客人均消费额与上下九商圈非常接近，而天河路商圈境外游客的人均消费额只有227.55元，仅为上下九商圈的38.4%。随着地铁六号线的开通，上下九和北京路这两大传统商圈有望迎来更多的客流和消费。

从商圈功能分类上看，北京路商圈和上下九商圈是具有岭南特色的传统商业聚集区；天河商圈路网通达性高，金融、商务、人文环境配套成熟；珠江新城商圈是政府重点打造的CBD中央商务区，金融、商务氛围最浓厚。这些商圈逐步成为广州的休闲商务区，商旅娱结合程度非常高。随着人民物质和精神生活快速提升，越来越多的生活形态、商业形态具有了可消费性、可体验性及可娱乐性，大量创新的游憩方式得以产生和壮大。在此基础上，为满足城市内外顾客的综合消费需求，以城市新游憩方式为核心，以万博—长隆为代表的商圈逐渐形成规模化、主题化、组团状分布的都市外围RBD形态，成为广州新兴的休闲商务区。广州市十大商圈购物载体如表11-5所示。

表11-5　　　　　广州市十大商圈购物载体比较

商圈名称	日均客流量（万人次）	商业面积（万平方米）	市区外消费者数量（万人次）	国际一线和著名品牌	主商业街长度（米）	商圈等级	大型零售网点数（个）
天河路商圈	80	150	600	200	2000	都会级	18
珠江新城商圈	15	20		110	1800	区域级	7
北京路商圈	50	60	200	170	1200	都会级	9
环市东商圈	20	40		150	1000	区域级	5
东山商圈	20	40		100	1200	区域级	6
上下九商圈	35	35	160	150	1200	都会级	6
白云新城商圈	5	10		100	400	区域级	4
广州大道北商圈	12	20		60	2000	区域级	5
江南西商圈	15	25		90	800	区域级	5
番禺商圈	30	30		90	700	区域级	4

三、以地铁口为中心地的商圈购物载体比较

羊城地铁报委托 CBC 佳瑞咨询（上海）有限公司广州分公司，对地铁沿线商业进行大量调研，推出了《广州地铁商业景气指数（2010年上半年）》调研报告。该调查针对已开通和即将开通的23个地铁站点的88个出口做抽样，通过普查、随机抽样面访、预约面访、不同时段不同地铁站拦截访问地铁消费者、文案调查，以及向地铁公司等权威机构取得数据等六类研究方法，收集以各个地铁站为圆心的方圆500米内的商铺数据信息。以地铁口为中心地的广州八大商圈位置及主力终端店情况如表11-6所示。

表11-6 以地铁口为中心地的广州八大商圈区位及主力终端店

商圈名称	地铁站	主力终端店
天河路商圈	体育西路、体育中心	正佳广场、天河城、广百天河中怡店
中华广场商圈	烈士陵园	中华广场、流行前线、地王广场、海印东川名店运动城
公园前商圈	公园前	BHG 时尚百货、动漫星城、广百百货、五月花广场
农林下路商圈	东山口	王府井百货、好又多、东山百货
岗顶商圈	岗顶	摩登百货、天娱广场、百脑汇、总统数码港、太平洋、南方科技、天河电脑城、颐高数码
康王路商圈	陈家祠	新光百货、康王城
江南西商圈	江南西	万国广场、广百百货、摩登百货、丽日商业广场、江南新地
环市东商圈	淘金	友谊商店、丽柏广场、世贸新天地

资料来源：《广州地铁商业景气指数（2010年上半年）》调研报告。

2010年上半年广州地铁站方圆500米之内的社会消费品零售总额为371.53亿元，反映了地铁商业景气度。但要强调的是，这里指的"社会消费零售总额"主要是和地铁相关的消费，如食品、衣着、娱乐休闲、交通、教育培训（非义务性）、其他商品和服务等支出，不包括汽车、石油化工、通讯、医疗、义务教育、租房等和地铁关联不大的支出。从报告中可以看出，地铁站方圆500米之内商铺数量有2.1万个。其中，八大商圈总商铺数量就有8549个，占广州一至五号线所有商铺数量的40.5%；按地铁站来分，商铺数量排在第一位的是公园前站，有1784个；而按商业类别区分，中小型服饰店有约7000个，占了整个地铁铺数量的33%，排首位。广州八大地铁商圈情况如表11-7所示。

表 11-7　　　　　　　　广州八大地铁商圈情况

地铁商圈名称	地铁口人流（万人）	商铺数量（个）	商铺面积（万 m²）	社会零售总额（亿元）	商铺密度（万 m²）	商铺容积率	地铁客流零贡献额（元）
天河路商圈	1930	1445	61.4	89.9	18.41	0.78	465.80
中华广场商圈	1073	1070	15.7	22.2	13.63	0.20	206.90
公园前商圈	1480	1782	26.2	36.2	22.70	0.33	244.59
农林下路商圈	573	624	11	15.3	7.95	0.14	267.02
岗顶商圈	929	448	17.	27.6	5.71	0.22	297.09
康王路商圈	611	1358	10.	11.8	17.30	0.14	193.13
江南西商圈	918	1109	18.3	22.1	14.13	0.23	240.74
环市东商圈	296	713	23.5	35	9.08	0.30	1182.43

进一步分析可以看出，地铁商圈的零售商铺密度以公园前商圈最高，其次是天河路和康王路，这三大地铁商圈分别对应前面的北京路商圈、天河路商圈和上下九商圈，密度越大表明中小型商铺数量越多。商铺容积率指标由地铁商圈商铺面积除以该商圈占地总面积（78.5 万平方米）得到，可以看出，天河商圈居首位，其次是公园前和环市东。从地铁客流人均零售贡献额可以看出，环市东商圈最高，表明该商圈在高端客流方面具有较强的吸引力，其次是天河商圈。二者的差异主要来源于商圈周边住宅区居民消费层次的不同，环市东周边住宅区是广州传统高消费能力居民聚集地，而天河以新兴富有阶层聚集为主，客流消费以量取胜。

八大地铁商圈全部位于广州中心城区，从未来的发展趋势看，天河、岗顶和珠江新城逐步融合成天河（区）商圈；中华广场和农林下路形成东山商圈；公园前融入北京路商圈；康王路融入上下九—荔湾商圈；江南西和环西东是中心城区相对独立的商圈。广州南将随着高铁的发展形成广州新的都会级商圈。

第五节　商圈布局的问题和对策

一、广州商圈空间布局存在的主要问题

首先，过于重视零售型商圈，轻视传统零售商圈和批发型商圈对整个城

市商业的带动作用。具体表现在无论是市政府领导还是研究机构,将广州的商贸业发展的厚望寄托在天河路商圈,大力进行投资建设和提升改造。虽然这些措施在客观上提升了天河路商圈的吸引力和商家的赢利能力,但是对批发型商圈的忽视将导致广州商业长期竞争力的丧失和弱化。与天河路商圈相比,传统零售型商圈如上下九商圈和北京路商圈在地铁通达、公交接驳和旧城改造方面落后。这种落后首先表现在客流量落差:天河城的客流量依然占绝对的领先优势,排名第二的中华广场的人流量仅为天河城的一半左右;在天河城、北京路这些热点商业区的购物商场,工作日的人流量都大致为休息日的一半左右。天河城消费者的光顾频率显著上升,其他商圈消费者的光顾频率有所下降,而中华广场所在商圈则只有略微上升。

其次,庞大的居住人口给商圈(商业街)带来沉重的交通压力。与国际上著名的纽约第五大道、巴黎的香榭丽舍大道、香港的铜锣湾和北京的王府井大街相比,广州市区几大商圈内人口居住高度密集,户籍人口密度高达3万人/平方公里,天河路商圈内平均居住人口密度估计超过10万人/平方公里,附近的城中村人口密度更在30万人/平方公里以上。一个半径为1千米,面积为3平方公里的商圈人口就在30万以上,超过国内一个中等城市的人口,几乎是欧美发达国家的一个大城市的人口。广州市人均每天的出行量为2次左右,因此,仅商圈内的居民每天出行量就超过60万人次。

居住功能和商圈功能的重叠,一方面会导致交通堵塞,减少消费者购物的舒服度和满意度;另一方面,商圈定位重叠和混乱,以天河路都会级商圈为例,该商圈既要满足本地居民的购物需要,即需要实现其社区级商圈功能,同时也需要满足国内外消费者的购物需求,实现其都会级商圈的功能。

最后,商圈客流步行衔接通道问题。市区五大零售商圈中,珠江北岸四大商圈虽然彼此衔接,但是联通的方式主要以公交和地铁为主,消费者基本上每天只能在一个商圈内活动,公交通达要消耗不少时间;作为广州三大都会级商圈的上下九路商圈竟然没有直达地铁口;最重要的是,沿江路堵塞严重,珠江这条水上通道没有开通四大商圈的客运站点,守着黄金水道的珠江客运靠独家垄断经营珠江夜游和政府的财政补贴维持运营。

反观上海的南京路商圈,黄浦江两岸有宽阔的旅客观光长廊,沿岸道路通行较为顺畅,由东岸的东方明珠到南京路可以通过地铁、黄浦江观光隧道、渡轮衔接。每天数以十万计的外地客流在领略浦东风光后可步行到南京东路购物,再加上黄浦江两岸的客流汇集,使得南京路上的客流滚滚,其人气之高令珠江北岸商圈相形见绌。

二、优化广州购物天堂空间布局的对策

一是规划引领，合理布局大型零售商业。以建设国际商贸中心吸引力、吸纳力、辐射力等"十力"领先为目标，提出商旅结合、商文结合、商展结合、商娱结合的产业联动的发展策略，科学预测、合理布局中心城区与非中心城区新增大型零售商业网点，为加快我市零售商圈向提升档次、产业联动、均衡发展提供方向指引。

二是推动各大商圈错位发展，以鲜明的特色互利共赢。重点打造天河路商圈，指导天河区制定"打造天河路黄金商业带工作方案"，确定工作范围及近、中、远期工作目标、工作内容和工作步骤，工作方案已由区政府下发区各相关职能部门按照任务分工加快开展各项工作。指导天河区成立天河路黄金商业带管理委员会，筹建天河路商会工作并完成天河路黄金商业带（简称征集冠名工作）。同时，我委继续指导天河区经贸局做好天河路黄金商业带整体系列策划工作，将天河路商圈打造成为国际一流商圈。此外，针对北京路商圈和十三行—上下九商圈，积极发挥越秀区、荔湾区主动性，突出商贸与岭南文化、千年商都等文化元素的结合，扩充原有商圈范围，打造北京路广府文化商贸旅游区、上下九—十三行岭南商贸文化旅游体验区等重点区域，走商文结合、商旅结合的特色化商圈之路。同时，加强对新兴商圈集聚地的培育，通过规划引导，引进大项目，建设标志性建筑、特色生态景观、文化设施等，还将分阶段打造各具特色的白云新城现代商贸文化集聚区、长隆—万博—汉溪生态休闲商业区、白鹅潭广佛商业核心区等。

三是强化立体招商、项目引进等政策手段，增强对国内外品牌的吸引力。继续发挥好"新广州，新商机"的联合招商机制，整合广州市商服用地资源和高端商贸项目，形成"航母舰队"向外招商，对国际一线品牌的引进给予政策奖励；充分利用好省、市政府及经贸等部门门户网站，下大力气抓好"网上招商"这个永不落幕的推介会。会同市国土部门，提前统筹商贸业项目用地计划，加大对商贸业用地的储备量和供应量。在编制城市总体规划时，特别是在规划新建的商贸业集聚区时，统筹考虑商务、金融等相关产业协同发展问题，吸引总部企业和高端商务人才入驻，提升区域高端化发展水平。充分利用用地、规划的优惠政策，优先考虑有资金、有实力、有国际视野的

商业投资开发及运营商参与广州现代商贸业项目的投资和开发。完善大型商圈的交通基础设施、周边道路交通指示系统等立体化交通网络，完善城市道路与大型零售商业网点停车场的合理衔接，有效集聚和疏导人流、车流。增设电子地理导购等配套设施，方便消费者出行。

四是优化广州消费软环境，加强广州商圈对国内外消费人群的吸纳力。倡导诚信经营理念，完善消费服务投诉处理机制，畅通消费纠纷的解决渠道。积极开展"百城万店无假货"活动，在全市培育一批信用意识强、信用行为好、信用管理优的示范企业。提升大型购物场所服务软环境，引导高端百货店、大型购物中心、商场增设双语及无障碍等便利化服务内容，广泛开展"环保购物"行动，指导商贸服务企业强化服务细节，营造舒适的购物氛围。

五是从国际购物天堂角度考虑空间载体。广东商学院的王先庆教授认为，从未来发展空间来讲，北京路、上下九是传统初级阶段的典型代表；以天河城为中心的巨大商业圈只是起飞前商业阶段和起飞型商业阶段的杰出代表，它们代表的只是广州商都或者珠三角商都，缺少代表华南商都的市场容量、品牌形象、成长空间和巨大的都市级的辐射力；而在广州，只有珠江两岸具有这一巨大潜力。此外，从全球大商都的形成看，无一不以河岸和港湾为轴心，如东京的东京湾、香港的维多利亚港、上海的黄浦江等。围绕这一商业带，可形成一批购物中心、物流中心、会展中心、休闲中心集群等。该商业带的"能量等级"才能支撑起广州国际商贸中心的规模和形象。

第十二章　推动建章立制，完善消费金融

在中美贸易战和国内去产能的宏观经济形势下，消费逐渐成为我国经济增长的压舱石。商务部数据显示，消费对我国经济增长的贡献率自2015年以来已连续三年保持在50%以上。2018年上半年，消费对经济增长的贡献率为78.5%，同比提高14.2%。从央行发布的信贷数据来看，自2015年以来，消费贷款成为我国居民贷款增长的主要原因，2017年以来，我国消费贷款中短期消费贷款增速快速走高，而以涉房贷款为主的中长期消费贷款增速明显回落。为了继续增强未来居民的消费动力，国务院办公厅发布了《完善促进消费体制机制实施方案（2018~2020年）》，提出要加快消费信贷管理模式和产品创新，不断提升消费金融服务的质量和效率，引导商业保险机构加大产品创新力度等。增强消费对经济的拉动作用；适应多样化多层次消费需求，提供和改进差异化金融产品与服务；支持发展消费信贷，对于全国和广州未来的经济发展有积极的意义。

第一节　消费金融的源起及趋势

一、消费金融的概念

消费金融是指向各阶层消费者提供消费贷款的现代金融服务方式。消费金融公司是指经中国银行业监督管理委员会批准，在中华人民共和国境内设立的，不吸收公众存款，以小额、分散为原则，为中国境内居民个人提供以消费为目的的贷款的非银行金融机构。消费金融公司不吸收公众存款，以设立初期的资金来源主要为资本金，在规模扩大后可以申请发债或向银行借款。

此类专业公司具有单笔授信额度小、审批速度快、无需抵押担保、服务方式灵活、贷款期限短等独特优势。

根据中国银监会发布的《消费金融公司试点管理办法》，消费金融公司的主要出资人应为境内外金融机构和银监会认可的其他出资人，且应具备最近一年年末资产总额不低于600亿元等条件；消费金融公司的最低注册资本为3亿元；在试点阶段消费金融公司的业务范围仅包括个人耐用消费品贷款和一般用途个人消费贷款，不涉及房地产贷款和汽车贷款。消费金融公司资本充足率不低于10%，资产损失准备充足率不低于100%，同业拆入资金比例不高于资本总额的100%。消费金融公司由于具有单笔授信额度小、审批速度快、无须抵押担保、服务方式灵活、贷款期限短等独特优势，广受不同消费群体欢迎。消费金融在提高消费者生活水平、支持经济增长等方面发挥着积极的推动作用。

二、消费金融的特点

消费金融也是一种普惠金融，20世纪，孟加拉国人尤努斯成立格莱珉银行（Grameen Bank），专注向穷人提供小额贷款，凭借深入基层、鼓励存款、贷给妇女、扶贫结合放贷、制衡和监督等独特的风控和运营模式，在商业和公益之间维持平衡。凭借"穷人银行家"的创举，尤努斯获得2006年的诺贝尔和平奖。一时间，"普惠金融"的概念，成了全世界政客和商业领袖热议的话题，很快也传到中国。

消费金融最初是以"高利贷"和典当行的形态出现，但随着社会结构的变化，和人际信任的提高，逐步发展到分期付款、信用销售的消费信贷形态，以及"无担保、无抵押、即时贷款、用途自由"的消费信用形态，开发了按日计息的小额、无担保循环信用贷款等信用交易。而且，这也证明了消费金融对于拉动经济增长具有相当的作用。

消费金融意味着提前消费或信用消费，本质是借贷，因此盈利的根本是赚取利差。消费金融一般指为具有消费属性的产品或服务提供资金融通服务，主要形式为消费贷款。目前普遍意义上的消费金融是指从广义消费贷款中剔除住房按揭贷款和经营性贷款后的短期消费贷款，遍及衣食住行各方面。

2015年，蚂蚁金服推出花呗和借呗，将这种小微贷款的模式由商户遍及至个人。同一年,微信上线微粒贷,互联网消费金融爆发。在传统金融时代,依靠三张财务报表、资产证明、银行流水来评估信用能力;目前依靠各类大数据记录,互金公司就可以评估客户的信用水平。每个月按时给固定的地址缴纳水电费,常和高信用的人资金往来,用地图和打车记录显示合理的居家和工作地址,就可以评价一个人的信用。

三、消费金融的国内外发展

消费金融体制已有400多年的发展历史,无论在海外发达市场还是新兴市场,均发挥了重要作用并显示了独特优势。早在美国殖民地期间,就已出现使用分期付款的方式支付船票。1878年美国的家庭金融公司,逐渐涉足消费者信贷领域,首先由马萨诸塞州和马里兰州颁布了相关法律,允许独立的信用合作社存在,同时赋予法律上较多的限制。但是,在19世纪晚期,由于美国消费信贷专门立法的缺失,放贷者滥用贷款利率,贷款敲诈肆意蔓延。在西方基督教教义的影响下,以欧裔居民为主的美国社会对个人借贷,特别是个人借贷消费是十分排斥与反感的,而会进行借贷的人也通常是因为十分穷困,且几乎走投无路的居民。为了防止人们因这种不谨慎或不得已的短期高利贷而陷入长期的债务困境,在美国专业从事小额贷款的机构开始出现。美国早期的金融公司,盈利性并非唯一目的,多数具有慈善意义与社会公益性。随着贷款申请与申贷额度的日益增多,美国消费金融公司的业务规模日益扩大,逐步树立起盈利第一、面向市场的宗旨。一战后美国生产过剩,经济大萧条时期,为了扩大商品销售,进行了分期付款销售,最初是缝纫机,后来随着汽车、家用电器等产品的出现,消费信贷迅速风靡美国,迅速改变了美国人的消费习惯。分期付款极大地促进了美国汽车等耐用消费品的生产,在美国的汽车普及中发挥了巨大作用。美国原有的地下信贷业务的逐渐合法化、个人财务公司和小额贷款公司的出现,推动了消费信贷的发展。自20世纪50年代起随着世界经济的快速复苏和人们的消费需求,汽车、房屋、家具等高档消费品需求的快速扩张,并迅速拓展至家具、耐用商品、家庭装修、信用卡结算等业务,刺激了美国经济的增长,使得美国的金融公司业务得到了长足的发展。

日本的消费信贷比美国发展得晚一些,现有的消费金融市场基本是第二次世界大战后形成的。日本最早的消费信贷是日本大型商店推出的代币券服务，消费者可以持此进行分期付款。后来随着日本汽车工业的兴起，为了使这种高价产品进入一般收入人群的消费生活当中，汽车产销商随即推出相关的汽车分期付款。之后，日本的电器产业也因为迅速扩张和市场的需求扩大，松下、东芝等企业便开始纷纷设立专门的消费信贷部门，以信贷消费满足消费者的需求和拓展市场的空间。日本出现了专营消费信贷的"信用贩卖"和百货商场合作，组成统一经营消费信贷的商业企业协会。到了20世纪50年代末，日本的百货公司和信贩公司联营的分期付款式消费信贷已形成相当的规模。

消费正成为促进中国经济发展的重要力量。为了扩大内需，改变中国经济增长过度依赖投资和出口的状况，中国政府出台了很多政策来鼓励消费。在金融领域，中国政府也支持鼓励商业银行向居民发放消费贷款。自1998年以来，中国人民银行相继出台了《关于改进金融服务、支持国民经济发展的指导意见》《汽车消费贷款管理办法》《关于开展个人消费信贷的指导意见》等一系列政策措施，鼓励商业银行发展消费信贷业务。2008年12月10日9家大银行《贯彻落实中央"金融促进经济发展九项措施"的六点共识》，寻求新的消费信贷增长点，积极扩大住房、汽车和农村消费信贷市场，国家"十二五"规划和党的十八大报告，更明确提出要加快"建立扩大消费需求长效机制"，促进经济增长向依靠消费、投资、出口协调拉动转变。2009年以来，中共中央反复强调"扩大消费尤其是居民消费""积极扩大居民消费需求"。2009年7月22日，中国银监会正式发布了《消费金融公司试点管理办法》（以下简称《试点办法》）。该办法明确规定国内消费金融公司的业务范围和成立条件，消费金融公司试点审批工作由此启动。2010年1月6日，中国银监会正式批准国内首批三家消费金融公司的试点工作，同意分别在北京、上海和成都三地成立北银、中银和四川锦城三家试点消费金融公司，在2010年2月23日，又批准中国国内首家外商独资的消费金融公司，捷信消费金融公司在天津筹建。2013年6月，李克强总理提出要扩大消费金融公司试点助推消费升级，11月，中国银监会出台《消费金融公司试点管理办法》，扩大消费金融的主体范围。2015年6月，李克强总理主持的国务院常务会议决定在全国试点消费金融公司。消费金融公司的成立，标志着促进消费、拉动内需的宏观经济目标，将获得来自消费金融层面的更多制度性支持，对我国的金融体系产生长远的影响。

第二节 消费金融的蓬勃发展

2018年以来,我国在经济"去杠杆"进一步加强的趋势下,互联网金融所存在的潜在风险被不断肃清,9月21日,中共中央、国务院印发《关于完善促进消费体制机制,进一步激发居民消费潜力的若干意见》提出,要顺应居民消费升级趋势,切实满足基本消费,持续提升传统消费,大力培育新兴消费,不断激发潜在消费。强调将以健康养老消费与吃穿用消费、住行消费、信息消费、文旅消费、教育消费等六个方面作为提高国民消费的推进重点。消费金融正在助力年轻人改变命运,据艾瑞咨询数据显示,我国18~30岁年轻人中有68.2%曾使用过分期消费,另有21.1%的年轻人未曾使用但是对此持开放态度。年轻一代超前消费的意识也反映到了其消费的途径上,据第一财经一份关于80/90后的调查,在面对消费单价较高的商品时,有约40%的年轻人会选择信用卡或互联网进行分期付款。年轻一代对超前消费的认同已演变为一种消费诉求。金融拓展了人类想象和计算未来的能力,不仅住房贷款可以分期按揭,手机、电脑,甚至学费、生活费、医疗服务费都可以分期,而提供这类服务的金融机构一般为银行、消费金融公司以及金融科技机构。受益于金融技术的进步,越来越多的年轻人通过未来的货币折现,一定程度上满足了"日益增长的美好生活需要"。

一、国内消费金融产业开始发展和规范

消费金融业规模迅速增长。 多年以来,我国一直是全世界储蓄率最高的国家之一,但从2010年以来,我国居民储蓄率持续下降。2010~2017年7年时间,居民储蓄存款与可支配收入之比,从25.4%下降到12.7%,下降了近一半。2013~2017年,家庭债务占GDP的比重从33%上升到49%。消费金融在推动中国居民消费,改变生活模式方面起到不可忽视的作用。通过网络模式的数字化消费,人们消费的欲望会因为现金交付环节的消失而丧失警惕,促使消费成功的概率直线提高,用手机支付时,变化的只是账户数字,不会有太多心痛的感觉。通过第三方支付平台的白条系统,不少年轻人习惯了背上负债,借钱消费的生活,国人的消费水平在无形中被诱导提高了。从发展

经济的角度，国家是鼓励更多的消费的。2018年年末，有关部门正在研究如果出台政策进一步促进汽车和家用电器消费，来拉动内需。

根据国家金融与发展实验室披露，截至2017年12月末，存款类金融机构对居民部门债权为39.97万亿元，住房公积金贷款余额4.5万亿元，消费金融公司1100亿元，小额贷款公司9799亿元，P2P项目平台贷款余额1.22万亿元，合计约为46.65万亿元。其中，中国居民持有个人住房贷款余额21.9万亿元，经营性信贷余额约10.8亿元，因此，在剔除住房贷款、住房公积金和居民经营性信贷后，2017年末中国居民消费信贷规模约9.5万亿元。根据国家金融与发展实验室和艾瑞咨询的数据综合分析，互联网消费金融2017年的市场规模约2.2万亿元，占比23%；持牌消费金融公司市场规模仅1100亿元，占比甚微；其他类型的消费金融平台如线下小贷、汽车贷、P2P、租赁等占比约18%。2017年网贷整治办57号文和141号文分别对P2P和网贷提出严格整改，2018年消费金融行业增速将进一步下降，但伴随着社会经济的发展和居民消费需求的提升，消费金融行业经历过整顿后仍将迎来高速发展，万亿市场仍待挖掘。

P2P网络借贷平台是互联网消费金融行业的重要参与者之一。2015年以前，P2P网贷和互联网消费金融均处于发展早期，2015年，随着P2P网贷行业竞争的加剧，资产渠道成为平台竞争重要"砝码"，各大平台在小额消费金融资产的布局加深；同时，主营3C消费品分期的分期购物平台为P2P网贷平台提供了大量的消费金融资产。2013年以前，P2P年交易规模较小，消费类金融资产可忽略不计。2013年P2P消费金融交易规模为11亿元；2014年P2P消费金融同比增长8.3倍，首次突破百亿达到102亿元；2015年，P2P消费金融资产同比增长4.1倍，达到519亿元，其中分期消费资产占48.1%；2016年全年，P2P消费资产合约991亿元，约为2015年的1.9倍；2017年全年P2P消费金融资产大幅增长，规模达到4100亿，是2016年的近4.14倍。诸多P2P网贷平台在为小额在线短期消费贷款提供线上理财资金。

2017年消费金融领域共发生60笔投融资事件（包括IPO融资），其中披露具体金额的有55笔，占全年金融科技领域投融资总数的17.14%，总计金额为220.48亿元，占全年金融科技领域投融资总额的23.98%。相比于2016年的35笔融资，2017年在数量上同比增长71.43%；在融资金额方面，相较于2016年的225.41亿元，2017年在融资总金额方面略有降低，2017年消费金融的新进入者在增加，各机构的平均融资金额较低。

消费金融公司争相设立。 据有关媒体报道，截至 2018 年 10 月 15 日，全国共有 24 家消费金融公司获准筹建或开业，目前排队等待批文的公司约 12 家。获得合法牌照的消费金融公司在多方面具有显著优势，如融资渠道更加丰富，包括境内股东存款、同业授信、同业拆借、发行金融债权等方式。持牌消费金融公司拥有 10 倍资金杠杆，如公司注册资本如果是 10 亿元，小贷牌照最多放贷款 23 亿元，而消费金融牌照则可以放贷款 100 亿元。市场上还存在着以蚂蚁金服、京东金融、百度金融等互联网巨头为主的蚂蚁花呗、京东白条、有钱花等数十款消费金融产品。此外，还有以乐信、趣店等为主的数百家消费金融创业公司。

近年来，互联网消费金融飞速发展，趣店、乐信、融 360、51 信用卡等纷纷赴美、赴港上市。当前，消费金融公司逐渐呈现出市场服务主体多元化态势，持牌消费金融公司、P2P 平台、电商等更多主体纷纷进入消费金融市场，不少上市公司亦准备入局。2017 年以来，有 7 家以上上市企业参与发起设立消费金融公司。其中，江苏银行、二三四五、海澜之家联合凯基商业银行股份有限公司共同拟发起设立江苏苏银凯基消费金融有限公司。东方国信、奥马电器、金徽酒、宁波银行也均有类似计划。不少互联网巨头，如滴滴、今日头条等已经联合银行、持牌消费金融公司推出借贷产品，抢食消费金融市场。

传统金融机构在发展普惠金融的过程中普遍存在获客成本、风控成本、催收成本居高不下等问题，由于征信体系不完善、互联网信息碎片化导致欺诈风险日益严峻。而现金贷平台转型金融科技的优势在于，平台积累了大量用户的金融数据，通过挖掘这些数据的特征，能够帮助传统金融机构在风险可控的情况下进行用户的二次筛选，从而提高传统金融机构的用户覆盖率。

信用卡贷款增加显著。 信用卡已然成为银行在消费金融方面的重要发力点。而自 2017 年开始，不少银行陆续提出转型零售业务。据中国银保监会发布数据显示，截至 2018 年第二季度末，信用卡消费领域贷款同比增长 31.1%，比各项贷款平均增速高出 19.4%，各银行信用卡发卡量的快速增长，据融 360 统计，信用卡累计发卡量工商银行达到 1.56 亿张，环比增长 9.09%，中国银行仅 2018 年半年环比就增长了 52.04%，农业银行则以 0.93 亿张紧随其后。各家银行陆续展开了信用卡发卡、提额的工作。包括建设银行"龙卡贷吧"、交通银行"优悦白金卡"、浦发银行"KPL"、广发银行"小白 Cloud"等，纷纷推出了信用卡"秒批"业务，只需在手机上简单操作几部，用户便可轻松获得几万元到十万元不等的信用额度，从而吸引客户的关注。不少农商银行也发力消费金融，力争出自己的市场份额，营造金融场景也成为他们与大银行之间竞争的优势。北京农商行推出的"凤凰信用卡"，该卡便结合自身定位发挥优势场景金融，赢得了不少消费者的青睐，国庆节期间，凤凰信用卡持卡人可以在北京周边区县的多个自然和人工景点内的特定场景下完成消费，享受各类优惠活动。

网上银行和手机银行爆发式增长。互联网线上业务是消费金融的重要增长点，APP 是这个增长点的有利依托。目前银行 APP 大体分为手机银行 APP、信用卡 APP 和直销银行 APP 等几大类，这些 APP 都是针对不同的用户群体进行开发和设置，属于多策略的银行 APP；平安银行则是将前述几大类的 APP 功能进行整合并汇集到同一 APP 上，属于超级 APP 策略。各类 APP 已经成为银行最大的流量入口，截至 2018 年年底，广发银行手机银行客户数突破 3000 万，交行信用卡"买单吧"APP 绑卡客户数突破 4760 万，招行两大 App 累计用户数已近 1.3 亿，工行手机银行"融 e 行"APP 客户数增加至 2.97 亿户。而这种庞大的流量入口，也使银行开始重视 APP 后续的再升级。招商银行 App7.0、掌上生活 App7.0 迭代上线，这意味着招行经营的"主战场"已经从网点转向了 App。广发信用卡也在日前将"发现精彩"APP 提升至 3.0 版本，该版本新增了大量的精选商户及大牌商圈；光大银行则在年初发布的新版手机银行基础上，增加了"千人千面""刷脸登录""月度账单""智能搜索""网点取号""在线开户"等六大功能；中国银行新版手机银行则实现人脸识别自助注册、全新推出签证通、外币现钞预约、校园消费贷款、国家助学贷款等功能。App 不仅能更好满足用户的需求升级，还能推动整个零售经营方式的变革，依托 App 平台，零售业务的非线性增长也将成为可能。

二、广州消费金融产业的初步发展

广州互联网消费金融诞生于 2013 年。银监会于 2009 年首次颁布《消费金融公司试点管理办法》，并于 2010 年批准北京、上海、天津、成都四个城市为试点城市，广州并未在列。直到 2013 年，银监会在第一批的四个城市基础上增加了 12 个城市作为消费金融试点城市，广州才开始试水消费金融。同年，广州首个消费金融公司（也是国内首家支持大学生分期购物的数码类网上商城）佰潮网创建。2015年5月，作为国内首家专注于女大学生的消费分期解决方案提供商——广州咪哑网络科技有限公司成立。2015年11月，广州首个具有银监会执照的消费金融公司——中邮消费金融公司成立。至此，消费金融正式走进广州。广州的消费市场十分活跃，消费金融的兴起，丰富了广州市民的消费选择。旺盛的消费需求给消费金融带来了巨大的市场空间。从广州地区消费金融公司的发展来看，作为广州地区首家面向全国的消费金融公司——中邮消费金融公司——其股东结构包括广百股份、海印集团等，这说明消费金融可为本地传统百货实现多主业经营提供便利渠道。可以预见，未来广州也将借力消费金融，释放消费潜力，向着"区域金融中心"发展。2016年1月上线推出的"中邮钱包"APP，注册量已突破10万人，用户通过"中邮钱包"在手机上享受一站式无抵押信用贷款服务，实现了线上线下全渠道覆盖。目前，中邮消费产品和服务包括"邮你贷""邮你花""邮你购"的三大产品体系。邮你贷：无抵押纯信用贷款，20万元内的一次性消费类现金贷款，可选期数最长48个月，月费率0.6%，当天即可放款。邮你花：额度可循环，无手续费，利息每天0.05%，随借随还。邮你购：与消费产业类商家合作，为消费者提供商品分期贷款。"邮你贷"适用于需要购置较大金额的消费品或消费服务而且消费者无法短时间内支付费用的情况，"邮你花"适用于购置较小金额的消费品或消费服务而且消费者可以在较短时间内支付费用的情况。2016年，针对国家"全面二孩"政策落地出现的新需求，中邮消费金融公司推出了创新的"有孩家庭"主题消费金融产品"二胎贷"。"有一个小孩"是申请该款产品必要条件，成为国内消费金融产品的客户定制化创举。2016年6月6日，中邮消费金融公司入驻支付宝服务窗，参加蚂蚁金服举办的"6·6信用日"活动，在支付宝服务窗搜索并添加"中邮消费金融"，即可申请中邮消费金融公司的贷款产品。自2016年6月开始，中邮消费金融公司的贷款产品已经可以通过支付宝在线申请，用户可在支付宝服务窗中搜索"中邮消费金融"。凡是芝麻分达到660分，就能通过"中邮消费金融"服务窗在线申请"邮你贷"，最高可贷5万元，最高可分24期。

广州消费金融业尚处于发展初期和探索阶段，还受到社会环境、信用机制、贷款用途、贷款余额等种种原因的限制，消费金融的发展还困难重重，研究"消费金融"体系建设，健全其建设环境，培育客户群体，实现促进消费、扩大内需、带动经济增长，是有重大意义的。

当前消费金融公司的定位已经十分明确，即重点服务中低收入群体，提供小额、无抵押信贷拉动消费,更好发挥消费对经济增长的作用。通过开展差异化的金融服务,创新金融产品,不少机构已经将业务发展至三四线城市,满足消费者在旅游、教育、消费品上的需求。消费金融公司的发展也不是一帆风顺,其面临的一大风险是欺诈风险。国内信用体系不发达,缺乏有效、公认的信用评分,造成消费金融公司难以判断消费者信用,风险定价成本非常高。互联网金融公司分成两大类:一类是以自有产业链为主线的消费基金平台,包括电子商务消费金融平台(如蚂蚁花呗、京东白条)和产业系消费金融平台(如海尔消费金融、苏宁消费金融);另一类是以他有产业链为主线的消费金融平台,包括支付、征信类消费金融平台(如拉卡拉)和网贷类消费金融平台(如趣分期)。线上消费金融生态体系的不断完善刺激了大量消费需求,成为新的金融方式,传统金融的格局被打破。

专业市场的发展壮大将推动新型社区金融组织发展。在专业市场集中区域,孕育了数以万计的中小企业,由专业市场连接的市场运营方及小微企业客户群体蕴含大量的金融服务需求,为金融机构提供了丰富的小微企业信贷资源。但由于受自身实力和规模以及抵押物等因素的影响,专业市场运营方及市场内小微企业难以通过资本市场融资,也难以通过银行贷款解决自己紧张问题。基于此,小额贷款公司、融资担保公司、村镇银行等新型社区金融组织成为专业市场消费金融服务体系的重要组成部分。在市场化趋势和政府推动下,民间资本将大量介入新型社区消费金融组织,为广大小微企业提供融资服务,这种趋势必然带动民间消费金融的发展,对消费金融政策、消费金融服务理念、消费金融运行方式提出新需求。

三、当前消费金融存在的问题

消费金融可以打破消费用户原有的信贷约束,满足正常的消费需求,促进消费升级,改善日常生活,增强个人的信用意识。对金融机构来讲,可以优化资产结构,增加新的盈利增长点,并完善金融的服务体系。从宏观层面来讲,消费金融可以扩大内需,拉动消费,转变经济的发展方式,调整和优化产业结构,且对于社会的整体信用环境建设也大有裨益。要防范消费金融过度发展,在快速发展过程中,金融机构会无法有效评估潜在风险,用户则可能因为营销诱导,使整体负债水平达到难以为继的程度。监管层在制定政策引导消费金融发展的同时,也需关注相关风险,合适地调整政策的力度和方向，对过度竞争行为进行适度地限制，跟踪和监测居民的家庭负债率等，以防出现信用消费过度膨胀的情况。

当前个人征信系统尚处于起步阶段，信用制度尚不完善，中介机构信用评估、评级标准不统一、内容不规范，征信产品使用范围小、面窄、效率低，消费者信用意识淡薄，居民金融知识的培训和教育等方面都亟待完善，欠款催收机制不健全等，亟待建立和整合一个统一的征信体系信息进行整合，建立完善的个人征信体系，构筑良好的社会信用环境。

消费金融的主要放贷对象，是社会的低收入阶层和有临时资金需求的人。根据央行数据统计，我国9亿成年人里有借贷纪录的只有4.4亿人，这意味着有近5亿人不在消费信贷服务范围内。而现金贷的出现恰好解决了这一群体的燃眉之急。2017年3月至9月，平均每月新增现金贷申请用户400万人左右。现金贷行业的累计借贷人数，从2017年1月约1000万人，迅速增至9月近3000万人。按现金贷笔均借款额2000~5000元计算，目前现金贷市场存量规模约为600亿~1500亿左右。现金贷的潜在市场规模则高达4万~5万亿。"714高炮"面对的是资质最差的客户，层次越低，利息越高，这就是风险定价。

随着消费金融的迅速发展，各种违法现象也不断出现，给监管当局带来严峻的挑战，形成新的问题。其中比较典型的就是"714高炮"现金贷。714，指的是那些期限为7天或者14天的高利息网络贷款，基本上都是以7天期为主。利息方面，年化大多超过1500%，所以被江湖称之为"714高炮"。行业的暴利吸引了大量资金进场，从业者聚集的微信群内反映，投资100万一个月赚300万，还没什么法律风险，一切游走在法律边缘。现金贷的风控就是通过身份证四要素，调取客户的信用卡消费记录、通讯录、运营商认证、芝麻信用分，还要进行人脸识别、OCR识别等，当天放款。这种贷款的催收方式主要是在线催收，大部分人都不需要见面就完成催收，一旦违约开始，借款人的通讯录上的联系人会收到各种还款骚扰，给借款人造成巨大的压力，这种催收效果打破了社会的伦理底线，对于那些需要继续在社会中生存的普通人极具效果，因此不良率极低，形成极为成功的可复制商业模式。

2019年"3·15"晚会以后，中国互联网金融协会发布了《关于开展高息现金贷等业务自查整改的通知》，要求各会员机构及所合作机构开展高息现金贷等业务自查整改，要求金融机构依法合规开展营销和宣传活动，不提供违反法律规定从事借贷活动，不得从借贷本金中以先行扣除利息、手续费、管理费等费用的方式直接或变相收取"砍头息"，不得暴力催收或骚扰无关人员，不得非法获取、滥用、泄露消费者隐私信息。

第三节　发展消费金融的制度安排

一、广州发展消费金融的主要领域

养老金融产品的开发。随着老龄化时代的到来，我国老年人口带动的医疗保健、休闲养生、养老服务迅速发展，消费结构发生重要变化。发展养老金融是应对老龄化的前提，也是针对老年人市场消费升级的重要举措。养老金融一方面包括帮助老年人储备资产，实现保值升值，供年老之时消费；另一方面包括为老年人提供多样化的金融服务，满足其金融消费需求。从更宽泛的角度，养老金融还包括支持养老产业发展，为老年人生活提供更多配套服务。养老金融具有普惠性，关系民生，关系老年人福祉，又与改善消费结构、实现经济转型相关。银行业将养老金融与养老资产管理、养老服务业结合，提供反向抵押贷款（以房养老）、养老理财等金融产品。保险业提供商业养老保险服务，保险资产管理机构和养老金管理公司参与企业年金的管理，保险公司还设置养老服务机构，投资建设养老社区，进入养老照顾和护理领域。

互联网金融。互联网金融一直是消费升级的主动力，未来互联网金融将是消费金融的主要业态，是助力消费升级的"主战场"。下一步互联网金融创新和发展的主要领域主要是互联网金融基础设施领域，包括互联网征信、互联网金融反欺诈以及互联网金融信息服务。要将大数据运用作为推进消费金融发展的方法，基于大数据分析预测客户的还款能力、还款意愿和借贷需求，切合信贷市场从卖方市场向买方市场的转变。鉴于互联网金融的特性，未来互联网消费金融将是"数据为王"，拥有更多信息的公司将可以有效开发业务，降低风险，在此背景下还会衍生出互联网消费金融的辅助行业、大数据服务行业和贷款催收行业。

个人消费金融。以信用卡为依托的分期付款已经较为成熟，但鉴于大城市的消费卡市场已经较为饱和,未来消费信贷的主要增长点将来自二三线城市及农村市场。要优化消费体验,发挥传统金融的优势,降低挖掘客户的成本。银行的经营理念也需逐步向"以客户为中心"转变,围绕客户打造消费金融体系,在大中型金融机构深度进入消费金融市场后,竞争压力加大,中小金融机构借力消费金融弯道超车需要更多发挥贴近客户的优势,寻求差异化经营。

农村金融。拓展农村消费金融市场,重点在于对市场的细分,区分对待不同农村地区的消费结构、消费层次。金融机构参与农村消费升级应该响应政策要求,把握农村消费结构升级的机遇,创新开发农村装修、耐用消费品、休闲农业等消费信贷服务,支持农村电商和教育、医疗、民生领域的消费需求。针对农村消费金融供给不足的情况,需要更多的金融机构、互联网金融公司下沉和完善服务,应分别针对生产性消费和生活性消费提供消费服务;增加农村金融服务机构,创新农村金融服务方式;推动"农村电商+信贷"的移动互联模式,完善农业保险制度。

二、广州发展消费金融的保障措施

广州在"十二五"期间确立了"国际商贸中心"的功能定位,提出以构建国际商贸中心带动广州国家中心城市整体性发展的重大战略,通过扩大内需的战略实现消费拉动型经济的转型升级。"消费金融"可以成为广州国际商贸中心建设的重要配套性服务,推动广州国际商贸中心的发展,实现广州消费金融的高端型、集聚型、联动型、智慧型、集约型、创新型及全球化发展。

支持创新消费金融新业态和新模式。借鉴西方国家的成功经验,建设发达的"消费金融"体系,要结合金融新业态的创新,在互联网金融、电商平台、消费性贷款、银行信用卡、跨境消费方面引进新的高科技手段,提升金融服务水平和服务效率。要加强商贸发展与消费金融服务互动,推动消费金融创新,服务新型消费模式。推进信用消费,鼓励零售企业与商业银行、担保公司合作开展信用销售,支持大型零售商与银行合作设立汽车金融公司等消费信贷机构。要加大政策支持力度,吸引互联网消费金融机构聚集。发挥政府引导基金的杠杆作用,吸引社会资本共同参与发起设立互联网消费金融产业投资基金,扶持互联网消费金融企业发展,支持广州本地有实力的电子商务企业发展互联网消费金融产业。鼓励和推动传统消费金融机构通过互联网金融转型升级，支持银行、证券、保险等金融机构和小额贷款等准金融机构设立电商机构、互联网金融研发中心向互联网消费金融模式转变。鼓励民间资本进入消费金融领域，促进民间资本进入消费金融领域，为其提供更大的发展空间，促进大广州（广肇佛）经济圈金融业竞争和多层次金融体系的建立。满足小额消费信贷的需求，将民间金融活动纳入监管体系之下，防范因不透明不规范所引发的金融风险。

完善征信体系。建立对信用评级机构、评级结果事后的评价制度，加强征信市场监督管理，逐步开放征信服务市场，引入市场化的征信机构筛选机制，积极推动工商、税务、银行、社保、民政等部门关于社团法人、企业及个人信用信息的互联互通，逐步实现企业和个人信用信息的有限公开和社会共享。支持金融机构与零售商在资信调查、商账追收、贸易融资、风险管理等环节的合作与信息共享，为消费金融机构提供保险支持。推进消费金融企业信用体系建设，扩大金融机构和个人征信系统的应用，完善信用激励与惩戒机制，发挥征信系统对消费金融营造良好的发展环境。加强消费金融机构建立和健全市场主体的信用档案，包括市场主体身份识别的基本信息、相关部门提供的负面信息、媒体的社会评价信息等。进行深入的数据挖掘分析，解决消费金融机构对信用信息情况查询、共享及评分机制建立等问题，建立与政府部门信用信息交换机制，完善对消费金融目标客户基础信用、消费金融信用等信息的归集、征集和共享机制。对信用等级较高的消费群体或个体实行利率优惠、额度提升、手续简化等激励措施，协助消费者降低借贷成本。

加强消费金融人才的培养。建立良好的奖励机制，出台吸引高级消费金融人才的措施，加快消费金融人才培养和交流，有计划地培养和引进一批高级人才，引进和培养一批消费金融高级管理人才和高级专业人才。引进海外消费金融人才，支持高校、专业院所培养更多消费金融专业人才。引进各类金融教育和认证机构，为消费金融从业人员获取执业资格提供便利条件。成立金融人才认证服务中心，建立金融人才信息库，为金融从业人员提供专门和优质的服务。

建立风险防范机制和外部监管。近年来P2P和互联网金融中发生的一些乱象，让消费金融面临社会各种的争议，如何对消费金融进行监管也成为绕不开的话题。由于消费金融公司不能吸收存款，同时，其贷款无抵押、无担保，风险系数较高，因此，消费金融公司的风险防范工作必须严加重视。应从严格准入条件、设定合理的监管指标、采取有效的监管手段方面着手。此外，消费金融公司必须强化信息披露，包括对监管部门的报告和对社会公众的信息披露。科学合理的监管机制是消费金融公司持续、稳健发展的保障，要切实防止消费金融公司非法吸储以及违规放贷，尤其要注意的是切实防范消费金融贷款违规进入股票市场和房地产市场。

第十三章 改革体制机制，完善营商环境

在 2017 年 7 月 17 日召开的中央财经领导小组第十六次会议上，习近平同志指出，要改善投资和市场环境，加快对外开放步伐，降低市场运行成本，营造稳定公平透明、可预期的营商环境，加快建设开放型经济新体制，推动我国经济持续健康发展。外商投资推动了资源合理配置，促进了市场化改革，对我国经济发展发挥了重要作用。推进供给侧结构性改革，实现经济向更高形态发展，跟上全球科技进步步伐，都要继续利用好外资。总书记进一步要求"一些特大城市要率先加大营商环境改革力度，营造稳定公平透明、可预期的营商环境，加快建设开放型经济新体制"。营商环境是国家或区域的基础竞争力，良好的营商环境，更能激发市场活力。作为非公经济重镇，改善营商环境是广州的必然选择。

第一节 国内总体营商环境概述

一、营商环境的理论阐述

营商环境通常是指市场主体投资经营、成长与聚集的生态系统，主要包括对市场、企业交易的营商环境与市场主体创业的营商环境。营商环境作为一个复杂的生态系统，主要不是企业自身因素决定的，而是由企业之外的政府、社会、市场、文化等诸多因素构成的人文环境的总和。良好的营商环境，是企业成长发展的土壤，是吸引企业集聚的平台，是促进经济发展的基础竞争力。

人们通常把营商环境分为三类：一是营商软环境，其主要包括开办企业、

执行合同、财产登记、内外资投资增速、税负水平等指标,反映了开办企业、财产登记的便利性,合同执行与财产保护的水平以及企业运行制度交易成本等;二是商务成本,是指企业经营活动的生产要素成本及变化,主要包括水价、电价、气价、地价、房价、劳动力成本价格等,商务成本指数是综合性的评分指标,关键是市场主体运营成本及发展活力;三是政府社会服务,使用专业服务(法律)、科技服务、融资服务、医疗服务、教育服务、养老服务等内容,反映了政府和社会专业化服务能力与水平。良好的营商环境,不仅包括经营主体较低的运行成本,获得土地、人才、资本等要素资源的便利性,而且包括稳定公平透明的法规政策、行政服务效率、管理规范高效、创新包容的氛围以及适宜的生活环境。

各地都在努力改善营商环境,但一些地方依然把重点放在尽一切可能给投资者提供各种优惠政策、提供资金支持、提供政府补贴上,而在如何打造良好的营商环境方面,如从开办企业、注册财产、获得信贷、投资者保护、跨境贸易、合同执行、办理破产等方面则显得相对较弱,缺乏应有的保障机制与政策安排,形成了优惠政策硬、营商环境软,优惠政策优、营商环境有短板的矛盾格局,导致所提供的各种优惠政策也难以有效发挥作用。由此看来,政府推动经济发展的着力点要由"抓项目"转向"抓环境"。

二、营商环境的中国状态

2017年、2018年世界银行营商环境报告,把营商环境界定为开办企业、获得建筑许可、获得电力、注册产权、获得信贷、保护小投资者、纳税、国际贸易、合同执行与破产清算等11个指标体系,进一步细化更多的指标,以此为依据衡量世界190个国家的营商环境,中国在全球排名第78位。而2018年10月31日世界银行发布《2019年营商环境报告:为改革而培训》则显示,中国营商环境在全球的排名已从去年的第78位跃升至今年的第46位,提升32位,首次进入世界前50。认为中国在过去一年里为中小企业改善营商环境实施的改革数量创纪录,共有7项,位列2018年营商环境改善全球排名前十,也位居东亚太平洋地区之首。中国在10个主要一级指标(即开办企业、办理施工许可证、获得电力、登记财产、获得信贷、保护中小投资者、纳税、跨境贸易、执行合同和办理破产)中,中国在"开办企业"和"获得电力"两个领域的营商环境获得了显著改善。

世行报告显示，在"开办企业"方面，中国通过推出网上注册系统和简化社会保障登记流程，使"开办企业"更便利，该指标全球排名由2017年的93位上升至2018年的28位，大幅提升65位。在"办理施工许可证"方面，中国不仅通过简化申办施工许可、竣工验收流程和新建筑的不动产登记使"办理施工许可证"更便利，还改善了公众获取信息的方式，对建筑施工专业人员实行了更严格的资质要求，从而加强了建筑质量控制。该指标从2017年的172位上升至2018年的121位。在"获得电力"方面，中国通过网络扩容和提供全免费的接电服务，以及推出面向客户的手机APP，使接电时间从143天缩短为34天，该指标排名也从2017年的98位跃至2018年的14位，大幅上升84位。

在"登记财产"方面，中国通过简化管理程序，以及增强土地管理系统的可靠性和透明度使"登记财产"更便利。在"保护少数投资者"方面，中国通过加强股东在公司重大决策中的权利和作用，明晰所有权和控制结构，以及要求对股东产生的法律费用给予报销，使"保护少数投资者"得到加强。在"纳税"方面，中国通过取消营业税，以及实施多项行政管理改革缩短纳税合规时间，使该指标排名由2017年的130名上升至2018年的114名，其中，纳税次数由9次减少到7次；纳税时间在2017年提速20%的基础上，再次提速30%，减少65小时，为142小时/年。

在"跨境贸易"方面，中国通过实施"单一窗口"，取消行政性收费，增强透明度并鼓励竞争，压缩了"跨境贸易"的时间和成本。其中，进口的边境合规成本从745美元降低到326美元。世行报告特别指出，由于中国在改善"跨境贸易"营商环境方面所做出的努力，该指标的全球排名由2017年的97位上升至2018年的65位，提升30多位。2017年以来，中国在"开办企业"和"获得电力"两个领域共取消了3项程序，2018年开办企业只需要9天，与经合组织（OECD）高收入国家和地区的平均水平持平。此外，在解决商业纠纷方面，中国平均耗时496天，成本占索赔额的16%，位列世界最佳经济体之一，好于经合组织高收入经济体平均水平，列全球第6位。

尽管中国的营商环境在一年里取得了显著进步，但世界银行特别指出，中国在"办理施工许可证"领域依然还有很大提升空间。"在中国，企业修建一座仓库办理所有许可证和授权需要完成20项程序，而东亚太平洋地区平均为15项。"不过，由于在建筑质量控制指数方面取得的最新进展，中国的表现已接近经合组织高收入经济体所建立的标准，在满分15分中获得11分。

世界银行营商环境项目诞生于 2003 年，从开办企业、办理施工许可证、获得电力、登记财产、获得信贷、保护中小投资者、纳税、跨境贸易、执行合同和办理破产等方面监测 190 个经济体的营商环境，在中国主要监测北京和上海两个城市，其中北京统计权重占 45%，上海占 55%。

当然，由于规模等方面的因素，排在我国前面的国家不见得在营商环境方面优越于我国，不少国家还存在着各种各样的问题，有些国家和经济体的经济一片萧条，但是这种排名是根据相关指标制定出来的，说明了我国作为一个大国，在许多方面还存在着各种各样的问题和缺点，尤其是在税收比例和政府干预方面，还存在着难以短期调整的体制难题。

三、国内营商环境方面存在的典型问题

虽然总体营商环境不断改善，但从局部看，部分地区、一些部门还存在落实不到位、懒政、服务质量和效率有待提高等问题。

落实中央政策不到位。仍有一批行政审批事项该取消未取消、该接未接、该转移下放未转移下放。对非行政许可审批事项没有进行清理或调整，仍保留在审批事项中。一些单位还存在着选择性、随意性执法问题，一些权力未能关进制度的笼子里，权力寻租空间较大。

存在懒政行为。工作因循守旧，安于现状，不求有功但求无过，没有先行先试、大胆改革创新的意识。服务质量和效率有待提高。部分地区行政服务中心不够完善，服务效率不高，公开办理的行政审批和服务事项不能满足群众的需求。一些已进驻的单位存在"人进事不进、事进权不进"的问题，把窗口当成"收发室""中转站"，多数行政许可事项在中心外办理。有的地区存在政府承诺负责的"三通一平"项目长期不到位；有的企业在开发区内合法取得的用地被周边群众较大面积非法抢建。

部分地方政府缺乏信用。招商引资承诺的条件不兑现，关门打狗现象依然存在；新官不理旧账，政府朝令夕改，政策没有连续性。例如，对于政府和企业因为引资条件没有兑现的撤资案件，虽然案件事实本身很清楚，但是也必须经过二审终审程序后，政府才会退资，无端增加了事情处理环节，给企业资金周转带来很多问题。

企业税费负担仍然偏高。很多减免税费征收政策落实得还不彻底，并且在经济下行的条件，有些政府为了完成税收任务，跨月、跨季度征收或调整

预征缴办法提前征收,导致部分地方出现了营业税、营业税改征的增值税等收入非正常增长的情况。

企业用工成本压力较大。企业反映比较集中的问题是企业社保缴费问题。在经济下行环境下,企业效益不好,但是因为社保缴费比例固定且过高,平均约为职工工资30%,这部分支出成为主要成本。

李克强总理在2019年两会答记者问时指出:"现在开办企业拿营业执照的时间,经过几年努力,已经从22天降到了8.5天,今年要力争降到5天,有的地方可以降到3天,目前有的发达国家才1天。""有不少企业反映,拿到营业执照以后还需要很多证,这是所谓准入不准营"。营商环境的改革进步还有较大的空间。

第二节 发达经济体的先进做法

一、高效低税的新加坡

新加坡曾连续10年蝉联由世界银行组织的全球营商环境评比榜首,2017年被新西兰超越,排名第二。新加坡有四个方面的做法可资学习。

一是开放自由的投资政策。实行自由港政策,与中国、美国、欧盟、澳大利亚、新西兰、加拿大、印度、韩国等国家和地区签订了20多份自由贸易协定(FTA),开放多个产业,除了对污染环境及危害公共安全的行业严加管制,对其他外商投资企业限制甚少。具备在金融领域自由、开放、宽松的外汇管理体制和金融制度,没有外汇管制,各种形式的合法收入均可自由进出自贸区。

二是优惠政策。实施较低的税收制度,优惠程度位居全球第五,企业所得税税率仅为17%,其中,自贸区内的企业所得税税率仅为5%~10%;个税起征点为2万新元,税率在3.5%~20%;增值税起征点是100万新元,税率为7%,外贸以及离岸贸易免征增值税或者可享受退税。通过各种计划鼓励投资,比如全球贸易商计划、企业研究奖励计划、国际总部或区域总部计划、并购计划等,给予企业投资不同程度的税收优惠。

三是高效便捷的政府服务。建立全国性电子数据交换(EDI)网络,企业注册实现全程电子化,成立公司最快可在24小时内拿到执照。项目审批方面,成立负责审批的经济发展局,一项外国投资项目从申请到批准设厂,只需要10~20天。业务办理方面,由于贸易网连接了海关、税务等35个政府部门,与进口、出口贸易有关的全部手续均可通过网络进行处理,实现了一站式的"单一窗口服务"。便民服务方面,得益于发达的信息网络系统,可为市民提供医疗、商务、法律法规等200项以上的电子政务服务。市场监管方面,搭建了跨部门服务平台,为政府全面掌握企业信息,做好"简政"后的"严管"提供了重要信息基础。

四是廉洁透明的法治环境。制定了规范市场行为的《竞争法案》及与国际接轨的知识产权保护制度,配合健全和公正的司法审判系统,为知识产权保护、吸引人才、劳动者权利保护、鼓励移民等提供了有力的制度保障。国际非政府组织2015年公布的年度清廉指数报告指出:在世界178个国家或地区的排名中,新加坡排名第8位。2017年全球营商环境排名,执行合同这项指标新加坡位居第2。

二、法治完善的中国香港

2017年,中国香港营商环境位居全球第4,较2016年上升1位。表现在三点:

一是与国际接轨的投资政策。是世界经济最开放的地区之一,商品、资本进出自由,连续17年被评为全球最自由经济体系,在全球经济自由度体系指数中排名第一。不存在投资贸易限制,对各地商家一视同仁,不设外汇管制,企业或行业的拥有权无国籍限制。税制税种少,税率低,税制简单而稳定,征收管理严格。香港税制单一,只需缴纳16.5%的企业所得税,没有增值税、营业税等其他税种。其中,离岸收入、股息、利息、资本性收益都是无须缴税的收入。在市场执行方面,行业测试、检验和认证实现国际化。

二是高效周到的办事效率。香港实行"小政府、大市场"的不干预政策,将政府职能限定在尽可能小的范围。注册条件宽松,对注册资本无任何限制;企业注册手续简单,只需3个步骤就拿到公司执照;注册效率高,6个工作日内可发出公司注册证书,1个月内到税务局商业登记署即可办理商业登记证开业;企业设立银行户口、申请调派或在港聘请员工以及寻找办公地点均可寻求政府有关部门协助;企业投资监管规范方式多样,除了法治管理外,还通过同业公会和商会等民间组织进行自律。

三是廉洁政府与透明的法治环境。香港是全球公认的亚洲最廉洁城市之一,国际非政府组织 2015 全球清廉指数,香港列第 18 位。香港不敢贪、不能贪、不想贪的反腐制度体系,是企业公平运行的制度保障。在香港所有版权和商标侵权不分情节轻重,都属于刑事犯罪。香港法制沿用英式普通法,司法完全独立,享有独立的审判权和终审权。各类调解及仲裁服务广受国际信赖,做出的各类裁决在全球多个不同司法辖区内具有效力。

三、自由化的韩国营商环境

2017 年,在世界银行组织的全球营商环境评比中,韩国居第 5 位。体现在以下三个方面。

一是自由化的投资政策。与几十个国家和地区签署 FTA 协议,建立了覆盖全球的 FTA 网络体系。对涉及公共性的 60 多个行业禁止外商投资,农业、畜牧业、渔业、出版发行、运输、输电和配电、广播通信等领域有股权比例限制,其他领域对外商投资全面开放。对个人、企业及金融机构的大部分外汇交易都实行自由化,对资本项下的外汇交易实行"自由原则"的管理方式。

二是"促进、支援"政策。根据韩国《外国人投资促进法》及施行令、实施细则和《税收特例限制法》等法规规定,"促进、支援"外商投资政策包括税收减免优惠政策、现金支援制度、外商投资地区制度、一站式服务等。韩国对投资包括高新技术产业 467 项以及配套服务产业 111 项等实行税收减免优惠政策;对外商企业专用园区、国家产业园区和外国人投资区内的企业,享受最长 50 年国有土地租赁费减免优惠。对规定行业外资占总投资比例超过 30% 的绿地型投资工厂,外商投资总额达到 1000 万美元以上的大型投资可享受 5% 以上投资额现金返还。凡符合条件的外资企业,如提出申请,其工厂所在区域即可被指定为"外商投资地区",在通往企业的道路、自来水、供电等基础设施方面得到财政支持。韩国设有外国人投资支援中心,向外国投资者提供包括立项投资手续在内的一站式服务。

三是清廉政府与高效争端解决机制。国际非政府组织 2015 全球清廉指数,韩国列第 37 位。世界银行公布的《2017 年全球营商环境报告》中,韩国在获得电力、执行合同两项指标上均列第 1 位,办理破产指标列第 4 位。

第三节 广州实行的措施和存在的问题

广州是改革开放的先行地,曾经的广州是以机制灵活、民企众多而引领全国发展,众多的广州企业创造了"珠江水、广东粮"等轻工业高速发展的奇迹,填补了计划体制下产品短期的空白,成为全国人民了解世界的窗口、采购日用消费品和流行产品的时尚之城、学习制度创新的开放之城。众多明星企业和品牌演绎了中国改革开放的序曲。近年来,广州进行了以"三打两建"为内容的营商环境整治行动,营商环境有了显著的改善。

一、推动商环境改善的措施

近年来,广州着力打造市场化、法治化、国际化营商环境,不断提升投资贸易便利化水平,大大提升了投资环境。一方面,进一步便捷政府服务,大力推进工商注册制度便利化,缩短审批时限;另一方面,通过营造干净整洁、平安有序的城市环境,提高生活服务便利化水平。加上既有的独特区位优势、完备的产业基础、完善的基础设施、巨大的市场规模、丰富的人力资源等,广州近年来越来越受到国内外企业关注,已成为最受国际投资者青睐的中国城市之一。广州重视营商环境由来已久,过去可谓举措不断。目前,广州企业开办时间近年大幅压缩,通过人工智能等技术措施和"多证合一"等机制改革,已经将开办企业的时间缩减至4个工作日以内。截至2018年9月末,广州市实有各类市场主体户数首次突破200万户,达200.13万户。其中,前三季度新登记市场主体32.83万户,同比增长高达37.97%,全市实有企业数100.59万户,首次突破100万户。这意味着在广州,全市每千人拥有企业72户,"老板"的数量持续高速增长。

加大营商环境改革力度,开展三项国家级改革试点。2018年10月广州出台了《广州市营商环境综合改革试点实施方案》,明确了43项具体任务,对落实不力的部门要追责问责。

深入开展压缩企业开办时间、工程建设项目审批制度改革、优化税收营商环境三项国家级改革试点,全力推进"数字政府"改革,展现审批制度改革的"广州速度"和"广州效率",推动商事登记"领跑全国"。率先推动

"人工智能+机器人"商事登记全覆盖，全面推进"多证合一""证照分离""照后减证"，实现商事登记"网上办、就近办、即时办"，优化银政数据联动共享，破解"办照容易办证难""准入不准营"等问题，大幅度降低开办企业门槛，将开办企业时间压减至4个工作日以内。

改革工程建设项目审批制度，大幅降低报建门槛，实行区域评估、联合审图、信任审批，实现行政审批和技术审查相分离。将政府投资工程建设项目从立项到竣工验收环节的技术审查和行政审批时间压缩至90个工作日，将社会投资项目从用地许可到竣工验收环节的审批时间控制在50个工作日。

大力推进优化税收营商环境，率先全面实现国库（退税）业务全流程无纸化，率先推出"云缴税"，通过推行"一机办税""一厅通办""一键申报"出口退税等办税便利化改革，实现企业退税时间和清税申办时间分别节省50%。

推动广州开发区创建国家级营商环境改革创新实验区。推行"承诺制信任审批"，允许企业作出具有法律效力的书面承诺，免于提交部分或全部审批要件。在全国率先推行行政审批和技术审查相分离，推进审批服务标准化，企业投资建设项目审批时限缩短至15个工作日，财政投资项目缩短至75个工作日，力争做到在全国审批流程最优、材料最简、时间最短、成本最低。

率先试点"自由贸易+先进制造"，支持区内实施自贸试验区各项改革，创新贸易综合监管模式等。南沙自贸片区要率先构建"一个窗口管受理、一颗公章管审批、一支队伍管执法"的"三个一"全方位企业服务管理新体制。实施"多评合一""多图联审""联合验收"，推动工业、仓储类项目审批时间压缩至15个工作日。

全面推行商事登记确认制改革，建立企业证照"一码关联"应用模式，率先实现企业"一照一码走天下"。率先建成全流程"线上海关"，推行"一键通关"，整体通关时间再压缩1/3以上、集装箱进出口环节合规成本压缩10%以上，实现通关"零跑动、零成本、零收费、可预期"，打造口岸通关便利化的全国样板。

推进国家临空经济示范区建设全面上水平。推动珠三角空域管理体制改革，完善空域管理。探索白云机场综合保税区开展贸易多元化试点。除国家和省明确规定的收费项目外，实行区内企业政务服务"零收费"。建立智能分类通关监管模式，推动空港口岸监管方式创新。

二、实施一系列便民惠商举措

全面实行准入前国民待遇加负面清单管理制度,实施外商投资企业设立及变更备案管理,推行外资商务备案与工商登记"一套表格、一口办理",实现"无纸化""零见面""零收费"。负面清单以外的外商投资备案(不含减免税项目)办理时限压缩至1个工作日以内。

鼓励外籍学生在广州创新创业,国内高校的在校外国学生可以申请在广州实施勤工助学或校外实习活动,满足一定条件可直接申请办理外国人就业手续;具有创新创业意愿的外国留学生,可以申请办理有效期2年以内的私人事务类居留许可。

促进科技创新人才自由流动,实行科研人员和企业管理人员赴港澳可按需申办多次签注政策。港澳地区高校毕业生可申请在相关区域就业创业。优化提升广州市人才绿卡制度,向各区下放人才绿卡行政审批事权,根据实际情况适当放宽优秀人才申请人才绿卡的年龄、学历等要求。

依法保护企业家财产权,通过股权激励、收益分红、股票期权等形式激励国有企业家,逐步推行国有企业经理层市场化选聘和职业经理人制度。

全面构建广州信用大数据,打造成全国信用信息归集最全面、应用最广泛的公共信用平台,将信用信息查询和联合奖惩措施应用嵌入行政审批、事中事后监管、公共资源交易、招投标等业务流程机制。

进行优化营商环境"形式创新"。各区、各部门通过刷脸、全程电子化等技术手段为企业群众提供更便捷的服务和更好的办事体验。海珠区办事人通过"刷脸"登录并使用"智慧小屋"中各业务系统,实现"空中取号"。番禺区在万博中心设立"24小时无人值守办税服务厅",是全国首家政务税务融合自助办税大厅,实现"5+X"和24小时无障碍自助服务,群众可根据语音引导办理95%以上涉税业务,解决群众工作日无法到场办理业务的痛点,广受群众好评。公安、工商、住房公积金中心、广州海关等部门将户政、出入境、企业注册登记、住房公积金提取、进出口货物收发货人证照,通过自助终端机、APP、微信小程序等方式实现即报即批、即批即得的"智能办"。

市政务办与市各部门多措并举、持续发力,按照减环节、减时限、减材料的要求,打造政务环境"广式服务"。减环节优流程,近20%行政许可事项改造为即办件。市各部门将130项承诺件转为即办件,目前广州市本级的行政许可事项一天以内可办结的事项达151件，占事项总数的19.80%，9个部门行政许可即办件比例超过25%，其中，市工商局全部注册登记类、市卫计委变更补办注销类、市食药监局注销类许可事项全部调整为即办件。从企业注册登记和经营管理审批服务入手，实行"马上办理、当场办结、立等即取"。推出办事指南二维码墙，覆盖市政务服务大厅297个常办事项，市民通过手机扫描二维码，便可快速查询事项的受理条件、申请材料、办理流程、设立依据等信息，实现"一扫可查""一点即知"，大幅提升咨询效率。设立"市政公用综合窗口"，实现水、电、气、地铁设施保护和通信等工程建设项目审批配套的8个市政公用服务事项"一个窗口"对外。

减时限促效率，市本级行政许可办理时限平均提速48%。联合39个市直部门对本部门许可事项逐一研究，大幅压缩承诺办理时限。目前市本级行政许可事项承诺时限在法定时限上的压缩比例为48%，较之前提高33%，20个部门压缩率超过50%，其中，市工商局达82.12%、市气象局达78.13%、市质监局达77.91%、市旅游局达76.36%。实施建设工程联合审批，大幅度提升工程建设项目审批效率，如政府投资类立项用地规划许可阶段，建设项目选址意见书核发、建设项目用地预审、政府投资项目（可行性研究报告）审批、建设用地规划许可证核发联合办理，4个事项审批时间从39个工作日压缩至13个工作日，审批时限压缩了67%。

减材料增便利，免除身份证明等常用材料复印件。破解个人、法人办事常用的身份证明、营业执照反复提交的难点问题，组织进驻市政务大厅的33个市直部门对纳入"一窗"的政务服务事项申请材料进行清理，通过身份证电子读取和调用电子营业执照等方式，减免394个事项身份证复印件和941个事项营业执照复印件。加快电子证照签发和应用，全市32个部门、223类证签发超过700万张电子证照，其中居住证、职业资格证均超过200万张、工商营业执照超过150万张、就业创业证达50多万张。推进营业执照、居住证、职业资格证、结婚登记证、计划生育服务证，以及社保证明等证照的免除工作，免除各类证明共计83万张。推行工程建设项目联合审批事项"一张表单"，申请表共性要素只需填写一次，同一审批部门内部共性材料、上一审批环节已提交的材料以及联合审批系统可以获取的材料，不需重复提交，如政府投资类工程建设项目的立项用地规划许可阶段等6个事项联合办理的申请材料从原来的47份减少至27份。

立机制树标准，创立优质政务服务供给新模式。以问题为导向，在全国首个出台《广州市政务服务事项标准化统一管理办法》,按照统一入口、统一发布、统一标准的原则,建立"以事项管理部门制定机制为纲、窗口校核为主、群众反馈为辅"的事项标准化动态管理机制,对市、区、镇街、村居的政务服务事项实行目录管理和动态监管,并在"一窗"式政务服务中落地。率先制定《广州"一窗式"集成服务实施规范》和《广州"一窗式"集成服务评价标准》,从窗口的物理整合入手,通过一系列"刀刃向内"的制度安排,对传统政务服务事项颗粒度、办事指南动态管理、窗口服务集成、部门业务协同、信息系统归集、线上线下标准统一、群众意见收集等环节进行全链条、全方位、全事项的改造提升,实现了政务服务从"卖方市场"到"买方市场"供给的转型升级,为政务服务各项改革提供了制度性保障,并源源不断释放出改革红利。

三、存在问题

改革的大潮,也未能彻底冲垮积重难返的僵化体制,不少旧的问题没有得到解决,反而在新的形势下变成未来发展的桎梏。曾有广州的人大代表和政协委员在两会上演绎广州审批事项需要盖一百多个公章的极端状况,说明广州的营商环境问题不少。目前广州市营商环境建设主要存在如下几个问题。

一是企业交易和融资成本较高,社会信用体系亟待完善。信用法规制度和标准规范建设相对滞后,征信系统存在信用信息量少、涉及面较窄、资料更新不及时等问题;信用体系间信息共享程度和透明度低,工商、税务、质检、法院等职能部门对企业的管理信息未能实现数据共享,企业及个体户信用信息分散,信用公示和查询难度大。

二是营商软环境改善不够,公共服务能力有待提升。建设国际航运中心、国际物流中心、国际贸易中心和现代金融服务体系,要求广州成为国内外人流、物流、资金流和信息流的交汇中枢,对营商环境提出了新要求。近年来,为适应制造业开放,政府一直注重打造宜"物"环境的建设,加强对物流载体和渠道建设,相应的基础设施已经较为完善,但围绕人流、物流、信息流和资金流的环境建设仍然不足。特别是围绕高端产业发展,以及高端人才的工作、生活环境方面的营造仍然欠缺,相关的法律环境还要继续完善。

三是没有明确的营商环境建设目标和方向。工作突破口聚焦不足。与国内外其他营商环境建设较好的城市相比,深圳注重效率、天津注重便利、重庆注重成本、杭州注重创业创新、新加坡注重法治、香港注重国际化,而广州在营商环境营造上显得主线不明,存在着"事后解决问题"而不是"事前预防问题"倾向。此外,市级层面的顶层设计和定位不断调整和转变,既影响基础设施及相关配套的稳定投入,也不利于投资者的投资预期和企业战略布局。

第四节 进一步改善的对策措施

一、推动贸易投资便利化

扩大贸易便利化。积极推进口岸管理"三互"(信息互换、监管互认、执法互助)建设,加快建设国际贸易"单一窗口",推动建立"联合查验、一次放行""一机两屏"等"一站式作业"模式,深入推进通关作业无纸化,率先形成便利、高效、完善的大通关管理体制机制。以跨境电子商务服务试点建设为突破口,运用互联网和物联网技术推进重要口岸供应链互联互通。推进口岸监管方式创新,推进通关现场非必要的执法作业前推后移,对企业实施分类管理,提高非侵入、非干扰式检查检验比例。

提升投资便利化。落实 CEPA 项下对港澳服务提供者在本市设立外商投资企业实施准入前国民待遇加负面清单管理制度,在协议开放服务贸易领域内的公司设立及变更的合同、章程实施备案管理。按照国家的部署实行对外商投资实施准入前国民待遇加负面清单管理制度,对负面清单外的外商投资项目实行备案制,将外商投资企业设立、变更及合同章程由审批改为备案管理。在条件成熟的地区适时推行外商投资企业登记"多证联办",加快完善外商投资管理备案管理办法和操作流程,实现"一窗受理、一表填报、信息共享、联动办理、限时办结、多证同发"的行政审批服务。落实"备案为主、核准为辅"的境外投资审批制度,探索境外投资分类审批管理方式,进一步优化流程和压缩办理时限。

深化商事制度改革。完善外商投资事中事后监管体系,探索实施经营信息报告和经营者集中申报制度。积极参与"条块结合、四级联动、以区为主、重心下移、集成服务"的行政审批改革,实现全部行政审批和公共服务事项(含外资、外贸、特种经营等)"前台综合受理、后台分类审批、统一窗口出件",提高行政审批服务效率。建设和完善网上办事大厅,推动商务领域政务服务互联化、移动化和标准化，大力推广"一卡通行、一号接通、一格管理、一网办事、一窗服务"等"五位一体"的新型社会治理和政府公共服务模式。

二、建设竞争有序的市场环境

完善现代市场体系。着力破除各类市场壁垒，取消针对外地和外资企业、产品和服务设定歧视性收费项目、实行歧视性收费标准或者规定歧视性价格等歧视性政策。完善各类商品交易市场管理机制，在更多领域提升广州价格指数的影响力。进一步推进工商用电同价，争取允许商业用户选择执行行业平均电价或峰谷分时电价试点。支持市属国有商贸企业开展混合所有制改革和商业模式创新，推动有条件企业"走出去"实现全球范围配置资源。

开展商务综合行政执法体制改革试点。对商务领域的行政处罚，建立由商务行政执法队伍统一受理、统一执法的集中管理模式。建立市区两级商务执法工作联动协调机制，明晰市、区两级商务执法职责，落实属地责任。在南沙自贸试验区开展"一支综合执法队伍管全部"改革试点，建立相对集中执法事权的综合行政执法体系。充实商务执法队伍，强化市场监管，有效控制各种商务违法违规行为，维护市场正常秩序。

加快诚信体系建设。依托"信用广州网"实现政府行政管理部门信用信息互联共享，整合地区商贸流通企业行政许可、资质认定、行政处罚、法院判决裁定等信用信息。着力推动行业诚信建设，推动物流、医药流通、汽车销售等行业协会开展商务诚信试点。支持建立第三方专业信用评价机制，开展电子商务信用评估与认证，帮助企业有效识别和防范信用交易风险。

三、形成与国际接轨的开放环境

构建开放型经济规则体系。适应对外开放不断深化趋势，完善涉外政策规则体系，重点围绕"一带一路"倡议、自贸区、自贸试验区和外资"三法合一"等方面完善制度建设。加强 TPP、TTIP 和 TiSA 等国际贸易投资规则的研究，探索建立更高水平的国际投资贸易便利化规则体系。完善知识产权政策法规体系，营造良好的知识产权保护环境。开展"清风行动"，强化进出口环节知识产权保护，健全知识产权涉外应对和维权援助服务机制。

完善公平贸易投资环境。强化中央、地方商务主管部门、行业商（协）

会（工作站）、企业"四体联动"贸易摩擦综合应对机制，加强贸易摩擦应对工作总体协调和部门合作。开展广州市贸易政策的合规性评估工作，从源头上减少贸易救济调查。强化贸易摩擦预警，加强对贸易摩擦重点产品和重点市场的跟踪监测、运行分析和预警通报工作。综合利用国际贸易规则手段，积极应对国外技术性贸易措施，化解贸易摩擦和争端，指导企业做好应对反倾销、反补贴调查。

降低企业经营成本。以降低内外贸、内外资企业生产要素成本为重点，推动降低企业制度性交易、人工、税负、社会保险、财务、物流等成本。推动建立与经济发展水平相适应的最低工资标准调整机制，适当下调职工医疗、失业、工伤等保险的单位平均费率。推动建立高效、绿色、便捷的城市配送物流服务体系，到2020年实现物流总费用占商品流通费用的比率下降约3个百分点。落实小微企业、高新技术企业、技术先进型、企业研发费用税前加计扣除等国家税收优惠政策，争取国家支持在境外股权投资、离岸贸易、融资租赁等方面开展财税政策创新试点。落实免征、停征涉企行政事业性收费和经营服务性收费政策，推动所有行政事业性收费省级及省级以下收入（除法律法规和规章规定不能减免的之外）在自贸试验区一律免收。

落实最新通过的《中华人民共和国外商投资法》。该法规定，国家坚持对外开放基本国策，鼓励外国投资者依法在中国境内投资，提升利用外资的质量和水平。国家实行高水平投资自由化便利化政策，建立和完善外商投资促进机制，营造稳定、透明、可预期的投资环境。实行准入前国民待遇加负面清单制度，负面清单以外按照内外资一致的原则实施管理；国家支持企业发展的各项政策同等适用于外商投资企业；外商投资企业平等参与标准化工作和政府采购；国家保障外商投资企业公平参与政府采购活动；国家对外商投资不实行征收，根据社会公共利益需要实行征收的，应当依照法定程序进行并给予公平合理的补偿。国家规定外资企业可以在中国国内发行股票和公司债券，规定行政机关及其工作人员不得利用行政手段强制转让技术。落实这些条款有助于打消外资企业在知识产权和技术转让等方面的顾虑。

四、营造充满活力的创新创业环境

建立"互联网+商务"创业创新体系。打造琶洲互联网创新集聚区等一批互联网创业创新基地，促进创业与创新、创业与就业相结合，降低全社会创业门槛和成本。运用互联网技术，采用 O2O 商业模式，聚集创业服务产品，打造创新要素商城。支持中小微企业应用电子商务拓展业务领域，指导各类创业孵化基地为电子商务创业人员提供场地支持和创业孵化服务。支持电子商务创新创业企业在深圳证券交易所、全国中小企业股份转让系统（"新三板"）等多层次资本市场上市、挂牌融资。22 个领域大幅放宽外商投资市场准入如图 13-1 所示。

图 13-1 22 个领域大幅放宽外商投资市场准入情况

发展创业孵化载体。加快推进专业市场、商圈、物流集聚区等商贸流通转型升级与创业创新孵化相结合，大力发展时尚设计、生活服务业、商业模式创新等领域的创新谷、创客街、创新工场等新型孵化器，做大做强众创空间。鼓励商业、外贸、外资领域的龙头企业和科技创新型企业，围绕主营业务建设专业孵化器，凭借自身行业优势提供全产业链的孵化服务。积极引进国内外知名孵化机构，鼓励企业与境外合作设立新型创业孵化平台，促进境内外先进创业孵化模式落地。

加强创新创业服务。加快发展企业管理、财务咨询、市场营销、人力资源、法律顾问、知识产权、检验检测、现代物流等第三方专业化服务，不断丰富和完善创业服务。优化创新创业政策，落实网络商户从业人员同等享受各项就业创业扶持政策，以及网络商户创业者可按规定享受小额担保贷款及贴息政策。鼓励市属高校开设商务领域创业课程，设立创业俱乐部，探索建立"学业+创业"双导师培养模式、创新创业学分，引导青年大学生创新创业。

五、推动企业"走出去"转型升级

推动国际产能合作。加强与广州装备和产能契合度高、合作愿望强烈、合作条件和基础好的国家和地区的合作。大力推进采矿、汽车、摩托车、电子、化工、轻纺、机械、船舶、港口、海洋工程等重点装备制造业"走出去"，引导企业在全球布局营销产业链。加快国际营销网络建设，在境外建设展示中心、分拨中心、批发市场、零售网点等。支持企业充分利用国际研发人才和资源，在境外设立研发中心，提升广州企业科技创新的国际竞争力。加快金融、房地产、保险、管理咨询、法律和会计等服务业加快"走出去"步伐，拓展全球市场，提升国际化水平和能力。引导广州市纺织、皮革、箱包、玩具等劳动密集型产业向产业链高端延伸，有序向外转移部分加工制造环节，构建以广州市企业为主导的跨境产业链。促进对外承包工程转型升级，深度开发"工程+投资""工程+融资""工程+贸易"等方式，推动对外承包由工程建设向特许经营、项目融资、设计咨询、监理、运营管理等高附加值领域拓展，延伸对外承包工程的产业链。

打造企业"走出去"发展平台。加快建设境外经贸合作区。加强与央企、相关金融机构的合作，依托国家和省境外经贸合作园区，鼓励和支持广州市企业积极参与境外合作园区建设、运营和招商，引导国内企业抱团出海、产业链集群式转移。选取"一带一路"重要节点国家，创新对外合作和境外投资方式，探索建设经贸合作园区，为企业开拓"一带一路"国家的市场和资源打造战略发展新平台。

构建全产业链战略联盟。通过以大带小合作出海，鼓励产业链龙头企业率先走向国际市场，带动上下游中小配套企业"走出去"，构建全产业链战略联盟，形成综合竞争优势。通过互联网借船出海，借助互联网龙头企业境外市场、营销网络平台，促进中小企业开辟新的商业渠道。

健全企业"走出去"促进和服务体系。创新企业"走出去"促进体系。推动境外投资促进制度的转型升级，实现由事后补贴向事前引导资助，由普惠支持向精准引导的转变。优化扶持资金使用方向，支持企业开展境外投资可行性分析，鼓励企业积极参与各类"走出去"促进活动。加强与金融机构、龙头企业合作，引入社会资本成立"走出去"投资基金，充分发挥政府扶持资金的杠杆效应。选择有潜力、有战略意义的项目重点扶持，打造引领"走出去"的龙头企业。

完善企业"走出去"服务体系。联合商务、外事、金融、保险，以及使领馆和国外投资促进机构，构建集投资备案和核准、境外投资和项目信息、风险评估和防范、企业运营服务等于一体的"一站式"综合服务平台。规范企业境外经营行为，引导企业尊重当地法律法规、文化、宗教和习俗，保障员工合法权益，实现与所在国的互利共赢、共同发展。加强境外中资企业协会、商会建设，提高服务和综合协调能力。

六、着力建设"一带一路"经贸合作平台

贯彻落实《广州市推进 21 世纪海上丝绸之路建设三年行动计划（2015～2017 年）》，研究制订广州与沿线国家经贸全面合作的常态机制和具体措施，争当 21 世纪海上丝绸之路建设桥头堡。依托南沙自贸试验区、中新知识城、广东"侨梦苑"、黄埔临港经济区等载体，将其打造成主要面向海上丝绸之路的开放型经济平台。利用中国进出口商品交易会（广交会）举办"海上丝绸之路国家专场"。充分利用国家跨境电子商务综合服务试点城市的政策优势，着力建设跨境电子商务基地。与沿线国家在穗合作建设一批国际技术转移中心、联合研发中心、国际创新园、国际企业孵化器和国际人才培养基地

等创新载体。鼓励广州市企业承接沿线国家的港口、道路、能源、园区等基础设施建设工程，促进设施的互联互通。

依托广州港、白云国际机场、广州南站和广州火车站等港口，加快推进建设海铁联运、空海联运等多式联运系统，打通与东南亚国家高铁、铁路和公路货运通道，充分发挥"粤新欧""粤满俄"等货运班列作用，将广州打造连接"一带一路"的国际物流大通道。将推动中新、中以、中欧等国际创新合作平台建设。积极发展与沿线国家旅游购物、市场采购和进口贸易等贸易，在穗建设对华贸易分拨中心、小商品国际采购中心和离境退税购物中心。

鼓励和支持企业在境外开展并购和股权投资、创业投资，通过全球资源利用、业务流程再造、产业链整合、资本市场运作等方式，加快全球化的产业布局，提升企业国际化水平。在有跨国经营业务并具备一定规模实力的本土企业中，选择一批企业纳入计划予以重点扶持，引导企业加快制定实施品牌、资本、市场、人才、技术国际化战略和跨国经营计划，逐渐形成国际生产网络、全球营销体系和创新研发团队。实施培育本土大型跨国公司"规模型"激励政策，对跨国经营指数在全市前列的企业作为扶持，将前30强作为大型跨国公司的重点培育对象，并按照跨国公司不同需求提供个性化、全天候、链条式服务。到2020年力争培育10家左右营业收入100亿元以上本土跨国公司，打造1~3家具有世界水平的跨国公司。

参考文献

[1] 蔡嘉璐,王德,朱玮. 南京东路商业步行街消费者行为变化研究——2001 年与 2007 年的比较 [J]. 人文地理,2011 (12).

[2] 费明胜. 商业街的困境与创新 [J]. 北京工商大学学报(社会科学版),2003 (6).

[3] 冯旭,鲁若愚,刘德文. 零售商圈的吸引力分析 [J]. 商业研究,2004 (24).

[4] 洪增林,史新峰. 商业街评价指标体系的构建研究 [J]. 西安工业大学学报,2012 (1).

[5] 黄怀德. 特色商业街竞争力评价模型研究 [D]. 浙江工商大学硕士学位论文,2007.

[6] 梁伟,白仁春. 重庆"购物之都"定位及核心功能研究 [C]. 商业研究,2011 (9).

[7] 刘菲. 国外著名商业街比较与分析. 北京工商大学学报(社会科学版),2002 (5).

[8] 马小琴. 构建商业街评价指标体系的探索性研究 [D]. 吉林大学硕士学位论文,2007.

[9] 米锦欣. 国际商贸中心城市的演变路径与特质分析. 商业时代,2011 (17).

[10] 上海市商务委员会. 上海商业"十二五"发展规划 [2011 - 07 - 13], http://www.scofcom.gov.cn/sfic/sc/list.jsp? menuId = 506&sonMenuId = 458&rightMenuId = 0&id = 255424。

[11] 沈燕峰. 城市商业街的评价体系研究 [D]. 苏州大学硕士学位论文,2007.

[12] 王希来. 民国时期北京商业整体布局与三类商业街区 [J]. 北京财贸职业学院学报,2009 (3).

[13] 王先庆. 广州建设国际商贸中心的新战略、新思维与新视角——基于商贸中心能量等级分析的战略研究 [J]. 城市观察, 2011 (4).

[14] 王学军, 刘伟芳. 国外商业街发展的特征、趋势及启示 [J]. 广东商学院学报, 2003 (3).

[15] 于茜虹. 商业街的传统文化属性与魅力度关系研究 [D]. 吉林大学博士学位论文, 2011.

[16] 余兴发, 陈扬丽. 试论买卖型商业向游览型商业的演变 [J]. 财经研究, 2000 (2).

[17] 余永红. 商业街若干影响因素及分类探究 [D]. 天津大学硕士学位论文, 2009.

[18] 张歆梅. 城市商业街研究发展综述 [J]. 商业研究, 2007 (11).

[19] 一江之鱼 2008 的博客：http://blog.soufun.com/blog_10197625.htm。

[20] 道客巴巴 – 广州地铁商业景气指数报告（http://www.doc88.com/p - 990979934891.html）。

[21] 中国旅游年鉴编辑委员会. 历史回顾"粤港澳大三角旅游区"的战略构想. 中国旅游统计年鉴（1990），1990 (1).

[22] 张大平. 优化资源配置开发"东部旅游一条线"——发展深圳市罗湖区旅游业的理想选择 [J]. 特区经济, 1994 (1).

[23] 刘立鹤. 迈步在现代商业的大道上——上海东方商厦开业一年来实践的体会 [J]. 上海商业, 1994 (2).

[24] 叶子. 台胞京城购物有去处. 台声, 1994 (5).

[25] 汪力忠, 王平. 创建文明商业营造购物天堂 [J]. 中国商贸, 1994 (6).

[26] 梁明珠. 客源型旅游地旅游资源开发刍议——以广州、上海为例 [J]. 旅游学刊, 1995 (7).

[27] 佘耀庭. 上海能否成为第十个国际购物天堂 [J]. 国际金融报, 第19版, 2003 -9 -1.